# LA LIBERTAD Y EL PODER DEL PERDÓN

## Libros de John MacArthur publicados por Portavoz

*¿A quién pertenece el dinero?*
*El andar del creyente con Cristo*
*El asesinato de Jesús*
*Avergonzados del evangelio*
*La batalla por el comienzo*
*Cómo obtener lo máximo de la Palabra de Dios*
*Cómo ser padres cristianos exitosos*
*El corazón de la Biblia*
*La deidad de Cristo*
*Distintos por diseño*
*El evangelio según Dios*
*La gloria del cielo*
*Jesús: preguntas y respuestas*
*La libertad y el poder el perdón*
*Llaves del crecimiento espiritual*
*Nada más que la verdad*
*Nuestro extraordinario Dios*
*El Pastor silencioso*
*Piense conforme a la Biblia*
*Los pilares del carácter cristiano*
*El plan del Señor para la Iglesia*
*El poder de la integridad*
*El poder de la Palabra y cómo estudiarla*
*El poder del perdón*
*El poder del sufrimiento*
*¿Por qué un único camino?*
*Porque el tiempo sí está cerca*
*Salvos sin lugar a dudas*
*Sé el papá que tus hijos necesitan*
*La segunda venida*
*El único camino a la felicidad*
*La verdad para hoy*

## Comentario MacArthur del Nuevo Testamento

*Mateo*
*Marcos*
*Lucas*
*Juan*
*Hechos*
*Romanos*
*1 y 2 Corintios*
*Gálatas, Efesios*
*Filipenses, Colosenses y Filemón*
*1 y 2 Tesalonicenses, 1 y 2 Timoteo, Tito*
*Hebreos y Santiago*
*1 y 2 Pedro, 1, 2 y 3 Juan, Judas*
*Apocalipsis*

# LA LIBERTAD Y EL PODER DEL PERDÓN

JOHN MACARTHUR

EDITORIAL PORTAVOZ

La misión de Editorial Portavoz consiste en proporcionar productos de calidad —con integridad y excelencia—, desde una perspectiva bíblica y confiable, que animen a las personas en su vida espiritual y servicio cristiano.

Título del original: *The Freedom and Power of Forgiveness*, © 1998 por John F. MacArthur, Jr. y publicado por Crossway Books, una división de Good News Publishers, Wheaton, Illinois 60187.



Traducción: John Bernal



EDITORIAL PORTAVOZ
2450 Oak Industrial Dr. NE
Grand Rapids, Michigan 49505 USA

Visítenos en: www.portavoz.com

ISBN 978-0-8254-5710-4

3 4 5 edición / año 23 22

*Impreso en los Estados Unidos de América*
*Printed in the United States of America*

# ÍNDICE

# INTRODUCCIÓN

Hoy en día es popular la venganza; no así el perdón. Con frecuencia se ostentan las represalias como una virtud que refleja una auto–estima saludable. Ya se pregona como un derecho inalienable de libertad personal. La venganza es evidencia de la fortaleza del macho.

Harry «el sucio» apunta con la mira y retándole a escapar dice: «Adelante, vete, arréglame el día». Ese es el momento existencial en que se define su esencia como ser humano. Si puede matar al villano alcanzará su realización personal.

Nuestra sociedad se emborracha con las uvas de la ira humana. Furor en las carreteras, arranques de ira por parte de empleados insatisfechos, armas de fuego disparadas desde automóviles, y otros crímenes relacionados con toda clase de venganzas se constituyen en las marcas distintivas de esta generación. No es para sorprenderse que muchas personas estén trastornadas por sentimientos de culpa, rabia, depresión y otras emociones destructivas.

En los primeros días de mi ministerio pastoral me di cuenta de un hecho interesante: casi todos los problemas personales que llevan a las personas a buscar consejería pastoral, se relacionan de alguna manera con la cuestión del perdón. Los dificultades típicamente más problemáticas de las personas que buscan consejo se verían significativamente reducidas (y en algunos casos completamente solucionadas) por medio de una comprensión correcta de lo que las Escrituras dicen acerca del perdón.

Las personas que vienen buscando un consejo, por lo general caen en una de dos categorías, o en ambas. Hay algunos que necesitan entender cómo se extiende el perdón de Dios a los pecadores; y hay otros que necesitan aprender a ser perdonadores. En otras palabras, algunas personas están luchando con su propia culpa; otras tienen una propensión pecaminosa a culpar a otros y a abstenerse de perdonar por los perjuicios causados. (Y muchas personas luchan por igual con la culpa y las acusaciones.)

Ambas tendencias debilitan tanto espiritual como emocionalmente. Ambas tienen la capacidad de hacer la vida miserable. Ambas pueden engendrar un raudal de problemas concomitantes. Y ambas pueden ser remediadas únicamente mediante una mejor comprensión de y obediencia a lo que las Escrituras enseñan sobre el perdón.

Con frecuencia he defendido la noción de que toda doctrina debe ser inherentemente práctica. Lo que creemos determina la manera en que pensamos, nos comportamos y respondemos a las pruebas de la vida. Las creencias abstractas nunca se quedan en el plano abstracto; inevitablemente se manifiestan en el comportamiento. Por lo tanto, un sistema correcto de creencias es el fundamento de una conducta verdaderamente justa.

Empero, escucho frecuentemente a personas con la queja de que la exposición bíblica y la instrucción doctrinal son muy poco prácticas. He aquí un tema que refuta del todo esa noción, puesto que no hay manera de tratar la culpa o la inculpación si no comprendemos primero lo que las Escrituras enseñan acerca del perdón. En otras palabras, los aspectos prácticos más importantes de la vida cristiana están supeditados a la pureza de nuestra doctrina en asuntos tales como la culpa, el perdón, la reconciliación y todos los temas relacionados.

Este libro examina el perdón desde la perspectiva de lo que las Escrituras enseñan sobre el tema. Mi interés y preocupación, como siempre, es la sana doctrina. Pero mi objetivo en últimas consiste en mostrar las ramificaciones prácticas de esta vital doctrina y ayudarle a usted, el lector, a aprender a responder bíblicamente a su propia culpa, así como a perdonar a otros que le hayan ofendido.

En el proceso, vamos a atender una serie de preguntas importantes sobre el perdón y cómo éste afecta nuestras vidas personales:

- ¿Podemos estar seguros del perdón de Dios?
- Si los cristianos ya están perdonados, ¿por qué necesitan confesar el pecado en sus vidas diarias?
- ¿Cómo se supone que debemos confesar nuestros pecados? ¿Nos confesamos a otras personas, o sólo a Dios?
- ¿Alguna vez Dios retira su perdón de alguien que lo haya recibido?
- ¿Debería ser *incondicional* el perdón que hacemos extensivo a otros?
- ¿Cómo reconciliamos la enseñanza de Jesús sobre el perdón con sus instrucciones para aplicar la disciplina en contra de personas que deliberadamente viven en pecado?

- Si hemos de perdonar setenta veces siete, como Jesús le enseñó a Pedro, ¿tenemos razón en cuestionar la legitimidad del arrepentimiento de un ofensor reiterativo?
- ¿Acaso Dios no se preocupa también por la justicia? Si tan sólo me limito a perdonar a los que me han ofendido, ¿qué hay de justicia en ello?

El perdón no es un tema fácil, especialmente en una era compleja tal como la nuestra. Se ha vuelto una moda en estos días hablar de «perdonarse» a uno mismo (muchas veces se trata de una evasión para aquellos que se niegan a lidiar directamente con la culpabilidad personal), al tiempo que echamos toda la culpa de *nuestros* desaciertos a nuestros padres, el gobierno, o la sociedad como un todo. ¿Acaso pueden estas formas modernas de manejar la culpa y la incriminación reconciliarse con la enseñanza de Jesús sobre el perdón? Yo creo que no pueden, y en este libro exploraremos juntos lo que las Escrituras tienen que decir sobre el tema y ver por qué los principios de Dios sobre el perdón son infinitamente superiores a todas los medios humanos para justipreciar la culpa, la recriminación, la misericordia y la justicia.

Casi ningún concepto es más importante para la fe cristiana que el perdón. El Evangelio mismo es un mensaje sobre el perdón de Dios, y la enseñanza de Cristo estaba llena de exhortaciones al pueblo de Dios para que se perdonaran constantemente unos a otros. Él fijó unos estándares considerablemente altos. ¿Cómo podemos sobreponernos a nuestras inclinaciones humanas normales y aprender a perdonar de la manera en que Dios nos exige hacerlo? Eso es parte de lo que vamos a explorar en este libro.

No obstante, primero que todo, debemos encarar lo que las Escrituras enseñan sobre el pecado, la culpa y el perdón *de Dios*. Y cuando lo hagamos, vamos a estar realmente agradecidos de que el estándar que Jesús estableció sea tan alto, porque se basa en el perdón que Dios mismo nos extiende a nosotros. Nuestra necesidad de perdón divino es infinitamente mayor que cualquier perdón que pudiéramos ser llamados a extender a nuestros congéneres pecadores. A la persona que siempre tenga presente esta verdad, nunca le resultará un mayor problema perdonar a otros.

Dios es el perdonador consumado por excelencia. Y nosotros dependemos cada día de su continuo y permanente perdón de nuestros pecados. Lo menos que podemos hacer es emular su perdón en nuestras relaciones interpersonales.

No obstante, en todos nosotros existe una tendencia natural y pecaminosa a minimizar los propios pecados y acentuar nuestras acusaciones en contra de los demás: para tratarnos a nosotros mismos con misericordia por lo que hacemos y al mismo tiempo demandar retribución por lo que nos hacen los demás. Si tan sólo aprendiéramos a sentir más repugnancia por nuestro propio pecado que molestos por las ofensas de otros hacia nosotros, ya habríamos avanzado bastante en el camino hacia la salud espiritual. Por un lado, urgentemente necesitamos ser perdonados. Por la otra, necesitamos desesperadamente perdonar.

Estas cosas fueron temas constantes en la enseñanza de Cristo durante su ministerio en la tierra. Todas sus parábolas, su predicación, e incluso la oración modelo que nos enseñó, hacían énfasis en la verdad de que los que son perdonados también deben perdonar. Algunas de sus palabras más duras fueron dirigidas a personas que no estaban dispuestas a perdonar.

Ya podrá usted detectar que el perdón no es para nada un estudio placentero de emprender. De hecho, en poco tiempo me di cuenta, mientras preparaba el material para este libro, que hay muy pocos temas que generen *más* convicción.

De todas maneras en el panorama más amplio, el mensaje es positivo y lleno de esperanza. Sin el perdón de Dios no tendríamos ninguna esperanza en absoluto. Y cuando aprendemos a perdonar a otros, una gran cantidad de las dificultades propias de la vida quedan súbitamente resueltas. Llegamos a descubrir que el perdón es el punto de partida para resolver los problemas más inquietantes de la vida.

De manera pues, que ofrezco este libro con la esperanza de que se constituya en un remedio para muchos que se encuentren apresados en medio de la perturbación espiritual y emocional de la humanidad contemporánea. Si usted está luchando entre perdonar o no a alguna persona, o si está buscando el perdón, este libro es para usted. Si está lidiando con la culpa, o inculpando furiosamente a otros, este libro también es para usted. A medida que estudiamos la libertad y el poder del regalo supremo de Dios, mi oración es que su corazón se acerque más a nuestro Dios, quien siempre está deseoso de perdonar, y que usted también aprenda a ser un perdonador entusiasta.

UNO

# LA BASE DE TODO PERDÓN

*Al que no conoció pecado, por nosotros lo hizo pecado, para que nosotros fuésemos hechos justicia de Dios en él.*
–2 Corintios 5:21

Perdón. Nada es más ajeno a la pecaminosa naturaleza del ser humano. Y nada es más característico de la gracia divina.

Para la humanidad caída resulta tremendamente difícil entender el perdón de Dios. Como individuos pecadores, todos conocemos de primera mano la lucha tan grande que puede ser vernos obligados a perdonar a personas que nos han ofendido. A algunos les parece imposible concebir que el Dios Todopoderoso pueda ser más que severo y no perdonador. Otros, sabiendo que las Escrituras nos enseñan que Dios es misericordioso, imaginan que Él es tan absolutamente indulgente, que realmente ningún pecador tiene nada que temer. Ambas nociones están en un fatal error en lo relacionado con el perdón divino.

Para hacer aún más complicadas las cosas, nuestra actitud hacia el perdón tiende a variar, dependiendo de qué lado de la ecuación estamos observando. Cuando estamos en el extremo receptor de misericordia, naturalmente tendemos a tener el perdón en alta estima, como una de las virtudes más excelsas. Pero cuando somos la parte agraviada, ¡el perdón parece muchas veces una violación inadmisible a la justicia!

Y sin embargo, todos reconocerían sin duda a *ambas*, la justicia y la misericordia, como grandes virtudes. ¿Quién de nosotros no desea ser perdonado cuando ha cometido alguna falta? ¿Y quién no repudia la injusticia, particularmente cuando somos aquellos contra quienes se ha hecho un mal?

Entonces, ¿cómo reconciliamos estas dos grandes virtudes, justicia y misericordia? Lo que es más importante, ¿cómo puede *Dios* reconciliarlas? Si Él detesta la injusticia, ¿cómo puede Él autorizar el perdón de un transgresor? ¿Cómo puede un Dios perfectamente santo absolver a pecadores?

*Eso es fácil para Dios*, podrá usted pensar. *Después de todo, Él puede simplemente tomar la decisión de perdonarnos y declarar anuladas y canceladas todas nuestras ofensas. Él puede sencillamente dispensar al pecador y dejar que el pecado quede sin castigo.*

Pero esa es una visión deficiente de Dios y una forma no bíblica de considerar el perdón. Dios no puede ni está dispuesto a simplemente absolver transgresores pasando por alto el mal que han hecho. Hacer eso sería injusto, y Dios es un Dios de perfecta justicia.

Aquí debemos tener un cuidado extremo para asegurar que nuestro modo de pensar esté de conformidad con la Biblia. Algunas personas tienden a dar por sentado la gracia y el perdón de Dios, al tiempo que ignoran su absoluta rectitud. Otros retumban bastante sobre la justicia de Dios, pero dicen muy poco acerca de su gracia. Ambas verdades deben mantenerse balanceadas si hemos de entender lo que las Escrituras enseñan sobre el perdón.

## PRIMERO, LA MALA NOTICIA

Dios no perdona simplemente volteando la mirada cuando pecamos. La Biblia subraya reiteradamente que Dios castigará todo pecado. Gálatas 6:7, por ejemplo, nos da esta solemne advertencia: «No os engañéis; Dios no puede ser burlado: pues todo lo que el hombre sembrare, eso también segará». En Éxodo 23:7 Dios dice: «Yo no justificaré al impío». Nahúm 1:3 es inequívoco: «Jehová es tardo para la ira y grande en poder, y no tendrá por inocente al culpable». En el mensaje mismo del evangelio, «la ira de Dios se revela ... contra toda impiedad e injusticia» (Ro. 1:18).

Las Escrituras describen la relación entre Dios y el pecador como una enemistad (Ro. 5:10; 8:7). Dios odia el pecado, y por ende todos los que pecan se han convertido en enemigos de Dios. «Dios está airado contra el impío todos los días» (Sal. 7:11). Él aborrece a todos los que hacen iniquidad (Sal. 5:5).

Todos los pecadores están en el mismo bote. Aquellos que violan algún punto ínfimo de la ley de Dios son tan culpables como si hubieran quebrantado todos los mandamientos (Stg. 2:10). Y la pura verdad es que los pecados de ninguna persona son triviales (Ro. 3:10-18). Todas las personas nacen con una proclividad insaciable hacia el pecado (Sal. 58:3). Están muertas espiritualmente (Ef. 2:1), se deleitan en su propio pecado, son objetos de la ira santa de Dios (v. 3), y están totalmente sin esperanza (v. 12). Desde la perspectiva humana, este es verdaderamente un estado de abatimiento y absoluta futilidad.

Dios, por otra parte, es perfecto, infinitamente santo, absolutamente sin mancha y firmemente justo. Su justicia debe ser satisfecha con el castigo de toda violación a su ley. Y la pena debida a nuestra iniquidad es infinitamente severa: condenación eterna. Nada que podamos ofrecer a Dios podría nunca expiar por nuestro pecado, porque el precio del pecado es demasiado alto.

La difícil situación de la humanidad caída es deplorable. Toda persona es un pecador que está sin salida bajo la perentoria espada del juicio de Dios. Por naturaleza somos «hijos de ira» (Ef. 2:3), completamente esclavizados a nuestro propio pecado (Juan 8:34). No contamos con ninguna capacidad innata para amar a Dios, para obedecer a Dios, o para agradarle de algún modo (Ro. 8:7-8).

La situación parece irreversible e inescapable: tenemos que rendirle cuentas a un Dios santo cuya justicia debe ser satisfecha, y al mismo tiempo somos pecadores culpables, incapaces de hacer nada en absoluto para satisfacer la justicia de Dios. Si de nosotros dependiera, todos estaríamos condenados.

Cualquier esperanza de que el pecador pueda ser justificado por cualquier medio parece estar fuera de discusión. Dios mismo dice que es una abominación justificar a un pecador, equivalente al pecado de declarar culpable a una persona inocente: «El que justifica al impío, y el que condena al justo, ambos son igualmente abominación a Jehová» (Pr. 17:15). «El que dijere al malo: Justo eres, los pueblos lo maldecirán, y le detestarán las naciones» (Pr. 24:24).

Una y otra vez, Dios mismo prohibe expresamente que se declare como justa y recta a una persona pecadora.

## Y AHORA, LA BUENA NOTICIA

Pero las Escrituras nos dicen que Dios *sí* justifica al impío (Ro. 4:5). Él cubre sus pecados (v. 7). Él se niega a tomar en cuenta sus maldades (v. 8). Él los declara justos, perdonando completamente sus pecados. ¿Se da usted cuenta por qué el evangelio es una noticia tan buena?

¿Cómo puede Dios otorgar tal perdón sin poner en entredicho su propio estándar de justicia? ¿Cómo puede Él justificar pecadores sin quedar Él mismo como injusto? ¿Cómo puede Él perdonar a pecadores sin faltar a su propia Palabra, después de haber jurado que castigaría toda transgresión?

La respuesta es: *Dios mismo ha obrado por medio de su Hijo, Jesucristo, la expiación por nuestros pecados.*

Multitudes de cristianos asentirían a consciencia al escuchar esa declaración. Pero comparativamente, pocos están realmente bien equipados para articular con desenvoltura la doctrina de la expiación, o para defenderla en contra de los múltiples ataques que los enemigos de la verdad constantemente arrojan en su camino.

De manera que puede parecer que estuviéramos a punto de cubrir un terreno que ya es familiar para muchos lectores, pero yo le exhorto a que no lea superficialmente esta sección o que suponga ya ha escuchado todo esto antes. Espero, en lo que resta de este capítulo, desplegar la verdad sobre la obra substitutiva de Cristo, de tal modo que usted adquiera una apreciación nueva y fresca de la profundidad y el significado de ésta, la más vital de todas las doctrinas del cristianismo.

Esta verdad se alberga en el corazón mismo del mensaje del evangelio. Es la verdad más gloriosa en todas las Escrituras. Explica cómo Dios puede seguir siendo justo al tiempo que justifica a los pecadores (Ro. 3:25-26). Y es la única esperanza para cualquier pecador que busca el perdón.

## EL MINISTERIO DE LA RECONCILIACIÓN

Quizás el pasaje individual más importante en todas las Escrituras sobre la substitución de Cristo en favor de los pecadores, se encuentra en 2 Corintios 5. Note cómo la idea de perdón satura el contexto. De hecho, el tema principal de Pablo en todo el pasaje es la *reconciliación*:

> *Dios... quien nos reconcilió consigo mismo por Cristo, y nos dio el ministerio de la reconciliación; que Dios estaba en Cristo reconciliando al mundo consigo mismo por Cristo, y nos dio el ministerio de la reconciliación; que Dios estaba en Cristo reconciliando consigo al mundo, no tomándoles en cuenta a los hombres sus pecados, y nos encargó a nosotros la palabra de la reconciliación. Así que, somos embajadores en nombre de Cristo,*

> *como si Dios rogase por medio de nosotros; os rogamos en nombre de Cristo: Reconciliaos con Dios.*
>
> –2 Co. 5:18-20

En esos pocos versículos se emplean variaciones de la palabra *reconciliar* en cinco ocasiones. Pablo menciona, por ejemplo, «el ministerio de la reconciliación» (v. 18). Esa es su descripción de la labor evangelística. «La palabra de la reconciliación» (v. 19) se refiere al mensaje del evangelio. Así es como él caracteriza el Evangelio: es un mensaje de reconciliación. El deber de todo ministro del Evangelio es decirle a los pecadores cómo pueden reconciliarse con Dios.

Reconciliación con Dios presupone un perdón completo. Así que nuestro tema del perdón está substancialmente en el corazón de este pasaje.

La verdad es gloriosa: Dios tiene un plan mediante el cual Él puede conseguir precisamente aquello que parecía tan completamente imposible. *Hay* una manera de satisfacer su justicia sin tener que condenar al pecador. Puede al mismo tiempo, cumplir Su promesa de venganza contra el pecado, y reconciliar a los pecadores. Puede seguir siendo justo mientras que justifica al impío (Ro. 3:26). «La misericordia y la verdad se encontraron; la justicia y la paz se besaron» (Sal. 85:10).

## EL AUTOR DE LA RECONCILIACIÓN

Nótese que la reconciliación del pecador es iniciada y obtenida íntegramente por parte de Dios a favor del pecador. La persona redimida no contribuye con ningún mérito en absoluto al proceso. Pablo dice esto claramente: «Y todo esto proviene de Dios, quien nos reconcilió consigo mismo por Cristo» (2 Co. 5:18).

La relación entre Dios y el pecador *nunca* es restaurada gracias a que el pecador decida cambiar su rumbo y arreglar cuentas con Dios. En primer lugar, ningún pecador estaría en disposición o capacidad para decidirse a tomar ese paso hacia Dios. Hay que recordar que el pecador se encuentra en un yugo total con el pecado, y es moralmente incapaz de amar u obedecer a Dios; está por su propia voluntad enemistado con Él (Ro. 8:7-8).

Lo que es más, como hemos visto, ningún pecador podría hacer lo suficiente para satisfacer las demandas de la perfecta rectitud de Dios. Los pecadores que creen que merecen el favor de Dios lo único que hacen es añadir a su pecado la auto–justificación. Su esperanza sin base alguna de cobrar méritos divinos es de hecho un insulto adicional a la infinita santidad de Dios, cuyo único estándar es una absoluta perfección que es inalcanzable para una humanidad caída.

Los pecadores no tienen ninguna manera de saciar la justa ira de Dios, ninguna capacidad para satisfacer su santa justicia, y ninguna facultad para cumplir con sus parámetros de perfección absoluta. En otras palabras, ningún pecador podría jamás hacer expiación por el pecado. Los pecadores han quebrantado la ley de Dios y están por lo tanto eternamente desterrados de su presencia.

La capacidad de reformación personal está fuera de discusión. Aún si los pecadores *pudieran* reformarse a sí mismos, nunca podrían pagar el precio para reparar los males ya cometidos. El simple hecho de «darle vuelta a la página» no es algo que pueda anular el pecado que ya está registrado en el libro.

Para empeorar las cosas, los mejores esfuerzos para hacer buenas obras siempre están contaminados por el pecado, y por ende no pueden merecer el santo favor de Dios. «Si bien todos nosotros somos como suciedad, y todas nuestras justicias como trapo de inmundicia» (Is. 64:6). Juan Bunyan, quien percibió claramente esta verdad, dijo una vez que la mejor oración que había hecho en su vida contenía pecado suficiente como para condenar a todo el mundo.

Así que es ridículo pensar que un pecador pudiera sencillamente tomar la decisión de reconciliarse con Dios y por esa razón llevar a cabo tal reconciliación.

¿Por qué merece tanto énfasis esta verdad? Porque muchas personas tienen la errada noción de que la reconciliación es algo que se supone que el pecador alcanza cuando toma la decisión de dejar de rechazar a Dios. Con frecuencia escuchará a algunos cristianos bien intencionados que al tratar de evangelizar a no cristianos, les sugieren que mediante un acto sincero y diáfano de su voluntad, cualquier pecador puede dar término a su rebelión contra Dios, y al hacer esto, efectuar una reconciliación. Esa es una comprensión deficiente del Evangelio, basada en una comprensión deficiente de la gravedad de la depravación humana. Suponer que cualquier pecador podría o estaría dispuesto a tomar la decisión de restaurar una relación correcta con Dios es subestimar ingenua y flagrantemente el yugo del pecado y su poder sobre la voluntad del pecador.

Además, el impedimento más grande para nuestra salvación no es ni siquiera nuestra hostilidad contra Dios. Es *su* ira hacia nosotros. La reconciliación que Pablo describe en 2 Corintios 5 no se alcanza porque nosotros decidamos aceptar a Dios, sino porque Él decide aceptarnos a nosotros.

Por lo tanto, si ha de alcanzarse una reconciliación, Dios mismo debe ser el autor y consumador de la misma. La reconciliación con Dios nunca puede lograrse mediante los esfuerzos individuales de un pecador, debido a que tales esfuerzos son en sí mismos e inherentemente pecaminosos. Eso deja al pecador con una sola esperanza: si va a darse la reconciliación, Dios mismo debe ser el iniciador y autor de la misma.

Dios no es en absoluto un Salvador vacilante. Fue Él quien vino en busca de Adán y Eva después que cayeron (Gn. 3:9). Fue Él quien buscó a su pueblo contumaz y les reconvino para que se arrepintieran y recibieran su salvación. Fue Dios quien lloró en las lágrimas de Jeremías por su pueblo pecador (Jer. 13:15-17). Fue Dios quien quedó representado en la historia de Oseas yendo al mercado de esclavas prostitutas para sacar de allí a su esposa infiel y manchada por el pecado, para tratarla con amor como si fuera una novia virgen y casta (Os. 3:1-3).

En contraste, los dioses de los paganos o bien eran hostiles y demandaban ser aplacados para detener sus intenciones asesinas, o eran indiferentes y tenían que ser despertados con los gritos de sus adoradores. Dios no es ni hostil ni indiferente. Él es por naturaleza un Salvador.

Esta es la buena noticia acerca del perdón: «que Dios estaba en Cristo reconciliando consigo al mundo, no tomándoles en cuenta a los hombres sus pecados» (2 Co. 5:19). *Sí* hay una forma en que los pecadores se reconcilien con Dios. Por medio de la obra expiatoria de Cristo, Dios mismo ha conseguido hacer lo que parecía imposible. La enemistad puede ser quitada de en medio, el pecado perdonado y la comunión restaurada: por parte de Dios mismo, no del pecador. Eso es lo que proclama el mensaje del evangelio.

Romanos 5:10-11 dice: «Porque siendo enemigos, fuimos reconciliados con Dios ... también nos gloriamos en Dios por el Señor nuestro Jesucristo, por quien hemos recibido ahora la reconciliación». Dios provee esa reconciliación. Él la lleva a cabo. Y es mejor que ni siquiera nos atrevamos a pensar que podemos aportar un tris de mérito al proceso.

Pablo hace eco del mismo tema en Colosenses 1:21-22: «Y a vosotros también, que erais en otro tiempo extraños y enemigos en vuestra mente, haciendo malas obras, ahora os ha reconciliado».

Dondequiera se encuentre el lenguaje de reconciliación en el Nuevo Testamento, siempre se hace hincapié en que es fruto del trabajo *de Dios*. En ninguna parte se presenta al pecador como si fuera el que puede alcanzar la reconciliación. En ninguna parte se hace creer a los pecadores que pueden hacer algo por ellos mismos para recuperar el favor de Dios. Lo opuesto a esto es la verdadera situación.

Por otra parte, sin embargo, en ninguna parte de las Escrituras se muestra a Dios como si estuviera indeciso en cuanto a reconciliar consigo a los pecadores. Por el contrario, es Dios mismo quien amorosamente da inicio y lleva a feliz término la reconciliación a favor del pecador, y Él ofrece reconciliación a todos los que estén dispuestos a creer.

Cuando el apóstol Pablo exhortaba a los creyentes diciendo, «os rogamos en nombre de Cristo: Reconciliaos con Dios» (2 Co. 5:20), no estaba sugiriendo que buscaran la manera de enmendarse con Dios, sino simplemente los instaba a recibir lo que *Dios* les estaba ofreciendo a *ellos*.

Este es el carácter distintivo del perdón cristiano. Toda religión inventada por el ser humano enseña que hay algo que el pecador debe hacer a fin de poder apaciguar a Dios. Únicamente el cristianismo bíblico enseña que Dios ha suministrado a favor del pecador, todo el mérito necesario para agradarle.

## LOS MEDIOS DE RECONCILIACIÓN

Aquí entonces, están las verdades básicas que subyacen a la doctrina cristiana del perdón: Dios es el único que hace posible el perdón de los pecados; para el pecador es imposible ganarse el camino de regreso al favor de Dios, y si Dios va a mostrar misericordia a los pecadores, no puede hacerlo de un modo que viole su perfecta justicia. Él ha jurado castigar a los culpables, y ese juramento debe cumplirse; de otro modo, la justicia queda insatisfecha. Así que, hasta que la ira de Dios contra el culpable no se haya saldado completamente, el perdón sigue siendo una violación imposible a la rectitud divina, y nadie puede ser reconciliado con Dios.

La ira de Dios contra el pecado constituye el obstáculo más grande de todos para obrar el perdón de cualquier pecador.

¿Le parece chocante esa verdad? Para muchos lectores modernos lo es. Demasiadas personas piensan en la gracia divina como una especie de condescendencia benigna, por medio de la cual Dios simplemente disculpa el pecado y mira en otra dirección: como si la gracia involucrara una rebaja en los parámetros divinos con el fin de poder acomodar aquello que no sea suficientemente santo. Las Escrituras no enseñan tal cosa. De nuevo, Dios mismo ha jurado que toda transgresión y desobediencia recibirá un castigo justo (cp. He. 2:2), y Él no puede renunciar a su perfección a fin de indultar a los malvados. Hacer eso pondría en duda su propia rectitud.

¿Entonces cómo reconcilia Dios a los pecadores consigo? ¿Con qué argumentos puede aplicar el perdón a los pecadores? Aquí es donde quedamos cara a cara frente a la necesidad de una expiación. Si la ira de Dios ha de ser satisfecha, si Dios va a *propiciarse* para con el pecador, se requiere de una expiación proporcionada. Dios debe cumplir con las demandas de justicia, derramando su ira sobre un substituto. Alguien debe cargar vicariamente con el castigo del pecador.

Y eso es exactamente lo que sucedió en la cruz.

El apóstol Pablo condensa el Evangelio entero con una sencilla declaración en 2 Corintios 5:21: «Al que no conoció pecado, por nosotros lo hizo pecado, para que nosotros fuésemos hechos justicia de Dios en él».

Puede ser que usted lea eso y piense: *¿Qué tiene que ver eso con el perdón?*

La respuesta es, todo. Aunque tomado aparte parece ser un versículo difícil de entender, establece el fundamento racional de todo perdón. La verdad que el apóstol Pablo se propone transmitir aquí es toda la base para el modo en que Dios redime a los pecadores. Dudo que haya un versículo más importante en las Escrituras para entender el Evangelio.

Esta profunda verdad es la clave para entender el perdón divino: Dios hizo que el Cristo sin pecado fuera pecado en nuestro lugar, para que nosotros pudiéramos convertirnos en Él, en la justicia misma de Dios. Vamos a desmenuzar cuidadosamente este crucial versículo de las Escrituras.

### *Substitución*

Primero, habla de substitución. Significa que Cristo murió *nuestra* muerte. Él sufrió el castigo de *nuestro* pecado. Él mismo sufrió la ira de Dios que nosotros merecíamos. Dios, «al que no conoció pecado, por nosotros lo hizo pecado, para que nosotros fuésemos hechos justicia de Dios en él».

En palabras sencillas, el argumento del apóstol Pablo es este: Dios trató a Cristo como un pecador y lo castigó por todos los pecados de todos los que habrían de creer, a fin de que Él pudiera tratarlos como justos y acreditarlos a causa de la perfecta obediencia de Cristo.

Piense por un momento en las profundas implicaciones de esta verdad: la muerte de Cristo fue el pago por los pecados de aquellos que estuvieran dispuestos a creer. Él los reemplazó en el estrado del juicio. Él llevó su culpa y sufrió el castigo en su lugar. Y la verdadera naturaleza del sufrimiento que soportó fue infinitamente mayor que la humillación, los clavos y la flagelación que acompañaron a su crucifixión. Él recibió todo el peso de la ira de Dios hacia nuestro pecado.

En otras palabras, cuando Cristo colgaba en la cruz sobrellevando los pecados de otros, Dios el Padre descargaba sobre su propio Hijo sin pecado en Él mismo, toda la furia divina contra el pecado. Eso explica la exclamación de Cristo a la hora novena: «Eloi, Eloi, ¿lama sabactani? Que traducido es: Dios mío, Dios mío, ¿por qué me has desamparado?» (Mr. 15:34). En un sentido muy real, Dios el Padre *sí* abandonó al Hijo, en el sentido jurídico. Cuando Cristo estuvo allí colgado, ¡Dios estaba descargando en contra de su propio Hijo la plenitud sin restricciones de su impetuosa ira y desagrado contra nuestro pecado!

Cuando pensamos en esto, realmente se torna en una doctrina chocante. ¡Dios el Padre impuso un castigo sobre su propio Hijo por culpas que cabalmente pertenecían a otras personas! No obstante, por desconcertante que sea, esta es la explícita enseñanza de las Escrituras. El apóstol Pedro escribió: «[Cristo] llevó él mismo nuestros pecados en su cuerpo sobre el madero, para que nosotros, estando muertos a los pecados, vivamos a la justicia» (1 P. 2:24). Isaías 53, donde se encuentra la descripción gráfica de los sufrimientos de Cristo en lenguaje profético, dice:

> *Ciertamente llevó él nuestras enfermedades, y sufrió nuestros dolores; y nosotros le tuvimos por azotado, por herido de Dios y abatido. Mas él herido fue* por nuestras rebeliones, *molido por nuestros pecados; el castigo de nuestra paz fue sobre él, y* por su

> llaga fuimos nosotros curados... Jehová cargó en él el pecado de todos nosotros.
>
> – Is. 53:4-6, *énfasis añadido*

Isaías continúa para añadir esta impresionante afirmación: «Jehová quiso quebrantarlo, sujetándole a padecimiento ... haya puesto su vida en expiación por el pecado» (v. 10).

¿Acaso la muerte de Cristo *«satisfizo»* al Padre? Eso es exactamente lo que enseñan las Escrituras. Una y otra vez la Biblia dice que Cristo murió siendo una «propiciación» por nuestros pecados (Ro. 3:25; He. 2:17; 1 Jn. 2:2; 4:10). La palabra *propiciación* habla de un apaciguamiento, de una satisfacción total de las exigencias divinas, en favor del pecador. Esta es una verdad maravillosa. Significa que Cristo pagó todo el precio —el rescate— por el pecado, para beneficio de aquellos a quienes redimió.

Con frecuencia la gente no entiende bien todo lo que implicaba este rescate. «El Hijo del Hombre vino... para dar su vida en rescate por muchos» (Mr. 10:45; cp. 1 Ti. 2:6). Pero contrario a lo que muchos piensan, el «rescate» del que se habla en tales pasajes no es un pago que se hace a Satanás. Satanás no está en ninguna posición para exigir un pago por la redención de las almas. (Véase Apéndice 1 para una discusión en detalle sobre este punto.)

Más bien, el «rescate» es una expiación que se presenta para satisfacer la justicia de Dios. Cristo rescató a su pueblo pagando en su favor la sanción por sus pecados que era demandada por la rectitud divina. ¡El precio de la redención fue la plena ira de Dios contra una víctima inocente y perfectamente justa! Eso, y únicamente eso, pudo expiar la culpa de los pecadores.

A muchos les parece que esta doctrina es desagradable. Los teólogos liberales protestan a menudo diciendo que esta noción de expiación hace que Dios quede como alguien rudo y sin estilo. Ellos niegan que Dios exija un pago —particularmente un sacrificio de sangre— a fin de propiciarse para con los pecadores. Dios, dicen en su protesta, no tiene necesidad alguna de «desquitarse» con el pecador a causa del pecado o de exigir un pago de cualquier clase. Si Dios quiere perdonar el pecado, dicen ellos, Él puede hacerlo sin ningún problema y gratuitamente.

Pero mantener tal opinión equivale a renegar de la justicia de Dios por preferir su benevolencia. Hace del perdón algo de poco valor, y de la justicia perfecta algo prescindible. Lejos de exaltar a Dios, la perspectiva liberal lo degrada al desacreditar su rectitud.

Las Escrituras enseñan con claridad que solamente un sacrificio de sangre puede hacer expiación por el pecado y aplacar la ira de Dios en contra del pecador. Dios dijo al Israel del Antiguo Testamento: «Porque la vida de la carne en la sangre está, y yo os la he dado para hacer expiación sobre el altar por vuestras almas; y la misma sangre hará expiación de la persona» (Lv. 17:11). Hebreos 9:22 lo afirma sucintamente: «Sin derramamiento de sangre no se hace remisión».

De modo que la expiación por derramamiento de sangre es absolutamente esencial para el perdón de pecados. El perdón es imposible sin un sacrificio substitutivo satisfactorio. Las Escrituras enseñan esto rotundamente. La ira y justicia de Dios no deben ser desdeñadas en nuestra comprensión de su perdón.

Hay otra grave equivocación que se comete al tratar de comprender el sacrificio de Cristo en la cruz y que está ganando rápida popularidad en nuestra época. Conocida como la «teoría gubernamental de la expiación» (o algunas veces «teología del gobierno moral»), esta enseñanza sugiere que la muerte de Cristo fue una prueba de la ira de Dios contra la maldad, una demostración gráfica del disgusto de Dios frente al pecado, pero no un pago literal por los pecados. Los que defienden este punto de vista niegan que nuestra culpa haya sido realmente transferida a Cristo, y también niegan que su justicia pueda ser aplicada a los pecadores.

Los teólogos del gobierno moral suenan muchas veces como evangélicos. Hablan y escriben mucho acerca de «avivamiento». (De hecho, un sitio en la red mundial de Internet que promueve ese tipo de teología se denomina «Recursos para Teología de Avivamiento».) Ellos citan escritores cuyos nombres son familiares para los evangélicos, tales como Charles Finney y Albert Barnes. Ocasionalmente, van a insistir en que sí creen en un *tipo* de expiación substitutiva. Pero lo que distingue su teología es su insistencia en que ni la culpa ni la justicia pueden ser transferidas de una persona a otra. De esa manera, han excluido el único tipo de substitución que en último término es el más importante para la doctrina bíblica de la justificación.

Por esa razón es que la visión «gubernamental» de la expiación es en realidad un grave embrollo para la verdad central del Evangelio. Equivale a negar que la muerte de Cristo en la cruz fue la paga por los pecados de *cualquier persona*. En efecto, deja a los pecadores sin expiación en absoluto y sugiere que a fin de alcanzar la justificación deben rectificar por sí mismos sus propias vidas, librarse de su propio pecado y limpiarse de toda impureza en el futuro manteniendo una vida de obediencia en sus propias fuerzas. Puesto que las Escrituras enseñan claramente que es imposible tal auto–reformación (Jer. 13:23), esta representación de la expiación efectivamente anula la promesa bíblica de salvación. (Véase Apéndice 1: «¿Cómo debemos entender la expiación?»)

Pero como se señaló anteriormente, toda la auto–reformación en el mundo no puede expiar pecados del pasado, ni tampoco puede proporcionar la justicia perfecta necesaria para agradar a Dios. Todo el error cometido por el Israel apóstata consistió en creer que podían establecer una justicia propia, aparte de la justicia que Dios ofrece para beneficio del creyente: «Ignorando la justicia de Dios, y procurando establecer la suya propia, no se han sujetado a la justicia de Dios» (Ro. 10:3).

La clara enseñanza de la Biblia, de principio a fin, es que los pecadores no pueden hacer expiación por sus propios pecados de ninguna forma. Por lo tanto, se necesitaba un sacrificio perfecto para expiar por el pecado en favor de ellos. Esto implicaba derramar la sangre de un substituto inocente (esto significa la muerte, no un mero desangramiento). Y el substituto debe soportar en lugar del pecador, todo el peso del castigo por la culpa, no con un simple castigo superficial (cp. Is. 53:5). Únicamente el tal sacrificio perfecto podría satisfacer las demandas de la justicia de Dios y de esta forma hacerle propicio a Él hacia los pecadores. Eso es exactamente lo que las Escrituras dicen que el sacrificio de Cristo proveyó:

> *A quien Dios puso [Cristo] como propiciación por medio de la fe en su sangre, para manifestar su justicia, a causa de haber pasado por alto, en su paciencia, los pecados pasados, con la mira de manifestar en este tiempo su justicia, a fin de que él sea el justo, y el que justifica al que es de la fe de Jesús.*
>
> –Ro. 3:25-26

Nosotros rechazamos sin lugar a equívocos la noción liberal de que esta doctrina de expiación vicaria coloca a Dios en la misma categoría que comparten los dioses paganos de la antigüedad, quienes supuestamente exigían sacrificios de sangre a fin de ser complacidos.

La obra expiatoria de Cristo no tiene absolutamente nada en común con nociones paganas sobre propiciación y deidades ofendidas. El Dios de las Escrituras no es para nada como los dioses del antiguo Canaán, o siquiera como los dioses más sofisticados de la mitología griega. Él no es temperamental e irritable, como si requiriera algún tipo de incitación sacrificial para aplacar un carácter furioso. No debemos pensar en la ira de Dios como algo equivalente a estar de mal genio. Su aborrecimiento justo del pecado es una disposición fija y santa, no un temperamento volátil. Su demanda de que el pecado sea expiado es un asunto esencial de justicia divina, no un frívolo apremio de venganza.

Tampoco nadie debería imaginar que el sacrificio de Cristo fue necesario para finiquitar alguna indeterminación por parte del Padre en cuanto a salvar o no a los pecadores. Dios es inherentemente amoroso y anhela salvar a las personas. Él no se complace en absoluto con la muerte de cualquier pecador (Ez. 33:11).

De todos modos, la enseñanza rotunda de las Escrituras es que, como una simple cuestión de justicia divina, la única expiación aceptable por el pecado tenía que ser un sacrificio de sangre, un substituto que sufriría al sobrellevar la ira plena de Dios, en lugar del pecador. Puesto que debía tratarse de uno que «no conociera pecado», Cristo es el *único* substituto digno, y su muerte en la cruz trajo la expiación que era necesaria para hacer disponible el perdón para los pecadores.

Esta doctrina de expiación substitutiva es por lo tanto el fundamento entero del perdón de Dios. Aparte de la obra expiatoria de Cristo, ningún pecador tendría jamás esperanza de salvación.

Toda la base para la reconciliación del pecador con Dios es la realidad de que Cristo murió soportando la culpa de nuestro pecado. Él murió en nuestro lugar y es nuestro substituto. Él recibió nuestro castigo y dejó a Dios en libertad de atribuir justicia en nuestro favor.

### *Imputación*

La noción de imputación es importante para explicar 2 Corintios 5:21. *Imputación* hace referencia a un recuento legal. Imputar una culpa a alguien es asignar culpabilidad en la cuenta de esa persona. Del mismo modo, imputar justicia es contar la persona como justa. La culpa o la justicia que se imputa de este modo es una realidad plenamente objetiva; existe totalmente aparte de la persona a quien es imputada. En otras palabras, una persona a quien se imputa una culpa no se hace culpable por esa razón en un sentido real, sino que es tenida por culpable en un sentido legal. Es contar algo como si fuera de la persona sin que esto implique un cambio como tal en su carácter intrínseco.

La culpa de los pecadores fue imputada a Cristo. Él no estaba en ningún sentido manchado en realidad con la culpa. Simplemente fue tenido por culpable ante la corte del cielo, y la penalidad de toda esa culpa fue ejecutada en su contra. El pecado le fue imputado, mas no impartido a Él.

Esta es una declaración notable: «[Dios] al que no conoció pecado, por nosotros lo hizo pecado, para que nosotros fuésemos hechos justicia de Dios en él». No puede significar que Cristo *se convirtió* en un pecador. No puede significar que Él hubiera cometido algún pecado, que su carácter se hubiera mancillado, o que Él llevó nuestro pecado en cualquier otro sentido aparte de una imputación legal.

Cristo no tenía capacidad para pecar. Él fue impecable. Este mismo versículo dice inclusive: «No conoció pecado». No tenía mancha alguna. Tenía que ser así para servir como el perfecto substituto. Él era santo, inofensivo, incontaminado: separado de los pecadores (He. 7:26). Él era sin pecado (He. 4:15). Si el pecado hubiera denigrado su carácter en cualquier sentido —si se hubiera convertido en un pecador como tal— entonces Él mismo habría sido merecedor del castigo por el pecado, y por tanto no estaría calificado para presentar el pago por los pecados de los demás. El perfecto Cordero de Dios no podía ser otra cosa que un cordero sin mancha. Así que la frase «[Dios] lo hizo pecado» *no puede* significar que Cristo se hubiera manchado con el pecado como tal.

Lo que significa simplemente es que la culpabilidad por *nuestros* pecados le fue imputada a Él, le fue tenida en cuenta como si fuera propia de Él. Muchos versículos de las Escrituras enseñan este concepto: «Él herido fue por nuestras rebeliones, molido por nuestros pecados» (Is. 53:5). «Llevó él mismo nuestros pecados en su cuerpo sobre el madero» (1 P. 2:24). Él llevó «los pecados de muchos» (He. 9:28).

Así que en 2 Corintios 5:21, lo que Pablo quiere decir sencillamente es que Dios trató a Cristo como si Él fuera un pecador. Él imputó nuestra culpa en Él y aplicó sobre Él el castigo pleno por el pecado, aunque Cristo mismo no conocía el pecado.

La culpa que Él llevó no era su culpa, pero Él la sobrellevó como si fuera suya. Dios puso *nuestra* culpa en la cuenta de Él y le hizo pagar el castigo por ello. Toda la culpa de todos los pecados de todos los que existen, fue imputada a Jesucristo: transferida a su cuenta como si Él fuera culpable de todo ello. Entonces Dios derramó toda la furia de su ira contra todo ese pecado, y Jesús lo tuvo que experimentarlo todo. Esto es lo que este versículo significa cuando dice de Cristo que Dios por nosotros, lo hizo pecado.

### *Justificación*

Este versículo también contiene la respuesta a la inquietante pregunta acerca de Cristo de cómo pueden ser justificados los pecadores. De la misma manera en que la culpa de los pecadores fue imputada a Cristo, su justicia se imputa o atribuye a todos los que creen.

Las Escrituras enseñan reiteradamente que la justicia por la cual los pecadores son redimidos —toda la base sobre la cual son hechos aceptables ante Dios— es una justicia que les haya sido *imputada*. Esto ha sido así desde un principio, como leemos en Génesis 15:6, que Abraham «creyó a Jehová, y le fue contado por justicia». Romanos 4 utiliza la justificación de Abraham como el modelo de la manera en que todos los creyentes son justificados.

De modo que la noción de imputación es crucial para entender cómo pueden ser reconciliados los pecadores con Dios. Cristo fue «hecho pecado» debido a que nuestra culpa le fue imputada a Él. Nosotros llegamos a ser justos por la imputación de su justicia a nosotros. Es así de simple.

Nótense las importantes implicaciones de esto: Cristo, cuando moría en la cruz, no se *convirtió realmente en un ser malvado* a fin de poder llevar nuestra culpa. Por la misma figura jurídica, nosotros tampoco tenemos que *convertirnos realmente en seres perfectos* a fin de poder ser acreditados con su justicia perfecta. ¿Cómo se obtiene la rectitud de la justificación? Solamente por imputación. Así como Dios pone nuestros pecados en la cuenta de Cristo, Él pone la justicia de Cristo en nuestra cuenta.

Eso significa que nuestro perdón no depende de alguna reforma moral previa de nuestra parte. Todo creyente es perdonado de manera inmediata, de la misma forma en que lo fue el ladrón en la cruz. No es necesario hacer ninguna obra de penitencia, ni rituales de méritos. El perdón no cuesta nada, porque ya le costó todo a Cristo.

La unión con Cristo que acompaña a toda conversión verdadera de un pecador, resultará inevitablemente en una vida cambiada (2 Co. 5:17). Cada cristiano verdadero está siendo conformado a la imagen de Cristo (Ro. 8:29-30). Pero ese cambio de vida de ningún modo se constituye en mérito para obtener el perdón divino. El perdón es completamente nuestro incluso antes de que sean visibles las primeras evidencias de semejanza a Cristo, debido a que la obra expiatoria de Cristo ya ha pagado del todo el precio de nuestro pecado, y al mismo tiempo nos ha provisto de unas vestiduras que nos cubren con justicia perfecta, las cuales son el derecho de nacimiento de todo creyente.

Cuando Dios mira al cristiano —aún el cristiano más piadoso y consistente que se pueda imaginar— Él no acepta a esa persona en virtud de la propia buena vida del cristiano. Él considera esa persona como justa única y exclusivamente en virtud de la justicia imputada de Cristo. Eso es todo lo que se quiere dar a entender en 2 Corintios 5:21. Eso es lo que las Escrituras quieren dar a entender cuando dicen que Dios «justifica al impío» (Ro. 4:5). Y ese es el corazón mismo del mensaje del evangelio.

La perfecta justicia de Cristo es infinitamente superior a cualquier justicia que pudiéramos fabricar en nuestras fuerzas. Esa es la razón por la que el apóstol Pablo, desechando años de meticulosa obediencia farisaica a la ley, dijo que ahora su gran esperanza era «ser hallado en él, no teniendo mi propia justicia, que es por la ley, sino la que es por la fe en Cristo, la justicia que es de Dios por la fe» (Fil. 3:9). Pablo dijo que el tipo más alto de justicia que es posible obtener por nuestros propios medios es como «pérdida» y «basura» (v. 8) comparada a la justicia de Cristo que es imputada a los creyentes.

El creyente está revestido con la justicia de Jesucristo. La perfección de esa justicia es lo que define la posición de cada creyente ante Dios. Es la razón por la que a todos los cristianos se les otorga una posición privilegiada tan alta (sentados con Cristo en los lugares celestiales, según Efesios 2:6). Es la razón por la que las Escrituras dicen que «ninguna condenación hay para los que están en Cristo Jesús» (Ro. 8:1). Sus pecados ya están eternamente perdonados, y como creyentes están cubiertos con la justicia perfecta de Cristo.

¿Cómo puede uno obtener este perdón? Creyendo. En Romanos 4 el punto que Pablo quiere indicar es que los pecadores son justificados únicamente por medio de una justicia imputada, y que esa imputación ocurre únicamente a través de la fe:

> *¿Qué, pues, diremos que halló Abraham, nuestro padre según la carne? Porque si Abraham fue justificado por las obras, tiene de*

> *qué gloriarse, pero no para con Dios. Porque ¿qué dice la Escritura? Creyó Abraham a Dios, y le fue contado por justicia. Pero al que obra, no se le cuenta el salario como gracia, sino como deuda; mas al que no obra, sino cree en aquel que justifica al impío, su fe le es contada por justicia.*
>
> –Ro. 4:1-5

La fe es el *único* requisito previo para esta justificación. Ninguna obra puede ganarlo. Ningún ritual puede ser el instrumento por el cual es obtenida. De hecho, Pablo prosigue para señalar en el versículo 10 que Abraham fue justificado *antes* de haber sido circuncidado (cp. Gn. 15:6 con Gn. 17:10). Así que la circuncisión, por importante que fuera en el pacto que Dios hizo con Abraham, *no puede* ser un requisito para la justificación o un medio conducente a ella.

Si Dios justifica a los impíos única y exclusivamente por medio de la fe (Ro. 4:5), ¿en qué consiste esta fe?

En negarse a confiar en cualquier cosa, *excepto* en Cristo para salvación. Significa el abandono de la justicia propia y una confianza de un solo sentir y únicamente en Cristo para salvación. Por lo tanto implica amar sinceramente a Cristo y aborrecer todo lo que le desagrada.

Él ofrece gratuitamente perdón y vida eterna a todos los que estén dispuestos a acercarse a Él. «Y el Espíritu y la Esposa dicen: Ven. Y el que oye, diga: Ven. Y el que tiene sed, venga; y el que quiera, tome del agua de la vida gratuitamente» (Ap. 22:17).

Apreciado lector, si usted entiende que es un pecador y anhela tener libertad y perdón de su pecado, vuélvase a Cristo en este mismo momento. Él no va a echar fuera a ninguno que se acerque a Él (Jn. 6:37). Él está ansioso de perdonar y reconciliar a los pecadores consigo mismo. Todo lo demás que tengamos que decir acerca del perdón no tiene relevancia si usted no conoce el perdón de Dios para sus pecados. Usted no necesita continuar leyendo si este asunto aún queda por arreglar entre usted y Dios. «Como si Dios rogase por medio de nosotros; os rogamos en nombre de Cristo: Reconciliaos con Dios» (2 Co. 5:20).

## JUSTICIA Y PERDÓN RECONCILIADOS

En Cristo, se reconcilian la justicia de Dios y su misericordia. «La misericordia y la verdad se encontraron; la justicia y la paz se besaron» (Sal. 85:10). Estos dos atributos de Dios aparentemente irreconciliables, han sido reconciliados.

Dios ha reconciliado a los pecadores consigo mismo. Yo espero que usted pueda empezar a apreciar cuán maravillosa es esta realidad. A todos los cristianos se nos ha perdonado una deuda impagable, no porque lo merezcamos, no como una recompensa por hacer penitencias para que de algún modo paguemos por nuestros propios pecados, sino única y exclusivamente sobre la base de lo que Dios mismo ha hecho por nosotros.

Ese don inestimable de perdón gratuito se convierte en el fundamento sobre el cual se basan todos los demás tipos de perdón, y también el patrón que también debemos aplicar cuando perdonamos a los demás. A medida que exploremos a mayor profundidad este tema del perdón, por favor tenga en mente todo lo que Dios ha hecho a fin de poner el perdón a disposición nuestra. Si mantenemos en perspectiva cuánto Dios nos perdonó, y cuánto le costo a Él perdonar, pronto nos daremos cuenta de que ninguna transgresión contra nosotros puede jamás justificar un espíritu no perdonador. Los cristianos que guardan rencores o que se niegan a perdonar a otros, han perdido de vista lo que su propio perdón ha implicado.

El perdón de Dios es el patrón por medio del cual hemos de perdonar, y el mejor modelo de ello es Cristo mismo. En el capítulo que sigue, examinaremos lo que puede ser el ejemplo más gráfico de perdón divino en todas las Sagradas Escrituras.

DOS

# LA ORACIÓN DE CRISTO EN SU AGONÍA

*Le crucificaron allí... Y Jesús decía: Padre, perdónalos, porque no saben lo que hacen.*

–Lucas 23:33-34

Si alguna vez alguien tuvo una buena razón para no perdonar, fue el Señor Jesús. Él fue la máxima y única víctima verdadera: totalmente inocente de cualquier falta. Él nunca hizo mal a otro individuo, nunca dijo una mentira, nunca cometió un acto que no fuera amable o amoroso, nunca quebrantó la ley de Dios, nunca tuvo un pensamiento impuro. Él nunca cedió a ninguna tentación maligna de ninguna clase.

Como dicen las Escrituras, «[Él] no hizo pecado, ni se halló engaño en su boca» (1 P. 2:22). Él «fue tentado en todo según nuestra semejanza, pero sin pecado» (He. 4:15). Él es «santo, inocente, sin mancha, apartado de los pecadores» (He. 7:26).

Nadie era *menos* digno de la muerte que Él. Aún el malvado gobernador romano Poncio Pilato testificó una y otra vez, «Ningún delito hallo en este hombre» (Lc. 23:4; cp. Mr. 15:14; Jn. 19:4, 6).

Y no obstante Pilato, conspirando con otros hombres malvados, utilizando cargos falsos e inventados, condenó a Cristo a la muerte y lo mandó matar de la forma más brutal que se pueda imaginar. Una turba enardecida y delirante de odio demandaba injustamente su muerte (Mr. 15:11-14).

En todo ello, Cristo fue llevado como un cordero al matadero (Is. 53:7). Sujetándose a la indignidad y la injusticia, rindió su vida sin resistencia, sin amenaza, y sin represalias. De hecho, todo ese sufrimiento e injusticia tuvo el propósito expreso de hacer de Él un sacrificio expiatorio por los pecados, ¡incluso de aquellos que lo mataron!

Era el perdón lo que llenaba su corazón, no la condenación o la venganza. Él dijo: «el Hijo del Hombre no ha venido para perder las almas de los hombres, sino para salvarlas» (Lc. 9:56). «Porque no envió Dios a su Hijo al mundo para condenar al mundo, sino para que el mundo sea salvo por él» (Jn. 3:17).

Usted podría pensar, *una cosa es que Cristo fuera tan perdonador. Él sabía que estaba en el plan de Dios que Él muriera. Él tenía una misión que cumplir, y esto implicaba su muerte. Él entendió todo eso desde un principio. ¡Seguramente Dios no espera que yo sufra males como esos tan fácilmente!*

Pero la manera de morir de Cristo se presenta explícitamente como un ejemplo que todo cristiano debe seguir:

> *También Cristo padeció por nosotros, dejándonos ejemplo, para que sigáis sus pisadas; el cual no hizo pecado, ni se halló engaño en su boca; quien cuando le maldecía, no respondía con maldición; cuando padecía, no amenazaba, sino que encomendaba la causa al que juzga justamente.*
>
> – 1 P. 2:21-23

## PON LA OTRA MEJILLA

El principio del perdón fue una característica de la enseñanza de Cristo desde el principio. El Sermón del Monte incluye toda una sección que instruye a los discípulos en cuanto a sufrir con paciencia al ser ofendidos: «Oísteis que fue dicho: Ojo por ojo, y diente por diente. Pero yo os digo: No resistáis al que es malo; antes, a cualquiera que te hiera en la mejilla derecha, vuélvele también la otra» (Mt. 5:38-39). Muchas personas no entienden correctamente el propósito de ese pasaje, así que vale la pena mirarlo más de cerca.

En primer lugar, es importante entender que Cristo no estaba enseñando el pacifismo universal. Algunos han sugerido que esta sección del Sermón del Monte descarta el uso de la fuerza o la violencia en toda situación. Sin embargo, eso no puede ser, porque Romanos 13:4 expresamente le atribuye a las autoridades civiles el derecho y el deber de «llevar la espada» —dando a entender el uso de la fuerza, incluyendo una fuerza letal cuando sea necesario— en su función como «vengador para castigar al que hace lo malo». Así que un agente de policía que liquida a un criminal a fin de impedir que se cometa un crimen, o un ejecutor que mata a una persona juzgada y culpable de una ofensa capital, está actuando bajo un mandamiento explícito de Dios.

En segundo lugar, el pasaje no excluye la auto–defensa en ataques criminales flagrantes. Jesús está enseñando cómo deberíamos responder a insultos y afrentas en contra de nuestra dignidad personal (Mt. 5:39-42), no a amenazas criminales a la vida y la integridad física. Es más, este pasaje ciertamente no sugiere que un esposo deba abstenerse de defender a su esposa, o que un padre debiera renunciar a proteger a sus hijos. Los que ven en este pasaje ese tipo de pacifismo radical han torcido la intención de Jesús.

En tercer lugar, Cristo no estaba revocando ningún principio de la ley del Antiguo Testamento. Él estaba corrigiendo un *abuso* de la ley que se encuentra en la tradición rabínica. El principio de ojo por ojo fue dado por inspiración divina a Moisés, y por lo tanto es imposible que haya sido un principio maligno: «Y el que causare lesión en su prójimo, según hizo, así le sea hecho: rotura por rotura, ojo por ojo, diente por diente; según la lesión que haya hecho a otro, tal se hará a él» (Lv. 24:19.10; cp. Éx. 21:24; Dt. 19:21).

Nosotros sabemos que Cristo no estaba declarando que esta ley ahora quedaba invalidada y nula. Él mismo afirmó en Mateo 5:17-18, «No penséis que he venido para abrogar la ley o los profetas; no he venido para abrogar, sino para cumplir. Porque de cierto os digo que hasta que pasen el cielo y la tierra, ni una jota ni una tilde pasará de la ley, hasta que todo se haya cumplido». De modo que no hay posibilidad de que Cristo tuviera la intención de alterar o enmendar el estándar moral de la ley del Antiguo Testamento.

¿Entonces qué quiso decir Jesús? Si el versículo 39 no invalida realmente la ley del ojo por ojo y la reemplaza con un principio más pacífico y manso, ¿cuál es el argumento de este pasaje?

Aquí está la cuestión: el principio de ojo por ojo fue dado para administrar asuntos de justicia civil. Fue una pauta para que los jueces calcularan los castigos para infracciones civiles, para asegurar que el castigo se ajustara al crimen. Fue un principio de misericordia que limitaba el castigo de acuerdo a la gravedad de la ofensa. Y en todos los casos donde se aplicaba el principio de ojo por ojo, los *jueces* tenían que hallar culpable al ofensor y establecer la pena, no el individuo lastimado (Éx. 21:22-24; cp. Dt. 19:18-21). En ninguna parte permitió el Antiguo Testamento que un individuo tomara la ley en sus propias manos y la aplicara en contra de aquellos que le habían agraviado personalmente.

Desafortunadamente, la tradición rabínica obscureció la necesaria distinción que debe hacerse entre asuntos de justicia civil y ofensas personales de menor importancia. Los rabinos habían aplicado erróneamente el principio de ojo por ojo, haciendo uso de él para argumentar que los individuos tienen justificación para procurar venganzas personales por todos los males cometidos en su contra.

Jesús simplemente estaba corrigiendo esa noción equivocada. También estaba haciendo algunas distinciones necesarias entre ofensas públicas y personales, entre ofensas profundas y triviales. Una bofetada en la mejilla no es una lesión grave. Que aquel que desee seguir a Cristo simplemente vuelva la otra mejilla. Pero si la víctima considera el asalto como una ofensa criminal, dejen que pase por los procedimientos adecuados de la ley civil y permita que *otros* determinen la culpabilidad y establezcan el castigo. Nadie tiene derecho a tomar represalias personales. Eso equivale a hacerse uno mismo juez, jurado y ajusticiador. Eso viola el espíritu de todo lo que la ley enseña sobre justicia civil y personal.

Así que las instrucciones de Jesús acerca de volver la otra mejilla establecen dos categorías de ofensas: unas ligeras y personales, otras profundas o públicas. En este segundo caso, alguien aparte de la víctima debe determinar la culpabilidad y establecer el castigo. En el primer caso, la parte agraviada que desea glorificar a Dios, simplemente debería soportar con paciencia el agravio.

## NO RESISTÁIS AL QUE ES MALO

Las palabras de Jesús en Mateo 5:39 sintetizan el principio que se aplica a ofensas personales insubstanciales: «No resistáis al que es malo; antes, a cualquiera que te hiera en la mejilla derecha, vuélvele también la otra».

Ese versículo se ha venido aplicando muy mal por muchos años. Una secta de la década de los setenta se hizo famosa por aplicar la traducción hace de ese versículo («no resistir el mal»), de la manera más extrema, llegando tan lejos que ¡adoran a Satanás a la par con Cristo!

Obviamente, Cristo no estaba enseñando que a los agentes del mal simplemente se les debería permitir hacer de las suyas en toda circunstancia. Jesús mismo se opuso a malhechores constantemente, por medio de su enseñanza y sus acciones. Incluso en dos ocasiones se hizo un azote de cuerdas para expulsar a todos los que estaban profanando la casa de su Padre (Mt. 21:12; Jn. 2:15).

En otra parte, las Escrituras nos enseñan que debemos resistir al diablo (Stg. 4:7; 1 P. 5:9). Debemos oponernos a maestros falsos refutando sus mentiras (Tit. 1:9). Debemos resistir el mal en la iglesia expulsando de la comunidad a perversos y malhechores (1 Co. 5:13; véase capítulo 7 para una discusión más completa sobre disciplina en la iglesia). Pablo incluso enseñó que los líderes de la iglesia que persisten en pecar deberían ser reprendidos «delante de todos, para que los demás también teman» (1 Ti. 5:20).

Es igualmente claro, por razones ya mencionadas, que el principio de no resistencia y la regla de volver la otra mejilla no pueden significar que se impida al gobierno civil castigar a los malhechores. Aplicar estos principios en el campo civil y jurídico traería como resultado que la sociedad quedara abandonada al caos. El gobierno civil es ordenado por Dios precisamente «para castigo de los malhechores y alabanza de los que hacen bien» (1 P. 2:13-14; cp. Ro. 13:4). La justicia nos obliga tanto a defender la ley como a insistir en que otros lo hagan también. Reportar un crimen es al mismo tiempo una responsabilidad cívica y un acto de compasión. Excusar o contribuir a encubrir las infracciones de otros es un acto de maligna complicidad con el mal. Faltar a la protección del inocente es en sí mismo una grave maldad (Jer. 5:28-29).

Así que en las Escrituras no hay en absoluto ningún lugar para la noción de que nuestra respuesta frente al mal debería ser siempre de pasividad y no resistencia. Eso no puede ser lo que Jesús está enseñando en Mateo 5:39.

Pero ¿qué quiso decir Jesús cuando dijo: «No resistáis al que es malo»?

De nuevo, Él estaba prohibiendo las venganzas personales, las represalias, los rencores, los resentimientos, o las reacciones combativas ante una situación de ligero agravio personal. La palabra traducida como «resistir» hace referencia a una reacción militar. La idea implica venganza personal. Cristo está enseñando sencillamente el mismo principio que el apóstol Pablo expuso en Romanos 12:17-19:

> *No paguéis a nadie mal por mal; procurad lo bueno delante de todos los hombres. Si es posible, en cuanto dependa de vosotros,*

> *estad en paz con todos los hombres. No os venguéis vosotros mismos, sino dejad lugar a la ira de Dios; porque escrito está: Mía es la venganza, yo pagaré, dice el Señor.*

De esta manera podemos en muchas ocasiones, vencer el mal haciendo el bien (v. 21).

## UN CORDERO AL MATADERO

Alguien señalará que la crucifixión de Cristo no fue ni trivial ni privada. Así que realmente no encaja en la categoría de aquellas ofensas personales menores que deberíamos pasar por alto, ¿o sí?

No, pero *sí* cae dentro de una tercera categoría de ofensas que Jesús también menciona en su Sermón del Monte: persecución por causa de la justicia. Nuestro Señor enseñó que debemos sufrir con agrado cuando nuestro sufrimiento es por causa de la justicia:

> *Bienaventurados los que padecen persecución por causa de la justicia, porque de ellos es el reino de los cielos. Bienaventurados sois cuando por mi causa os vituperen y os persigan, y digan toda clase de mal contra vosotros, mintiendo. Gozaos y alegraos, porque vuestro galardón es grande en los cielos; porque así persiguieron a los profetas que fueron antes de vosotros.*
>
> – Mt. 5:10-12

Nótese el tipo de respuesta que Cristo pide de nosotros cuando se padece este tipo de mal: «Gozaos y alegraos». Eso no describe un gozo inseguro y pueril. No está hablando de un deleite masoquista en medio del sufrimiento. Es una paz sosegada y constante: exactamente la clase de espíritu que Cristo mismo mostró en medio de sus pruebas.

Las Escrituras presentan reiteradamente a Cristo como un cordero llevado al matadero: «Angustiado él, y afligido, no abrió su boca; como cordero fue llevado al matadero; y como oveja delante de sus trasquiladores, enmudeció, y no abrió su boca» (Is. 53:7). El énfasis se coloca en su silencio y su pasividad. Él estaba sufriendo por causa de la justicia, y habría estado mal que se opusiera a ello. ¿Por qué?

En primer lugar, Él no tenía ningún recurso legal. Tanto los oficiales del gobierno romano como los líderes del sanedrín judío conspiraron juntamente para acabar con su vida. En este caso, aunque la ofensa contra Cristo fue profunda y pública, Cristo no tenía medios para buscar una indemnización legal. No había en la tierra ninguna corte de apelación más alta a la que Él pudiera acudir. Su única opción era la insurrección. Él puso punto final a esa idea en el jardín de Getsemaní cuando reprendió a Pedro y le dijo que pusiera la espada en su vaina (Jn. 18:11). La resistencia violenta no se justificaba en esa situación, sin importar cuán equivocados estuvieran sus perseguidores, e independientemente de lo totalmente inocente que Él era.

Jesús le recordó a Pedro que si Él mismo estuviera inclinado a resistir, podría simplemente orar al Padre e inmediatamente serían enviados ejércitos celestiales en su ayuda: «¿Acaso piensas que no puedo ahora orar a mi Padre, y que Él no me daría más de doce legiones de ángeles?» (Mt. 26:53). De modo que Cristo *pudo haber* detenido su crucifixión si lo hubiera querido.

Pero si Él hubiera hecho eso, su obra en la tierra habría quedado incompleta, y el pecado quedaría aún sin ser expiado. El Padre le había dado esta copa para beber, y Él estaba dispuesto a someterse a la voluntad del Padre, sin importar cuál fuera el precio a pagar. Él había decidido vencer el mal con el bien.

Uno de los factores muy significativos sobre la narrativa de la crucifixión en todos los cuatro Evangelios, es el silencio de Cristo antes sus acusadores. Cuando se le formulaban preguntas legítimas, Él respondía honesta y brevemente. Pero la mayor parte del tiempo, Él permaneció callado. El sumo sacerdote estaba muy inquieto tratando de encontrar alguna razón para acusarle, pero Mateo 26:63 registra, «mas Jesús callaba» (cp. Mr. 14:61). Llevado ante Pilato, Él permaneció en completo silencio mientras los principales sacerdotes y los ancianos hacían un inventario de falsas acusaciones en su contra (Mt. 27:12). Marcos 15:4-5 registra lo siguiente: «Otra vez le preguntó Pilato, diciendo: ¿Nada respondes? Mira de cuántas cosas te acusan. Mas Jesús ni aun con eso respondió; de modo que Pilato se maravillaba». Cuando Pilato presionó a Jesús para que le dijera de dónde era, Juan 19:9 registra, «mas Jesús no le dio respuesta». Lucas dice que Herodes también «le hacía muchas preguntas, pero él nada le respondió» (Lc. 23:9).

Por esta razón Pedro, un testigo ocular de gran parte del drama, escribió: «Cuando le maldecían, no respondía con maldición; cuando padecía, no amenazaba, sino encomendaba la causa al que juzga justamente» (1 P. 2:23).

## «PADRE, PERDÓNALOS»

Cuando Cristo *finalmente* habló en aquellas últimas horas antes de entregar su vida, fue evidente que su mente no estaba enfocada en la venganza, ni siquiera en la auto–defensa. El tema predominante de sus pensamientos fue el *perdón*, a lo largo de toda la penuria de su crucifixión.

Por ejemplo, en la cúspide de su agonía, en el mismo instante cuando la mayoría de víctimas de una crucifixión gritarían con furia una maldición, Él oró pidiendo perdón para los que le atormentaban: «Padre, perdónalos, porque no saben lo que hacen» (Lc. 23:34).

El obispo J. C. Ryle escribió: «Estas palabras fueron pronunciadas probablemente mientras nuestro Señor era clavado a la cruz, o tan pronto como la cruz fue levantada sobre su base. Vale la pena reseñar que tan pronto como la sangre del Gran Sacrificio empezó a ser derramada, el Gran Sumo Sacerdote empezó a interceder.»

¿Puede ver la gloria de esto? Aunque Cristo es el soberano, eterno y omnipotente Dios, Él no amenazó, ni condenó, ni pronunció condena contra los que le crucificaban. En lugar de imprecarlos, oró por ellos.

Jesús había enseñado anteriormente: «Amad a vuestros enemigos ... y orad por los que os ultrajan y os persiguen» (Mt. 5:44). ¿Pero quién habría pensado que esa enseñanza sería llevada a tal extremo?

Como muchos aspectos de la muerte de nuestro Señor, esta manifestación de misericordia divina fue el cumplimiento de una profecía del Antiguo Testamento. Isaías 53:12 lo predijo: «Por cuanto derramó su vida hasta la muerte, y fue contado con los pecadores, habiendo él llevado el pecado de muchos, *y orado por los transgresores*».

Esta fue la hora para la cual Jesús había venido (Jn. 13:1). Muchas veces sus enemigos habían procurado matarle antes de que se cumpliera su tiempo (cp. Jn. 7:30; 8:20). «Yo pongo mi vida», Él dijo. «Nadie me la quita, sino que yo de mí mismo la pongo. Tengo poder para ponerla, y tengo poder para volverla a tomar. Este mandamiento recibí de mi Padre» (Jn. 10:17-18). Todo lo que estaba ocurriendo en esas espantosas horas estaba de acuerdo con «el determinado consejo y anticipado conocimiento de Dios» (Hch. 2:23). Todo iba a pasar *«para que la Escritura se cumpliese»* (Jn. 19:28; cp. vv. 24, 36; Mr. 15:28).

Esta era la razón por la cual había venido (Jn. 3:17). Todo el fundamento de la encarnación era el perdón. Era precisamente por ello que Jesús estaba muriendo. Era lo que Él estaba pidiendo en oración. Y es lo que ejemplificó en su muerte. De nuevo, Él nos dio un ejemplo que de manera solemne se nos ha encargado seguir. Si usted no se ha sentido de algún modo inadecuado para responder a ese llamado, quizás no ha entendido todo su significado e implicaciones.

La escena en la cruz incluye un notable contraste. Aquí está Jesús, sometiéndose humildemente a la voluntad de su Padre, «haciéndose obediente hasta la muerte, y muerte de cruz» (Fil. 2:8). Y allí está la muchedumbre, mofándose, insultando, incitando a los asesinos, determinada a llevar a cabo su maldad a cualquier costo. Ambos se juntaron en ese momento aterrador y sagrado: el Cordero solitario, sin mancha, y la multitud asesina e ignominiosa: «Y cuando llegaron al lugar llamado de la Calavera, le crucificaron allí» (Lc. 23:33). De nuevo, todo estaba sucediendo de conformidad con «el determinado consejo y anticipado conocimiento de Dios» (Hch. 2:23), *«para que la Escritura se cumpliese»* (Jn. 19:28). Pero en ese momento, es seguro que únicamente el Cordero mismo entendía que se estaba haciendo la voluntad de Dios.

Es inevitable que alguien pregunte por quiénes estaba orando Cristo. ¿Era por los judíos que habían conspirado para sentenciarlo a muerte? ¿Por los soldados romanos que literalmente lo clavaron a la cruz y después repartieron entre sí sus vestidos echando suertes? ¿Por la escarnecedora multitud que lo injuriaba?

La respuesta debe ser todas las anteriores, y aún más. En un sentido el alcance de esa oración con seguridad se extiende más allá de las personas que estaban allí ese día, hacia toda persona que haya confiado en Cristo y recibido su perdón. Después de todo, nuestros pecados lo pusieron allí. Somos igualmente culpables como los hombres que de hecho atravesaron con esos clavos sus manos y pies sin pecado.

Ahora, «Padre, perdónales» no fue una oración pidiendo perdón inmediato, incondicional e indiscriminado para todos los que participaron en la crucifixión de Cristo. Más bien, fue una imploración en favor de los que habrían de arrepentirse y confiar en Él como su Señor y Salvador. Jesús estaba orando para que cuando se dieran cuenta de la enormidad de lo que habían hecho y buscaran el perdón de Dios por ello, Él no se los tuviera en cuenta en su contra. El perdón no pertenece a aquellos que porfiadamente persisten en incredulidad, pecado y rebelión inquebrantables. Aquellos que llevaron a la tumba su férreo desprecio hacia Él, no fueron absueltos del crimen por esta oración.

El perdón es ofrecido a todos, gratuitamente (Ap. 22:17). Dios está tan ansioso de perdonar como lo estaba el padre del hijo pródigo. Él insta a todo pecador para que se vuelva a Él en humilde arrepentimiento (Ez. 18:3-32; Hch. 17:30). A aquellos que lo hacen, Dios promete recibirlos con brazos abiertos y perdón sin restricciones. Pero los que permanecen en la infidelidad y provocación nunca conocerán el perdón de Dios.

Así que Cristo estaba orando por aquellos que habrían de arrepentirse de su maldad. El pecado del que eran culpables era tan increíblemente repulsivo que si estas personas no hubieran escuchado que Él realmente oró por su perdón, pudieron haber imaginado que su pecado era imperdonable. (Véase el Apéndice 2, «¿Cuál es el pecado imperdonable?»)

¿Por qué oró Él diciendo, «*Padre,* perdónalos», cuando en el pasado había simplemente perdonado a los pecadores Él mismo (cp. Lc. 7:48)? Después de todo, no había demostrado ya que «el Hijo del Hombre tiene potestad en la tierra para perdonar pecados» (Mt. 9:6)?

Sí, pero en ese momento como aquel que llevaba nuestros pecados, Él estaba tomando nuestro lugar, muriendo en lugar de nosotros, habiendo renunciado a toda prerrogativa divina, incluyendo su propia vida, por nuestra causa. Él estaba allí colgado ante Dios como un representante de la humanidad pecadora. De modo que Él apeló a *el Padre* para perdonar a los transgresores. En ese momento Él se estaba identificando precisamente con aquellos cuyo odio irracional hacia Él le había causado todos esos padecimientos. ¡Tal es la maravilla de la misericordia divina!

Las palabras de Jesús, «porque no saben lo que hacen» (Lc. 23:34) obviamente no significan que los que le mataron ignoraban por completo la horrenda *realidad* de su crimen. Los líderes judíos sabían que le habían acusado falsamente (Mt. 26:59). Pilato sabía que Jesús era un hombre inocente (Lc. 23:4). Cualquiera que estuviera levemente al tanto de lo que estaba sucediendo habría visto que se estaba cometiendo una gran injusticia (Mr. 14:56).

Sin embargo todas éstas eran personas ciegas conducidas por gobernantes ciegos (Hch. 3:17). Eran por totalmente ignorantes de la magnitud de su atrocidad. Estaban completamente ciegos ante la luz espiritual de la verdad divina.

No obstante, su ignorancia no los excusaba. Abundantes evidencias daban testimonio de la verdad de quién era Jesús. La gente le había escuchado enseñar y «se admiraba de su doctrina; porque les enseñaba como quien tiene autoridad, y no como los escribas» (Mt.

7:28-29). Ellos habían presenciado sus poderosas obras (Jn. 10:32-33). Con mucha probabilidad, algunos de los que ahora vociferaban pidiendo su muerte eran las mismas personas que antes le habían seguido solamente para ver sus milagros. Algunos de ellos incluso puede que hayan estado entre las multitudes que Él alimentó (Jn. 6:26). ¡Quizás muchos de ellos habían sido parte de la muchedumbre que apenas hacía una semana le había aclamado cuando entraba a la ciudad (Mt. 21:8-11)! Es seguro que estas personas no podían ser ignorantes de muchas cosas que Jesús había dicho y hecho en su presencia. Dos cosas son ciertas: su ignorancia misma no era excusable, y la ignorancia ciertamente no los eximió de haber cometido el crimen de asesinato.

A pesar de ello nuestro Señor en su gran misericordia oró pidiendo perdón para ellos. Espiritualmente, ellos eran ciegos, totalmente insensibles frente a la terrible realidad de lo que habían hecho. No fue como si consciente y deliberadamente estuvieran tratando de extinguir la Luz verdadera. Sus propias mentes eran del todo ciegas y no podían ver esa Luz verdadera, de manera que no pudieron haber entendido la plena enormidad de su crimen. «Si la hubieran conocido, nunca habrían crucificado al Señor de gloria» (1 Co. 2:8).

¿Fue contestada la oración de Jesús por el perdón de ellos? Ciertamente lo fue.

## EL LADRÓN PERDONADO

La primera respuesta a esa oración llegó de la manera más dramática, incluso antes de que Jesús muriera.

Tanto Mateo como Marcos consignan que Cristo fue crucificado entre dos ladrones. Estos hombres eran probablemente revoltosos y también timadores. La ley romana rara vez ordenaba la crucifixión de hombres por simple hurto, de modo que los dos criminales probablemente también eran culpables de crímenes contra del gobierno. Pueden haber estado aliados con Barrabás, quien era ladrón (Jn. 18:40), asesino, y culpable de sedición en contra de Roma (Lc. 23:18-19).

En cualquier caso, estos eran hombres que vivieron sus vidas por fuera de la ley. Los crímenes de los que eran culpables habían sido considerados como ofensas capitales, y uno de los ladrones confesó en el último momento que a diferencia de Cristo, ellos dos sin duda eran dignos de sufrir la muerte (Lc. 23:41).

La flagrante inmoralidad de estos hombres y la dureza de sus corazones, se hacen evidentes por el hecho de que aún mientras estaban siendo crucificados, en medio de sus propia y desgarradora agonía, ambos ofendieron a Cristo con escarnio. Cuando los principales sacerdotes y escribas se mofaron de Él diciendo: «A otros salvó; a sí mismo no se puede salvar; si es el Rey de Israel, descienda ahora de la cruz, y creeremos en él» (Mt. 27:42), «lo mismo le injuriaban también los ladrones que estaban crucificados con él» (v. 44; cp. Mr. 15:32).

Imagine cuán profundamente incrustado tendría que estar el rencor de alguna persona para burlarse con escarnio de una víctima inocente, ¡mientras el burlón mismo estaba pasando merecidamente por la misma situación penosa! Estos hombres eran malhechores inauditos, es seguro que se trataba de los peores en medio de muchos otros malvados que rodearon a Cristo mientras estaba muriendo. ¡Cuán sorprendente pensar que Cristo buscara el perdón de Dios para personas tan ruines como éstas!

Lucas, quien consignó la oración de Jesús por el perdón de sus adversarios, también añade una singular posdata al relato de los dos ladrones. Llegó un momento en la zaherimiento cuando uno de los dos ladrones experimentó un dramático cambio de corazón. Viendo a Jesús sufrir todo ese abuso en silencio, sin responder con amenazas o insultos a sus escarnecedores, ese ladrón fue conmovido en su consciencia y se arrepintió. Mientras ambos seguían allí colgados y agonizando, ese hombre le rogó al Salvador «y dijo a Jesús: Acuérdate de mí cuando vengas en tu reino» (Lc. 23:42).

Su sencilla declaración fue en realidad una profunda confesión de fe. El hombre logró ver claramente la profundidad de su propia culpa. Él confesó que su propio castigo era justo y que Cristo no tenía ninguna culpa (v. 41). Su actitud y conducta cambió inmediatamente de pérfido escarnio a humilde alabanza. Reconoció implícitamente la justa afirmación de Jesús como Señor del reino del cielo (v. 42). Es poco probable que el criminal condenado apreciara todo el significado y las implicaciones de la muerte de Cristo, pero en ese mismo instante, mientras aquel ladrón recibía el castigo correspondiente por sus crímenes contra Roma, Cristo estaba expiando los pecados que ese hombre había cometido contra Dios.

¿Cómo es que los insultos del hombre dieron paso tan rápidamente a la adoración? Ni carne ni sangre le habían revelado la verdad de quién era Jesús, pero sus ojos habían sido abiertos por un acto soberano de Dios. En los momentos finales de su vida terrenal, Dios le dio en su gracia un corazón nuevo. Él no había hecho nada para merecer la gracia divina. Por el contrario, aún hasta el mismo fin de su existencia estaba maldiciendo, injuriando y escarneciendo a Cristo, aún a pesar de que él mismo enfrentaba la muerte y después de ello, el juicio divino.

Pero al ver el sufrimiento de Cristo en silencio, al Cordero de Dios siendo llevado al matadero, se despertó en el corazón de aquel pecador un temor santo hacia Dios, y finalmente reprendió a su compañero diciendo: «¿Ni aun temes tú a Dios, estando en la misma condenación? (Lc. 23:40), y con esa declaración se reprendió a sí mismo también. «Nosotros, a la verdad, justamente padecemos», confesó (v. 41), «mas éste ningún mal hizo».

Sabiendo que no tenía absolutamente ninguna esperanza por su propia cuenta, el ladrón le pidió a Cristo el más pequeño de los favores: «Acuérdate de mí». La petición nos recuerda el ruego desesperado del publicano que «estando lejos, no quería ni aun alzar los ojos al cielo, sino que se golpeaba el pecho, diciendo: Dios, sé propicio a mí, pecador» (Lc. 18:13). Era un grito desconsolado, una apelación con el último aliento para recibir el más pequeño gesto de misericordia, admitiendo que no era merecido.

Jesús, ansioso de perdonar incluso al más aborrecible escarnecedor, concedió la petición del hombre, y muchísimo más: «De cierto te digo que hoy estarás conmigo en el paraíso» (v. 43).

Envuelto con esa promesa estaba el completo perdón de toda maldad que ese hombre hubiera cometido en su vida. Nada fue requerido del pecador mismo para expiar sus propias maldades. No se le asignaron obras de penitencia, ni se hizo una amenaza de purgatorio; ni siquiera recibió un reproche por haber esperado tanto tiempo para acercarse a Cristo. Se le concedió inmediatamente plena entrada al reino celestial: «*Hoy* estarás conmigo en el paraíso». La expiación de Cristo fue suficiente para obtener perdón completo y gratuito para éste, uno de los más viles pecadores.

Las Escrituras no registran otras palabras entre Jesús y el ladrón moribundo. Ambos estaban sufriendo una agonía inenarrable. Pronto ambos entrarían al paraíso, Cristo habiendo pagado el precio de los pecados del ladrón, y el ladrón habiendo sido revestido en la perfecta justicia del Salvador sin pecado. ¡Había ocurrido un milagro de perdón!

## FENÓMENOS SOBRENATURALES

Todo esto ocurrió bajo un sombrío velo de oscuridad. Mateo dice: «desde la hora sexta hubo tinieblas sobre toda la tierra hasta la hora novena» (27:45). La oscuridad que cayó sobre la tierra no se debió a un simple eclipse. No pudo haber sido así. La pascua siempre caía en tiempo de luna llena, y esto descarta un eclipse solar en ese día en particular. Se trató en este caso de una oscuridad sobrenatural cuyo significado era el juicio divino. Dios había juzgado los pecados de la humanidad, y como resultado, la Luz del mundo estaba a punto de morir. Fue el momento más solemne en la historia del universo, y únicamente la oscuridad era apropiada para un momento así.

Mateo también consigna una asombrosa serie de incidentes que ocurrieron en el momento de la muerte de Jesús.

> *Mas Jesús, habiendo otra vez clamado a gran voz, entregó el espíritu. Y he aquí, el velo del templo se rasgó en dos, de arriba abajo; y la tierra tembló, y las rocas se partieron; y se abrieron los sepulcros, y muchos cuerpos de santos que habían dormido, se levantaron; y saliendo de los sepulcros, después de la resurrección de él, vinieron a la santa ciudad, y aparecieron a muchos.*
>
> – Mt. 27:50-53

La muerte de Cristo no fue ninguna casualidad o infortunio, aunque a todos los presente les debió haber parecido que en ese momento reinaba el caos. El Pastor había sido herido y las ovejas fueron dispersadas. Para el reducido grupo de observadores que habían quedado en el rebaño, todo esto seguramente parecía una gran victoria para las fuerzas del mal. La naturaleza misma parecía estar en caos. Oscuridad, un terremoto, y una abrumadora pesadumbre prevalecían. Al ojo humano le parecía que el universo se había hundido en la más profunda desesperanza.

Nada podía estar más lejos de la verdad. Cristo mismo seguía teniendo el control total. Él le había dicho a los fariseos: «Yo pongo mi vida, para volverla a tomar. Nadie me la quita, sino que yo de mí mismo la pongo. Tengo poder para ponerla, y tengo poder para volverla a tomar» (Jn. 10:17-18). Por caóticos que pudieran parecer los eventos, en ningún momento Dios cedió a su control soberano a los malhechores. Por el contrario, repetidas veces en los relatos de la crucifixión se nos dice: «para que se cumpliese la Escritura» (Jn. 19:24,

28, 36). Todas las cosas estaban procediendo de conformidad con el plan divino.

Cuando Cristo murió, Él simplemente inclinó su cabeza y entregó su Espíritu. Nadie podría haberle quitado su vida en contra de su voluntad. En ningún momento perdió Él su deidad o su soberanía. Todo lo que ocurrió fue parte de su plan: un plan diseñado para hacer posible el perdón de los pecados.

Lo que parecía ser un caos por su naturaleza en el momento de la muerte de Cristo, constituyó en realidad una serie significativa de eventos sobrenaturales orquestados por Dios, dando a entender que el perdón ahora era completo.

### *El velo se rasgó*

Nótese que el velo del templo se rasgó «de arriba abajo» (Mt. 27:51). Aquí se refiere al velo que separaba el Lugar Santísimo del resto del templo. Ese velo marcaba una línea que nadie debía cruzar, excepto el sumo sacerdote, quien entraba una vez al año con la sangre de un sacrificio en el día de la expiación.

En gran parte del libro de Hebreos, especialmente capítulos 9 y 10, se discute el significado de este velo, el cual indicaba «que aún no se había manifestado el camino al Lugar Santísimo» (He. 9:8). Los sacrificios anuales simplemente simbolizaban un sacrificio perfecto que aún estaba por venir, el cual, cuando fuera ofrecido, pondría punto final a todos los sacrificios para siempre (He. 10:11-12). El nuevo pacto, que se basa en el derramamiento de la sangre de Cristo, entró en vigencia a partir de ese momento.

Algo inherente a las promesas del nuevo pacto es la garantía de que los pecados son perdonados para siempre (vv. 16-17). «Pues donde hay remisión de éstos, no hay más ofrenda por el pecado» (v. 18). Por tanto, según el libro de Hebreos, todo creyente puede acercarse confiadamente al Lugar Santísimo —el verdadero y celestial trono de gracia— por la sangre de Jesucristo (v. 19).

El desgarramiento de arriba abajo de aquel velo colgado en lo alto del templo, tiene como significado que fue Dios mismo quien lo rasgó. El perdón era completo y permanente al mismo tiempo. A partir de ese día, las ceremonias y funciones sacerdotales en el templo no tuvieron más relevancia. Al término de la siguiente generación, el templo mismo fue destruido y con él, el sistema mosaico de sacrificios fue finiquitado por la soberanía de Dios.

## *La tierra tembló*

Mateo 27:51 continúa, «la tierra tembló, y las rocas se partieron». Los terremotos en el Antiguo Testamento eran siempre una lección gráfica y objetiva de la ira divina. Cuando Dios entregó la ley a Moisés en Sinaí, «todo el monte se estremecía en gran manera» (Éx. 19:18). Incluso en los Salmos, la sacudida de la tierra siempre representaba el terror y la ira del Señor (18:7; cp., 68:8; 77:18; 97:4). El juicio final comenzará con un terremoto global como ninguno antes visto (He. 12:26-27; Ap. 6:14-15).

El terremoto de Mateo 27:51 acompañó la ira de Dios contra el pecado, la cual fue derramada sobre su propio Hijo. Este momento marcó la culminación del juicio de Dios contra nuestro pecado, cuando en Hijo de Dios entregó su espíritu, y la tierra se estremeció en consternación.

## *Los muertos se levantaron*

En ese mismo instante, ocurrió otro milagro: «se abrieron los sepulcros, y muchos cuerpos de santos que habían dormido, se levantaron» (Mt. 27:52). Los demás Evangelios no mencionan este incidente. «Muchos», pero no todos los santos de Jerusalén y sus alrededores, fueron levantados de sus tumbas. El término es relativo y podría hacer referencia a una docena de ellos o algo así. El tono reducido en que las Escrituras describen este milagro parece descartar una resurrección en gran escala. Estas personas se levantaron de los muertos, sin duda que en cuerpos glorificados, y «después de la resurrección de él, vinieron a la santa ciudad, y aparecieron a muchos» (v. 53). Fueron suficientes como para establecer que efectivamente había ocurrido este milagro. No se dice nada más sobre estas personas. Habiendo dado testimonio de la Resurrección, sin duda ascendieron a la gloria como precursores del evento descrito en 1 Tesalonicenses 4:16.

Todos estos fenómenos ocurrieron instantáneamente, y por eso en su hora más oscura, la tierra supo que estos milagros de triunfo indicaban que algo verdaderamente maravilloso estaba ocurriendo. Cristo había comprado el perdón. El Gran Pastor había dado su vida por las ovejas.

E incluso en ese momento, Dios estaba redimiendo a los pecadores. Mateo 27:54 registra lo siguiente: «El centurión, y los que estaban con él guardando a Jesús, visto el terremoto, y las cosas que habían sido hechas, temieron en gran manera, y dijeron: Verdaderamente éste era Hijo de Dios».

## UN CENTURIÓN CREE

Un centurión era un oficial del ejército que comandaba a más de cien hombres. Este oficial en particular era sin lugar a dudas el que estaba supervisando la crucifixión de Cristo y los dos ladrones. Él y algunas de sus tropas probablemente habían hecho guardia a Jesús desde el juicio en Pretoria, la residencia de Pilato en Jerusalén. Es posible que hayan estado entre los soldados que arrestaron a Jesús en el jardín de Getsemaní la noche anterior; así que pudieron haber presenciado todo el drama desde el mismo comienzo.

Estos mismos soldados participaron sin duda en el azotamiento de Jesús. Habrían sido los mismos que lo vistieron con una túnica para hacerle mofa, los que le pusieron una corona de espinas en su cabeza, los que pusieron una venda sobre sus ojos y le golpearon, y escupieron sobre Él, y lo insultaron (Mt. 27:27-30; Lc. 22:63-64). Fueron los mismos hombres que habían clavado sus manos y pies a la cruz, y después echaron suertes sobre sus vestidos, y descaradamente le injuriaron en medio de sus sufrimientos.

Ellos habían escuchado a Pilato declarar la inocencia de Jesús, así que sabían que no se trataba de un sedicioso. No había nada en sus acciones o comportamiento que lo convirtiera en una amenaza real a Roma o a la nación de Israel. Para estos soldados, Él debió haber sido un fuerte contraste frente a los muchos criminales que habían ayudado a crucificar. Sus ultrajes sugieren que inicialmente le tildaron como un fanático o un trastornado fanático religioso.

Pero la oscuridad sobrenatural, el terremoto, y la forma en que Cristo padeció sus sufrimientos, todo empezó a tener un efecto sobre estos soldados. Marcos dice que la manera en que Cristo murió finalmente abrió los ojos de ellos a la realidad de quién era Él: «Y el centurión que estaba frente a él, viendo que después de clamar había expirado así, dijo: Verdaderamente este hombre era Hijo de Dios» (Mr. 15:39). Estos soldados habían visto morir sin lugar a dudas a incontables víctimas de la crucifixión, pero ninguno de ellos había muerto como Jesús. La fuerza requerida para dar un grito como lo hizo Jesús era algo que no se había visto jamás en este momento de la crucifixión.

Mateo dice que no solamente el centurión, sino también lo soldados que estaban con él «temieron en gran manera» (Mt. 27:54). La expresión en griego se refiere a un sobrecogimiento extremo: una especie de pánico. Este tipo de temor ocurría muchas veces cuando las personas se daban cuenta de quién era Jesús en realidad. De hecho, la expresión empleada aquí es la misma que Mateo usó para describir la reacción de los discípulos cuando ellos vieron a Jesús caminando sobre el agua (14:26) y la reacción de los tres discípulos en el monte de la Transfiguración cuando vieron a Cristo en su gloria (17:6).

Estos soldados a los pies de la cruz de repente se dieron cuenta de a quién habían crucificado, y el resultado fue puro terror. Por temibles que debieron ser la oscuridad y el terremoto, no fueron nada en comparación con el hecho de darse cuenta que Aquel a quien habían matado era sin duda el Hijo de Dios: ¡el mismo a quien los líderes judíos habían querido crucificar por haber dicho que era el Hijo de Dios! Por eso en la declaración de fe del centurión, él tomó prestadas las mismas palabras usadas por los líderes judíos que acusaron a Jesús ante Pilato («se hizo a sí mismo Hijo de Dios», Jn. 19:7).

El testimonio expresado por el centurión parece ser una genuina confesión de fe en nombre propio y de sus hombres. «*Verdaderamente* éste era [el] Hijo de Dios» (Mt. 27:54). Lucas consigna que la respuesta del centurión fue un acto genuino de adoración: «Dio gloria a Dios» (Lc. 23:47). La tradición antigua dice que el nombre del centurión era Longinus, que su conversión fue real y que fue uno de los primeros miembros de la iglesia cristiana.

Ese centurión, así como cualquiera de los soldados que compartieron su fe, fueron una respuesta inmediata a la oración de Jesús por los que le atormentaban. Dios mismo salvó a esos hombres en respuesta al ruego agonizante de su Hijo pidiendo misericordia para ellos.

¿Cómo lo sabemos? Porque la salvación es *siempre* una obra de la gracia divina. La fe de estos hombres era prueba de que Dios había obrado en sus corazones. «Nadie puede llamar a Jesús Señor, sino por el Espíritu Santo» (1 Co. 12:3). Jesús aclaró muy bien, incluso a Pedro, que Dios es la fuente de toda fe verdadera (Mt. 16:16-17). Solamente Dios mismo pudo haber cambiado el corazón endurecido de ese centurión y sus hombres.

## MULTITUDES INCONTABLES

El centurión y sus hombres no fueron los únicos llenos de miedo por la manera en que sucedió la muerte de Jesús. Lucas anota que la crucifixión de Cristo terminó en tristeza y terror para la mayoría de los que habían clamoreado pidiendo su muerte: «Y toda la multitud de los que estaban presentes en este espectáculo, viendo lo que había acontecido, se volvían golpeándose el pecho» (Lc. 23:48).

Horas antes, esta gente había conformado una turba sanguinaria que chillaba con envilecido regodeo para pedir la muerte de Jesús. Ahora que tenían lo que tanto querían, ello no les dejó nada más que angustia, aflicción y horror. El triunfo que tanto habían esperado los dejó vacíos y sin esperanza. La multitud se dispersó, y todos se metieron a sus casas con temor. Los golpes de pecho significaban alarma y mucho remordimiento. Pero a diferencia del centurión, quien adoró y dio gloria a Dios, estas personas no tuvieron un arrepentimiento genuino. A diferencia de los soldados, no hicieron ninguna confesión de pecado ni confesión de fe en Cristo.

Sin embargo, esa oración desde la cruz todavía estaba siendo contestada por Dios. Parece, a partir de los relatos bíblicos, que muchos de éstos se encontraban entre las tres mil personas que fueron añadidas a la Iglesia en un día (Hch. 2:41). Quién sabe cuántas personas, además de los otros miles que se salvaron en Jerusalén en las siguientes semanas, habían sido parte de la turba encarnizada que estuvo en la crucifixión.

Pedro, dirigiéndose a las multitudes en el día de Pentecostés, dio a entender que muchos de ellos habían sido los mismos que de hecho habían participado en la crucifixión de Cristo. En realidad Pedro les atribuyó la culpa del hecho: «Sepa, pues, ciertísimamente toda la casa de Israel, que a este Jesús *a quien vosotros crucificasteis*, Dios le ha hecho Señor y Cristo» (Hch. 2:36, énfasis añadido).

Y ellos no negaron su culpabilidad. Es evidente que les había pesado la culpa desde que se alejaron del Calvario dándose golpes de pecho. Cuando escucharon las palabras de Pedro, «se compungieron de corazón, y dijeron a Pedro y a los otros apóstoles: Varones hermanos, ¿qué haremos?» (v. 37).

A continuación Pedro los instó a arrepentirse y creer en Cristo, y el resultado fue dramático: «Los que recibieron su palabra fueron bautizados; y se añadieron aquel día como tres mil personas» (v. 41).

Ellos también eran la respuesta de Dios a la oración de su Hijo cuando moría. La oración de Jesús, en cierto sentido, condujo al milagro que ocurrió en Pentecostés.

Pero los tres mil convertidos en Pentecostés fueron solamente el comienzo. Bien pudo haber sido que para el fin de la era apostólica, ¡la mayoría de los que participaron literalmente en hacer morir a Cristo, fueron traídos al reino en respuesta a su oración pidiendo perdón!

Es más, en cierto sentido todo pecador perdonado en toda la historia es una respuesta a la oración de Cristo. Puesto que nuestro pecado lo llevó a la cruz para empezar, nosotros tenemos responsabilidad por su muerte de igual forma que aquellos que realmente atravesaron sus pies y manos con los clavos. Y el perdón que Él extendió en la cruz a aquellos que acabaron con su vida, es el mismo perdón que hoy hace extensivo a los pecadores. Los que hemos experimentado tal perdón también tenemos el deber solemne de extender una gracia similar a otros (Ef. 4:32).

¡Qué estándar tan alto ha fijado Él para nosotros! Su negativa a tomar represalias, su aceptación silenciosa de los males que otros cometían contra Él, su oración de perdón, su prontitud y deseo de perdonar: todos constituyen un ejemplo que se espera de nosotros que sigamos.

¡Con cuánta rapidez se elude nuestra carne para no seguir ese ejemplo! Cuando nos hacen sufrir, se torna muy fácil racionalizar un contraataque y dolorosamente difícil seguir los pasos de nuestro Señor. Pero como Él, debemos seguir encomendando nuestra causa a Aquel que «juzga justamente« (1 P. 2:23).

¿Podemos mirar esta escena en la cruz y comprender la profundidad de su pasión, para después justificar nuestra propia falta de disposición para perdonar cualquier ofensa que nuestro semejante pueda haber cometido contra nosotros? La respuesta es obvia. ¿No deberíamos tener misericordia así como nosotros hemos recibido misericordia? (cp. Mt. 18:21-35)? Como aquellos a quienes mucho se les ha perdonado, mucho adeudamos, pero a nuestro Señor y a nuestros hermanos y semejantes (cp. Lucas 7:47). ¡Que el Señor nos conceda la gracia para seguirle en sus pasos de misericordia!

TRES

# SI CONFESAMOS NUESTROS PECADOS...

*Si confesamos nuestros pecados, él es fiel y justo para perdonar nuestros pecados, y limpiarnos de toda maldad.*

– 1 Juan 1:9

Uno de los primeros versículos que muchos cristianos memorizan es 1 Juan 1:9, porque la promesa de perdón y limpieza es un consuelo muy valioso para los que hayan luchado todas sus vidas con la culpa.

Pero ese versículo es el foco de algún grado de controversia en estos días. Un puñado de maestros populares están afirmando que como los cristianos *ya* han sido perdonados, nunca deberían pedirle perdón a Dios, y que hacerlo es una manifestación de incredulidad. Ellos insisten que 1 Juan 1:9 no tiene nada que ver con los cristianos.

Uno de los más conocidos propulsores de esta postura es Bob George, un popular escritor y conferencista radial. George caracteriza a los cristianos que oran pidiendo perdón, como personas «que viven con una inseguridad diaria ... [cristianos] que dudan si todos sus pecados han sido perdonados o no».[1]

George y muchos otros que comparten sus opiniones, afirman que la *única* forma de disfrutar la libertad personal en Cristo es olvidarse para siempre de la culpa y apropiarse del perdón de Dios como un hecho totalmente ejecutado gracias a la obra de Cristo.

Hay suficiente verdad en ese punto de vista como para que pueda generar bastante confusión en muchos creyentes sinceros. Como vimos en el capítulo 1, los pecados de los creyentes *están* perdonados porque han sido expiados por Cristo. Los cristianos están libres de la culpa de sus pecados y han sido revestidos en la justicia perfecta de Cristo. Su justificación ante Dios es un hecho ya realizado. Las Escrituras dicen: «Ahora, pues, ninguna condenación hay para los que están en Cristo Jesús» (Ro. 8:1). «¿Quién acusará a los escogidos de Dios? Dios es el que justifica. ¿Quién es el que condenará?» (Ro. 8:33-34). «Cristo nos redimió de la maldición de la ley» (Gá. 3:13).

Así que desde la perspectiva del trono de juicio de Dios, los pecados de los creyentes son perdonados aún antes de ser cometidos. Dios como Juez ha castigado reciamente a Cristo por nuestros pecados, y Él se niega a tener esos pecados en nuestra contra cuando nos juzga. «Bienaventurados aquellos cuyas iniquidades son perdonadas, y cuyos pecados son cubiertos. Bienaventurado el varón a quien el Señor no inculpa de pecado» (Ro. 4:7-8). Todos los cristianos se encuentran en esta condición bienaventurada, y esas verdades son el fundamento para nuestra libertad en Cristo. Todo eso es cierto e innegable.

Pero no es *toda* la verdad. No se haga a la idea de que a causa de la justificación Dios no está al tanto de nuestro pecado. No crea ni por un momento que los creyentes pueden simplemente revolcarse en el pecado sin provocar el disgusto de Dios. No considere su remordimiento personal por el pecado como algún tipo de obstáculo a su salud espiritual. No llegue a la conclusión de que orar pidiendo el perdón de Dios es algo que un cristiano nunca debería hacer. Tal manera de pensar es manifiestamente contraria a la Biblia; herejía no es una palabra demasiado fuerte para referirse a ella. Los cristianos que piensan que pueden pecar sin ofender a Dios y sin buscar el perdón de su Padre celestial, han sido terriblemente engañados.

Veamos más de cerca estas cuestiones.

## ¿SE SUPONE QUE LOS CREYENTES DEBEN ORAR PIDIENDO PERDÓN?

Recientemente recibí una carta de noticias de uno de estos ministerios conocidos por enseñar que los cristianos nunca deberían pedirle perdón a Dios. En el artículo principal de una revista, el fundador del ministerio escribe:

> Probablemente usted habrá escuchado a personas orar más o menos así: *Y Señor, te pedimos que nos perdones por todos nuestros pecados.* Pero un momento. ¿Por qué razón cristianos perdonados le piden perdón a Dios? ¿Acaso no creen que son perdonados? Si ellos creen que ya han sido perdonados, entonces ¿por qué lo piden una y otra vez? Sus oraciones revelan incredulidad.

Unos párrafos más adelante, él propone lo que considera como una mejor forma de orar:

> Con cuánta frecuencia escucha a alguien orar: «Y Señor, te agradezco porque estoy de pie ante ti como un hombre completamente perdonado. Gracias porque no tengo mancha y soy más blanco que la nieve.» Esas palabras son extrañas, pero estremecen el corazón de Dios porque demuestran fe, demuestran que el hombre le cree a Dios, quien dice que somos perdonados en Cristo (Ef. 4:32). No hay ninguna forma en que usted pueda sentirse a gusto con Dios si siente que Él está todo el tiempo y cada vez más enojado con usted. Para sentirse seguro, usted debe creer que Él no tiene ni un sólo pecado en su contra. He aquí una declaración audaz: Es imposible que un cristiano le pida perdón a Dios por enésima vez a causa de un pecado perturbador, y que después vaya con Él para estar cómodo y protegido. Sentirá como si la paciencia de Dios se estuviera estirando hasta el límite.

Hay un problema fatal en toda esa manera de abordar el tema del perdón: es exactamente todo lo opuesto a lo que enseñan las Escrituras.

Cristo enseñó claramente a sus discípulos a orar diciendo: «Perdónanos nuestros pecados» (Lc. 11:4). Los que discuten en contra de orar para pedir perdón, por lo general tratan de explicar superficialmente esta frase en el Padrenuestro, sugiriendo que pertenece a una dispensación diferente —bien sea el antiguo pacto bajo la ley de Moisés— o a una dispensación legalista que vendrá en el futuro. Ellos creen que Jesús estaba enseñando sobre la ley, no la gracia, cuando dio la oración modelo. Por lo tanto, insisten ellos, enseñarle a las personas a pedirle perdón a Dios equivale a vivir bajo la ley, y no bajo la gracia. Y esperar que los cristianos oren de la manera establecida en el Padrenuestro, es una actitud legalista según esta perspectiva.

Un hombre que defiende esta postura me escribió una carta en la que decía:

> La oración del Padrenuestro pertenece a la era del antiguo pacto, cuando la regla de gobierno era la ley, no la gracia. ¿Acaso algún creyente de la actualidad puede imaginar realmente que el perdón de Dios es algo que depende de cómo perdonamos nosotros, de modo que ganamos su perdón perdonando a otros? ¿Es verdad que si yo no perdono a los demás Dios no me va a perdonar? ¿Y se supone que los cristianos deben temer que Dios retire su perdón de los creyentes que se niegan a perdonar a los que los ofenden? Debemos llegar a la conclusión de que las disposiciones del Padrenuestro corresponden a la ley y no a la gracia. *El perdón condicional no se aplica a los cristianos.*

Esto revela una elemental falla en la comprensión. El perdón no se ofrece en términos diferentes en las eras del Antiguo Testamento y el Nuevo Testamento. Aún estando bajo el antiguo pacto, la salvación siempre fue por gracia, no por obediencia a la ley. Los creyentes son justificados por medio de la fe solamente, y no por obras. Todo el argumento de Pablo en Romanos 4 es que los salvados de todas las edades son redimidos exactamente de la misma manera que lo fue Abraham: sobre la base de una justicia que es imputada únicamente por medio de la fe (vv. 1-5). Eso incluye a los santos del Antiguo Testamento que vivieron bajo la ley de Moisés, tales como David (vv. 6-8). Sus pecados fueron perdonados de la misma forma en que son perdonados los nuestros en la actualidad, y ellos también fueron revestidos con una justicia perfecta que les fue imputada por fe.

En otras palabras, limitar la oración que Jesús nos enseñó a los tiempos del Antiguo Testamento —o a otra dispensación— no altera el hecho primordial de que Jesús le estaba enseñando a personas ya justificadas que deberían orar pidiendo el perdón de Dios.

## ¿POR QUÉ SE SUPONE QUE DEBEMOS BUSCAR EL PERDÓN DE DIOS SI ÉL YA NOS HA JUSTIFICADO?

Si la justificación se encarga de nuestros pecados pasados, presentes y futuros, a fin de que no haya ninguna condenación para los que están en Cristo (Ro. 8:1), ¿por qué necesitan los creyentes orar pidiendo perdón? ¿Acaso no estamos orando por algo que ya es nuestro?

Retrocedamos para ver la cuestión bíblicamente. Primero que todo, es simplemente un hecho establecido que las Escrituras instruyen directamente a personas redimidas para que oren regularmente pidiendo perdón. Eso es claro en muchos de los salmos penitenciales (Sal. 6; 32; 38; 51; 102; 130; 143); es claro en la oración modelo que Jesús enseñó (el Padrenuestro); y también corresponde a lo que se describe en 1 Juan 1:9.

Mientras vivamos en un mundo lleno de pecado, con nuestras tendencias pecaminosas, hay un cierto sentido en el que los cristianos, aunque limpiados eternamente por el lavamiento de la regeneración (Tito 3:5), siguen necesitando una limpieza diaria de los efectos de sus pecados.

La ilustración perfecta de estos dos tipos de limpieza se encuentra en el relato que el apóstol Juan hizo de la última cena, cuando Jesús quiso lavar los pies de Pedro. Al principio Pedro no estaba seguro de que Cristo le sirviera de una manera tan humillante. Él le dijo al Señor: «No me lavarás los pies jamás» (Jn. 13:8).

Jesús le respondió: «Si no te lavare, no tendrás parte conmigo».

Pedro, siempre ufano, resolvió que entonces no sería suficiente para él un lavamiento de pies, y dijo: «Señor, no sólo mis pies, sino también las manos y la cabeza» (v. 9).

La respuesta de Jesús traza una clara distinción entre dos tipos de limpieza: «El que está lavado, no necesita sino lavarse los pies, pues está todo limpio; y vosotros limpios estáis aunque no todos» (v. 10).

El acto de bañarse ilustra el perdón de justificación. Los que son justificados han sido perdonados del castigo del pecado para siempre. No tienen que ser justificados de nuevo. No obstante, los efectos del pecado todavía necesitan ser tratados día tras día. El pecado tiene que ser confesado y abandonado regularmente, y se debe buscar el perdón de un Padre amoroso pero contrariado.

Los tiempos del verbo en 1 Juan 1 también demuestran esto. Una traducción literal del versículo 7 sería: «La sangre de Jesucristo su Hijo continúa limpiándonos de todo pecado». Y el tiempo verbal en el versículo 9 también denota una acción continua: «Si estamos continuamente confesando nuestros pecados».

Así que ni la confesión ni la limpieza de los que se habla en Primera Juan 1 corresponden a un evento finiquitado que ocurre una sola vez. Sencillamente, estos versículos no respaldan la idea de que Dios no presta atención a las transgresiones diarias del creyente, como si nuestra justificación que es una vez para siempre, hiciera del pecado una cuestión meramente discutible para el cristiano.

Sin embargo parece que la cuestión sigue inquietando a muchos cristianos. ¿Por qué debemos buscar el perdón de Dios si Él *ya* ha otorgado perdón en la justificación?

La respuesta es que el perdón divino tiene dos aspectos. Uno es el perdón *jurídico* que Dios otorga como Juez. Este es el perdón que fue comprado por la expiación que Cristo sufrió en nuestro lugar. Este tipo de perdón nos libra de cualquier amenaza de condenación eterna. Es el perdón de justificación. Tal absolución es completamente inmediata y nunca tiene que buscarse de nuevo.

El otro aspecto corresponde a un perdón *paternal* que Dios otorga como nuestro Padre. Él se duele cuando sus hijos pecan. El perdón de justificación se encarga de la culpa *jurídica*, pero eso no suprime el desagrado de nuestro Padre frente a nuestro pecado. Él disciplina a los que ama, por su propio bien temporal (He. 12:5-10).

De manera que el perdón que se espera que busquen los cristianos en su caminar diario no es la absolución de un Juez enojado, sino la misericordia de un Padre dolido. Este es el perdón que Cristo nos enseñó a pedir en oración. Las palabras iniciales de esta oración, «Padre Nuestro», demuestran que se tiene de presente una visión paterna y no jurídica de la relación. (Esto también es cierto de 1 Juan 1, donde «nuestra comunión verdaderamente es con el Padre, y con su Hijo Jesucristo» es el tema principal, sugiriendo nuevamente que el perdón del que se habla en el versículo 9 es de un padre hacia su hijo más que de un juez a un acusado.)

El perdón jurídico tiene que ver con la *sanción* por nuestros pecados. El perdón paternal se aplica a las *consecuencias* del pecado. El perdón jurídico nos libra de la condenación a manos de un Juez agraviado y omnipotente. El perdón paternal arregla las cosas con un Padre dolido y disgustado, pero amoroso. El perdón jurídico nos da una *posición* inconmovible ante el trono del juicio divino. El perdón paternal tiene que ver con la *condición* de nuestra santificación en cualquier momento dado, y es dispensado desde un trono de gracia divina (He. 4:16). Como Juez, Dios está deseoso de perdonar a pecadores; pero como un Padre, Él anhela igualmente seguir perdonando y limpiando a sus hijos de la contaminación que ocasiona su pecado.

## ¿ALGUNAS VECES DIOS SE ENOJA CON SUS PROPIOS HIJOS?

La sola sugerencia de que Dios pueda airarse con sus propios hijos es suficiente para levantar las defensas de muchos que creen que nunca, bajo ninguna circunstancia, pueden los pecados de un hijo de Dios provocar la exasperación divina. Un cristiano que estaba confundido sobre estos asuntos envió un mensaje por correo electrónico a nuestro ministerio:

> ¿Está usted diciendo que Dios se va a enojar con sus propios hijos? Si estamos vestidos con la rectitud de Cristo, ¿cómo podría Dios tan siquiera ver nuestro pecado? Si Él no puede ni siquiera ver nuestro pecado, ¿cómo podría sentirse disgustado por él? Yo pensaba que Dios nunca se disgustaba con ningún cristiano, porque Él nos acepta en Cristo, como si nosotros fuéramos tan justos como Cristo. Y Él *tiene complacencia* en su Hijo amado.
>
> Además, si creemos que Dios se siente airado con sus propios hijos cuando ellos pecan, ¿podemos decir honestamente y para empezar, que creemos que Él nos ha perdonado?

Desafortunadamente, cada vez más cristianos parecen estar confundidos por tales preguntas. Una mala enseñanza de la Biblia ha introducido tan a la fuerza el concepto de la gracia radical, que parece que algunos creen que Dios está obligado por los términos de la justificación a aceptar gratamente el pecado y la desobediencia del creyente. Algunos que han absorbido estas doctrinas, evidente imaginan que debido a que Cristo ha hecho expiación por nuestro pecado, Dios ya no tiene derecho a oponerse cuando desobedecemos.

Pero a fin de mantener tal postura, se tiene que ignorar o explicar erradamente muchas doctrinas importantes de las Escrituras.

Por ejemplo, como ya hemos visto, las Escrituras enseñan claramente que Dios disciplina a sus hijos que desobedecen:

> *Y habéis ya olvidado la exhortación que como a hijos se os dirige, diciendo: Hijo mío, no menosprecies la disciplina del Señor, ni desmayes cuando eres reprendido por él; porque el Señor al que ama, disciplina, y azota a todo el que recibe por hijo. Si soportáis la disciplina, Dios os trata como a hijos; porque ¿qué hijo es aquel a quien el padre no disciplina? Pero si os deja sin disciplina, de la cual to-*

*dos han sido participantes, entonces sois bastardos, y no hijos. Por otra parte, tuvimos a nuestros padres terrenales, que nos disciplinaban, y los venerábamos. ¿Por qué no obedeceremos mucho mejor al Padre de los espíritus, y viviremos? Y aquéllos, ciertamente por pocos días nos disciplinaban como a ellos les parecía, pero éste para lo que nos es provechoso, para que participemos de su santidad. Es verdad que ninguna disciplina al presente parece ser causa de gozo, sino de tristeza; pero después da fruto apacible de justicia a los que en ella han sido ejercitados.*

– He. 12:5-11

¿Cuál es la naturaleza de la disciplina paternal que Dios administra a sus hijos? Esto es decisivo para entender la naturaleza del perdón que Jesús les enseñó a sus discípulos que buscaran.

Bob George expone un duro contraste entre *castigo* y *disciplina*. Él escribe:

> Aunque se piensa a menudo que [«disciplina» y «castigo»] significan la misma cosa, son muy diferentes. La confusión que se tiene entre los dos conceptos tal vez proviene de nuestras experiencias con padres humanos de buenas intenciones pero falibles, quienes muchas veces nos disciplinaron con amor, pero también algunas veces nos castigaron con sentimientos de frustración y rabia. Después proyectamos esas características en Dios, y damos por sentado que Él actúa de la misma forma. Sin embargo, nada podría estar más lejos de la verdad. Este error es una de las últimas fortalezas del legalismo que deben ser corregidas con el fin de capacitar a la persona para descansar en la gracia de Dios. Empecemos por una definición adecuada de los términos.
>
> *Castigo* es una sanción impuesta sobre un infractor por un crimen u ofensa. Tiene por objeto la retribución (devolverle a alguien lo que se merece) y no la corrección...
>
> *Disciplina*, por otra parte, es totalmente diferente. La disciplina es un entrenamiento que desarrolla el auto–control, el carácter y la habilidad.[2]

Hay algo de verdad en lo que George está diciendo. El puro castigo con frecuencia no tiene otro objetivo que la administración de justicia.

La pena de muerte, por ejemplo, no está diseñada para que un criminal se corrija. Su fin no es rehabilitar al ofensor, sino ejecutar la sanción debida por un crimen capital.

Y también es verdad que algunas veces la disciplina no conlleva ninguna de las connotaciones punitivas del castigo. El ejemplo de disciplina que da George es el de un entrenador de baloncesto que pone a su equipo a entrenar con intensidad para que estén bien preparados para la competencia. La meta no es castigar a los jugadores, sino que estén en buena condición física. George escribe:

> Castigo y disciplina algunas veces *se sienten* igual, ¡en el extremo receptor! Pero la aguda diferencia entre ellos puede observarse tanto en la *actitud* como en la *meta* del que los aplica. La actitud que se esconde tras el castigo es de *ira* e *indignación*, y su meta es la justicia; la actitud detrás de la disciplina es el amor, y su meta es el beneficio y desarrollo de la persona.[3]

Pero, ¿acaso es verdad que la disciplina *nunca* involucra un castigo? ¿También es verdad que el castigo nunca tiene un propósito correctivo?

No, no es verdad. Por ejemplo, George mismo ilustra el «castigo» con una anécdota sobre el policía que lo multó por exceso de velocidad. Él escribe:

> Usted verá, el agente de la ley no está interesado en saber por qué usted iba a esa velocidad; a él no le importa si usted lo hizo a propósito o no; tampoco está interesado en escuchar acerca de todos los otros días que usted sí cumplió la ley. Todo lo que sabe es que usted rompió la ley, y ahí tiene su castigo. También notará que él no hizo nada para elogiar a los otros cincuenta conductores a quienes vio que no se pasaron del límite de velocidad. Él se limitó a sentare allí, sin reaccionar hasta que hubo una infracción, y entonces se puso en acción. Eso es el castigo.[4]

Pero si George se propone implicar que una multa de tráfico no tiene ningún propósito correctivo, está muy equivocado. Las multas por exceso de velocidad están diseñadas en parte para castigar, y en parte para impedir futuras infracciones. Si la multa es suficientemente alta, le ayuda a recordar al infractor que no vuelva a caer en las mismas contravenciones. Eso es parte de lo que los legisladores se proponen cuando establecen el monto de las multas, y también es muchas veces la intención declarada del agente cuando escribe la multa. («Voy a multarlo para ayudarle a recordar que no vaya tan rápido la próxima vez».)

De modo que una multa de tránsito es en parte punitiva y en parte correctiva. *Muchos* castigos incluyen una buena parte de disciplina correctiva. Y la disciplina —en particular la disciplina paterna que se describe en Hebreos 12— también incluye muchas veces un aspecto punitivo.

George quiere separar los dos aspectos de una forma que sugiera que son mutuamente excluyentes. Él está negando expresamente que la disciplina de Dios hacia los creyentes pueda tener un aspecto punitivo. George escribe: *«Dios, bajo el nuevo pacto, nunca trata con sus hijos sobre la base del castigo...* Él no trata con nosotros airadamente, ni exigiendo justicia.»[5]

¿Pero acaso eso cuadra con lo que realmente dicen las Escrituras? No, no se ajusta. La comparación del entrenador de baloncesto no corresponde a las imágenes que emplea Hebreos 12. Más bien, ese pasaje presenta a un Padre disgustado. Las Escrituras muestran a Dios administrando disciplina a los creyentes con una vara de la corrección. Sí, Él disciplina a sus hijos con amor, y para beneficio de ellos, y con una meta que es más correctiva que punitiva. Pero sigue habiendo un elemento punitivo en la disciplina descrita por el escritor de Hebreos. Se trata de un escarmiento paternal firme pero amoroso: una tunda o un azote, no simplemente un ejercicio de práctica prescrito por un entrenador bonachón.

Es más, la corrección misma siempre contiene el reconocimiento de que algo se ha estado haciendo mal. Cualquier buen entrenador hace sentar en la banca al jugador indisciplinado, o le hace pagar (al tiempo que aprende), con ejercicios especiales, lo cual puede incluir un propósito punitivo, y debería producir un sentimiento de vergüenza.

Esto es crucial, porque el aborrecimiento de Dios hacia nuestro pecado es una manifestación de su amor hacia nosotros. su amor es como el de un padre, no es la benevolencia impersonal de un entrenador que meramente espera que su equipo gane. Y el elemento punitivo de la disciplina del Señor es una manifestación de su amor, tanto como lo es el elemento correctivo.

Las palabras utilizadas en Hebreos 12 para describir esta disciplina son importantes. En diversas versiones se traducen como, «azote», «castigo», «reprensión», y «escarmiento». Esos son términos apropiados para expresar lo que el escritor de Hebreos está describiendo. Implican un castigo paternal, matizado por la desaprobación, mezclado con firmeza y un grado de severidad. *Ira* no es un término demasiado fuerte, con la salvedad de que estamos describiendo una variedad paternal de indignación, y no el enojo de un juez afrentado.

En las Escrituras mismas se emplea reiteradamente la figura lingüística de ira santa para describir la desaprobación de Dios ante los pecados de sus hijos. Por ejemplo, Moisés refirió la reacción del Señor ante la rebelión de los israelitas en Cades–barnea:

> *Y oyó Jehová la voz de vuestras palabras, y* se enojó, *y juró diciendo: No verá hombre alguno de estos, de esta mala generación, la buena tierra que juré que había de dar a vuestros padres, excepto Caleb hijo de Jefone; él la verá, y a él le daré la tierra que pisó, y a sus hijos; porque ha seguido fielmente a Jehová. También* contra mí se airó Jehová *por vosotros, y me dijo: Tampoco tú entrarás allá.*
>
> – Dt. 1:34-37, *énfasis añadido; cp. 3:26; 4:21*

Él describió un incidente similar en el pie del monte Sinaí, cuando los israelitas adoraron al becerro de oro:

> *Y me postré delante de Jehová como antes, cuarenta días y cuarenta noches; no comí pan ni bebí agua, a causa de todo vuestro pecado que habíais cometido haciendo el mal ante los ojos de Jehová para enojarlo. Porque* temí a causa del furor y de la ira con que Jehová estaba enojado contra vosotros para destruiros. *Pero Jehová me escuchó aun esta vez. Contra Aarón también se enojó* Jehová *en gran manera para destruirlo; y también oré por Aarón en aquel entonces*
>
> – Dt. 9:18-20, *énfasis añadido*

Cuando Salomón hizo lo malo ante los ojos del Señor, quedó consignado en 1 Reyes 11:9 que «se enojó Jehová contra Salomón, por cuanto su corazón se había apartado de Jehová Dios de Israel».

Moisés, Aarón y Salomón eran todos hombres redimidos, plenamente justificados por medio de la fe. Su posición ante Dios no dependía en ningún sentido de sus obras. Sus pecados estaban completamente perdonados en el sentido jurídico. Sin embargo las Escrituras dicen que ellos provocaron a Dios a ira con sus pecados.

De forma similar, Cristo se había «indignado» con los discípulos por no permitir que los niños se acercaran a Él (Mr.10:14). Él reprendió a Pedro en varias ocasiones, dirigiéndose una vez a él como «Satanás» (Mr. 8:33). Él también reprendió fuertemente a Santiago y Juan (Lc. 9:55-56).

De modo que la noción de que Dios es siempre benigno, nunca disgustado con sus hijos, es bastante extraña a las Escrituras. La idea de que su disciplina nunca incluye un componente punitivo también es sencillamente errónea. La promesa de Dios para aquellos a quienes Él ama es que Él los disciplinará como un padre disciplina a sus hijos. Esa disciplina, aunque se hace con amor y es siempre para nuestro bien, es de todas maneras una verdadera expresión de ira divina contra el pecado, aun los pecados de sus propios hijos.

Escuche con atención esta resolución del pacto davídico:

> *Pondré su descendencia para siempre, y su trono como los días de los cielos. Si dejaren sus hijos mi ley, y no anduvieren en mis juicios, si profanaren mis estatutos, y no guardaren mis mandamientos,* entonces castigaré con vara su rebelión, y con azotes sus iniquidades. *Mas no quitaré de él mi misericordia, ni falsearé mi verdad.*
>
> – Sal. 89:29-33, *énfasis añadido*

Los cristianos nunca tienen que temer enfrentarse a la ira de Dios como su Juez eterno, pero definitivamente enfrentarán su desaprobación y corrección paternales cuando pequen. Según Hebreos 12, tal disciplina es la evidencia más fuerte de su amor por nosotros. Así que nunca se deje engañar por la noción de que Dios nunca se enoja por el pecado de sus hijos. El hecho de que Él se irrite con nuestro pecado es la prueba misma de su amor paternal por nosotros.

## ¿QUÉ SE LOGRA CON LA CONFESIÓN?

¿Qué ocurre cuando nosotros, como creyentes ya justificados, confesamos nuestros pecados y buscamos el perdón paternal de Dios? Primero que todo, es importante entender que nosotros no perdemos nuestra salvación cuando pecamos. Confesar el pecado no es una cuestión de recuperar la salvación perdida o renovar nuestra justificación.[6] Las Escrituras enseñan que aquellos a quienes Dios justifica, Él también glorifica (Ro. 8:30). Los elegidos no se salen del proceso antes de alcanzar la meta. «El que comenzó en vosotros la buena obra, la perfeccionará hasta el día de Jesucristo» (Fil. 1:6). Es cierto que nuestro pecado desagrada a Dios, pero no puede separarnos de Su amor (Ro. 8:38-39).

Pero, ¿qué dicen las Escrituras? «Si confesamos nuestros pecados, Él es fiel y justo para perdonar nuestros pecados, y limpiarnos de toda maldad» (1 Jn. 1:9). *Perdón* y *limpieza* son los dos aspectos de esa promesa. Como hemos visto, el perdón del que se habla aquí hace referencia a un perdón paternal, no al perdón de justificación. Se refiere a un tipo de perdón subjetivo, relacional. Es simplemente una restauración que nos lleva de vuelta al lugar de bendición ante los ojos de un padre contrariado.

De manera similar, la limpieza de la que se habla en estos versículos no es el lavamiento de la regeneración. La regeneración imparte vida nueva, lo cual se representa muchas veces en las Escrituras como el lavamiento del corazón (Jer. 4:14; Tit. 3:5); pero la limpieza continua que se describe en 1 Juan 1:7-9 es un lavamiento espiritual que elimina la contaminación causada por el pecado en el caminar diario de los creyentes. Este tipo de limpieza es precisamente lo que Jesús estaba ilustrando cuando insistió en lavar los polvorientos pies de Pedro.

Claramente es a creyentes a quienes se está hablando en 2 Corintios 7:1: «Así que, amados, puesto que tenemos tales promesas, limpiémonos de toda contaminación de carne y de espíritu, perfeccionando la santidad en el temor de Dios». Aquí Pablo indica que nosotros, por medio de la obediencia y el arrepentimiento sincero, participamos de una limpieza ininterrumpida del pecado.

De igual manera, 1 Juan 1:9 también está hablando de una continua absolución y purificación del pecado, no de la limpieza y perdón para salvación. No debemos pensar que la absolución de justificación y el lavamiento de regeneración eliminan toda necesidad de que los cristianos se encarguen de la realidad subjetiva del pecado en sus vidas. En las palabras del comentarista puritano Matthew Henry:

> La religión cristiana es la religión de los pecadores, de aquellos que han pecado y en quienes el pecado sigue teniendo su

> morada en alguna medida. La vida cristiana es una vida de continuo arrepentimiento, humillación y mortificación por el pecado, de continua fe, gratitud y amor hacia el Redentor, y de anhelante y gozosa expectación de un día de gloriosa redención, cuando el creyente sea completa y definitivamente absuelto, y el pecado sea abolido para siempre.[7]

Por eso es que las Escrituras nos enseñan que debemos estar continuamente confesando nuestros pecados y buscando el perdón y limpieza diarios de Dios. Él es al mismo tiempo fiel y justo para perdonar: *fiel* porque es su promesa a nosotros en la relación de pacto, y *justo* porque Él ya ha hecho expiación por nuestros pecados.

## ¿PODEMOS ELUDIR LA DISCIPLINA DE DIOS CONFESANDO Y BUSCANDO SU PERDÓN?

¿Acaso el perdón de Dios anula por completo el hecho de que hemos pecado? Cuando confesamos nuestro pecado y buscamos el perdón de Dios, ¿Él va a retirar inmediatamente su disciplina y librarnos de sufrir las consecuencias de nuestro pecado?

Algunos creen que el perdón debería anular todas las consecuencias del pecado. Este asunto se plantea inevitablemente, por ejemplo, cuando un líder cristiano que ha caído en inmoralidad profesa arrepentimiento y después quiere retomar una posición de liderazgo en la iglesia. Es predecible que el líder caído defienda su caso señalando que Dios ya lo ha perdonado por su pecado, así que los pecados del pasado no deberían ser un factor al considerar si entrada al liderazgo de la iglesia.

No obstante, el requisito bíblico básico para todos los ancianos y diáconos en la iglesia, es que deben ser *«irreprensibles»* (1 Ti. 3:2, 10; Tit. 1:6-7). La expresión se aplica a la reputación pública del líder. «Irreprensible» significa que no hay nada de lo que pueda ser acusado. No se refiere a ausencia total de pecado, o de lo contrario nadie estaría calificado. Pero un hombre que sea «irreprensible» es alguien cuya vida no está marcada por un defecto o escándalo pecaminoso obvio que le impida ponerse al frente del rebaño como un ejemplo de piedad consistente.

Algunos pecados, en particular los pecados sexuales escandalosos, conllevan una desaprobación que no puede borrarse a pesar de que la ofensa misma haya sido perdonada (Pr. 6:32-33). El perdón restaura a la persona para estar en una buena relación con Dios, pero el estigma y el escándalo del pecado subsiste muchas veces. En tales casos un hombre puede ser perdonado pero al mismo tiempo se descalifica para ejercer liderazgo espiritual, porque su vida no ha sido un modelo de virtud piadosa.

Dios promete tratar con misericordia a los que confiesan y abandonan sus pecados. Las Escrituras dicen: «El que encubre sus pecados no prosperará; mas el que los confiesa y se aparta alcanzará misericordia» (Pr. 28:13).

Sin embargo, no hay ninguna promesa en las Escrituras de que el perdón de Dios erradica *todas* las consecuencias de nuestro pecado. Ya hemos observado que el perdón no hace desaparecer necesariamente la censura pública asociada con pecados escandalosos. El perdón tampoco nos exime necesariamente de la disciplina divina que sobreviene a causa del pecado.

Cuando David pecó con Betsabé, por ejemplo, pasaron muchos meses antes de que David estuviera suficientemente humillado como para confesar su pecado y buscar el perdón. Las Escrituras cuentan que Betsabé tuvo su embarazo y dio a luz antes de que Natán viniera a confrontar a David con su transgresión.

Durante esos meses de desobediencia, era evidente que David estaba sufriendo una severa aflicción emocional y espiritual a causa de su pecado. Él escribió acerca de ese tiempo: «Mientras callé, se envejecieron mis huesos en mi gemir todo el día. Porque de día y de noche se agravó sobre mí tu mano; se volvió mi verdor en sequedades de verano» (Sal. 32:3-4).

Todo esto formaba parte de la disciplina que Dios aplicó sobre David. Su paz le fue quitada, y el peso de su culpa llegó a afectarle físicamente.

En términos espirituales, su pecado no confesado arruinó la dulzura de su comunión con Dios. La relación quedó taponada en el extremo de David. El problema no era que Dios se negara a tener comunión con David; más bien, el propio pecado de David le impedía buscar a Dios como lo hacía cuando su conciencia estaba limpia. En el Salmo 51, un salmo sobre este episodio específico de pecado, David escribió: «Mi pecado está siempre delante de mí» (v. 3). El pecado nubló la visión que David tenía de Dios y se convirtió por tanto en una barrera infranqueable para volver al gozo exuberante de la comunión que David siempre había disfrutado con el Señor. Compárese el comentario de David en el Salmo 51 con la confesión que hizo cuando era puro ante Dios:

«A Jehová he puesto siempre delante de mí... Se alegró por tanto mi corazón, y se gozó mi alma» (Sal. 16:8, 9). Pero mientras el pecado de David siguió sin ser confesado, era el pecado lo que estaba todo el tiempo delante de él, obscureciendo su visión de Dios.

Dios por su parte, tenía ante sus ojos algo «desagradable» (2 S. 11:27). Pero fue Dios quien buscó la restauración de David.

La historia es bien conocida. El profeta Natán confrontó a David con su pecado. Lo hizo tan sutilmente, contándole al porfiado rey una parábola cuya moraleja describía precisamente la clase de mal que David había cometido (2 S. 12:1-4). Siendo incapaz de reconocerse a sí mismo en la parábola, David decretó una sentencia de muerte contra el sujeto que fuera culpable de tal crimen, sin importar quién fuera.

«Tú eres aquel hombre» fue la álgida respuesta de Natán (v. 7). Entonces Natán continuó hablando y profetizó acerca de la disciplina de Dios que se iba a aplicar sobre David:

> *Así ha dicho Jehová, Dios de Israel: Yo te ungí por rey sobre Israel, y te libré de la mano de Saúl, y te di la casa de tu señor, y las mujeres de tu señor en tu seno; además te di la casa de Israel y de Judá; y si esto fuera poco, te habría añadido mucho más. ¿Por qué, pues, tuviste en poco la palabra de Jehová, haciendo lo malo delante de sus ojos? A Urías heteo heriste a espada, y tomaste por mujer a su mujer, y a él lo mataste con la espada de los hijos de Amón. Por lo cual ahora no se apartará jamás de tu casa la espada, por cuanto me menospreciaste, y tomaste la mujer de Urías heteo para que fuese tu mujer. Así ha dicho Jehová: He aquí yo haré levantar el mal sobre ti de tu misma casa, y tomaré tus mujeres delante de tus ojos, y les daré a tu prójimo, el cual yacerá con tus mujeres a la vista del sol. Porque tú lo hiciste en secreto; mas yo haré esto delante de todo Israel y a pleno sol.*
>
> – 2 S. 12:7-12

La respuesta inmediata de David fue la confesión, seguida por un sincero arrepentimiento. Los pormenores de su arrepentimiento están en el Salmo 51.

Sin embargo el Señor no suspendió su disciplina a cambio de la confesión de David. Dios suspendió la sentencia de muerte que David mismo había decretado sin darse cuenta de lo que hacía, pero no canceló por completo su castigo:

*Natán dijo a David: también Jehová ha remitido tu pecado; no morirás. Mas cuanto con este asunto hiciste blasfemar a los enemigos de Jehová, el hijo que te ha nacido ciertamente morirá.*

– 2 S. 12:13-14

Aquí hay un ejemplo perfecto de cómo la justificación anula la condenación eterna, pero no necesariamente sus consecuencias temporales. Dios perdonó los pecados de David, pero no borró las consecuencias, aunque algunas de esas consecuencias fueron impuestas divinamente como medios para una disciplina punitiva.

De hecho, David cargó con las consecuencias de ese pecado el resto de su vida. A partir de ese momento, su vida se convirtió en una crónica de tragedias. Como Natán lo había pronosticado, las propias esposas de David fueron deshonradas a plena luz del día por alguien de su misma casa: su hijo Absalón (2 S. 16:22). Las palabras de Natán a David dejan claro que Dios permitió esto como una consecuencia del pecado de David y como una manera de escarmentarlo. ¿Pudo Dios en su soberanía haber detenido todas las malas consecuencias del pecado de David? Sí. ¿Por qué no lo hizo, especialmente después de que David se arrepintió? Las Escrituras no ofrecen una respuesta completa a esa pregunta, pero se nos da una pista en 2 Samuel 12:14, donde Dios le dice a David que la disciplina tendría lugar «por cuanto con este asunto hiciste blasfemar a los enemigos de Jehová». Si Dios hubiera permitido que David no sufriera ninguna consecuencia por su acto, los enemigos de Dios habrían tenido ocasión para desprestigiarlo.

Es más, el escarmiento era parte del pacto de Dios con David, y prueba de su amor hacia él. En 2 Samuel 7:14 Dios prometió: «Yo le seré a él padre, y él me será a mí hijo. Y si él hiciere mal, yo le castigaré con vara de hombres, y con azotes de hijos de hombre; pero mi misericordia no se apartará de él como la aparté de Saúl, al cual quité de delante de ti».

Dios había hecho un pacto inviolable con David y su descendencia para siempre. Y en el corazón de ese pacto había una inmensa promesa de misericordia divina para David. Pero al lado de la misericordia también sobrevendría el castigo divino cuando David pecara. El mismo principio se aplica a todos los elegidos: «Porque el Señor al que ama, disciplina, y azota a todo el que recibe por hijo» (He. 12:6; Pr. 3:12).

Lejos de ser evidencia de que Dios no haya perdonado *realmente* nuestros pecados, su amorosa disciplina es prueba de que Él no nos ha desechado. «Si soportáis la disciplina, Dios os trata como a hijos; porque ¿qué hijo es aquel a quien el padre no disciplina? Pero si se os deja sin disciplina, de la cual todos han sido participantes, entonces sois bastardos, y no hijos» (He. 12:7-8).

## ¿QUÉ SIGNIFICA CONFESAR NUESTROS PECADOS?

La finalidad de la confesión genuina no es evitar las consecuencias terrenales de nuestro pecado. Léase la oración de arrepentimiento de David en el Salmo 51 para tomar nota de ello. La confesión de David estaba completamente enfocada en la *culpabilidad* del pecado, no en sus consecuencias. Cuando él hizo la oración consignada en ese Salmo, David ya se había enterado de que tendría que padecer terribles consecuencias por su pecado. Sus propios hijos lo iban a deshonrar. Sus esposas le serían quitadas para obligarlas a cometer adulterio a plena luz del día. El hijo que había concebido en su adulterio con Betsabé moriría, trayéndole una pena casi insoportable. Dios ya le había dicho por boca de Natán que todas estas cosas ocurrirían con toda certeza. David sabía que estas cosas se acercaban cuando escribió el Salmo 51.

Sin embargo esa gran oración de arrepentimiento no incluye en ninguna parte una mención de las consecuencias del pecado. David no presentó ninguna queja por la severidad de la disciplina de Dios. Su exasperación en ese Salmo estaba reservada para su propio pecado. Por eso es que el *pecado* era lo que más perturbaba a David, no el *escarmiento*. Él escribió:

> *Porque yo reconozco mis rebeliones, y mi pecado está siempre delante de mí. Contra ti, contra ti solo he pecado, y he hecho lo malo delante de tus ojos; para que seas reconocido justo en tu palabra, y tenido por puro en tu juicio.*
>
> – Sal. 51:3-4

David estaba diciendo que consideraba su disciplina como algo totalmente justo. Nadie puede cuestionar la justicia de Dios en su tratamiento de David. David mismo admitió sencillamente que él era culpable de todo lo que se le acusaba, y que merecía todas las consecuencias que el Señor considerara apropiado traer en su contra.

Eso es precisamente lo que significa confesar nuestros pecados. En

1 Juan 1:9, la palabra traducida como «confesar» corresponde al verbo griego *homologeo*, que significa literalmente «decir lo mismo». Confesar nuestros pecados es decir la misma cosa que Dios dice al respecto. Confesar nuestros pecados significa por tanto reconocer que la perspectiva de Dios en cuanto a nuestras transgresiones está en lo correcto.

Una vez escuché a un profesor de la Biblia afirmar que todo lo que Dios exige para otorgar el perdón es que nosotros simplemente nombremos nuestros pecados —que los citemos— y Él nos perdona. Otro predicador que escuché alegaba que todo lo que es necesario es que estemos al tanto de nuestros pecados. Eso no es lo que enseña este versículo. La confesión tampoco significa meramente que *admitamos* nuestros pecados. Uno puede admitir el pecado propio sin estar verdaderamente de acuerdo con la perspectiva de Dios. Reconocer la culpa no tiene el mismo sentido real y literal expresado por la palabra *homologeo*. En lugar de eso, «confesar» nuestro pecado en el sentido más verdadero, implica despreciar el pecado, dolerse por él y juzgarlo. Eso es lo que significa decir lo mismo que dice Dios en relación a nuestro pecado.

¿Debemos mantener una lista de pecados y confesar cada ofensa individual para poder obtener limpieza? Eso no es lo que sugiere este pasaje. Estar de acuerdo con Dios en cuanto a nuestro pecado es una actitud constante, no algo que se hace mecánicamente con una lista de pecado por pecado. De nuevo, el tiempo verbal en 1 Juan 1:9 habla de una confesión continua. El apóstol Juan no está solicitando que se haga una relación uno a uno de pecados y confesiones, sino más bien de un acuerdo constante y perpetuo con Dios en lo tocante a nuestro pecado. Y cuando nos encontramos, como David, dominados por un pecado en particular, la única forma de recuperar el gozo y la armonía en nuestra relación con Dios es el arrepentimiento y la confesión.

## ¿A QUIÉN NOS CONFESAMOS?

La confesión de la que se habla en 1 Juan 1:9 no es una confesión con un sacerdote terrenal. El catolicismo romano es bien conocido por tomar este verso, emparejarlo con Santiago 5:16 («Confesaos vuestras ofensas unos a otros»), y por emplear esos versículos como justificación para el la confesión sacerdotal en el confesionario.

Grandes multitudes viven con el temor de que si no recitan con cierta regularidad un inventario de sus pecados y buscan la absolución de un sacerdote, podrían morir con un pecado sin confesar y terminar en el infierno. En efecto, eso hace de la confesión de pecados una obra muy meritoria, como si el acto de confesión, combinado con actos de penitencia, pudiera de alguna forma contribuir a la expiación necesaria para borrar los pecados. Todo aquello es ajeno a las Escrituras, y ciertamente ajeno a 1 Juan 1:9. Este pasaje no tiene nada que ver con confesionarios y rosarios.

Aquí de nuevo es relevante el tiempo verbal. Hay que recordar que, «si estamos confesando nuestros pecados» se refiere a una actitud continua, no a una rutina sacramental. Esta es en esencia la descripción del apóstol Juan de todos los cristianos verdaderos: aquellos que están continuamente diciendo lo mismo que dice Dios acerca de su pecado. Él está describiendo una característica del creyente verdadero, no estableciendo un sacramento para hacer penitencia.

De hecho, no hay absolutamente nada en este contexto acerca de confesarse con otras personas. La confesión que el apóstol tiene en mente es íntegramente dirigida a Dios.

¿Hay alguna ocasión en que los cristianos deban confesar sus pecados a otros hermanos en la fe? Sabemos que la confesión a Dios es *siempre* atinente. ¿Alguna vez es necesaria la confesión de persona a persona? Sí. Hay al menos dos situaciones que convalidan este tipo de confesión.

Una de estas situaciones es cuando estamos buscando ayuda de cristianos más fuertes y maduros que nos pueden ayudar a llevar una carga, que oren por nosotros, a quienes podamos rendir cuentas, o en cualquier otra forma que puedan ser de ayuda para vencer malos hábitos y las circunstancias difíciles del pecado (Gá. 6:2). Este es el tipo de confesión que se tiene presente en Santiago 5:16: «Confesaos vuestras ofensas unos a otros, y orad unos por otros, para que seáis sanados. La oración eficaz del justo puede mucho.»

La otra ocasión en que es apropiada la confesión de persona a persona, es cuando confesamos una ofensa a alguien contra quien hayamos pecado, con el fin de buscar el perdón de esa persona. Esto es parte de la necesaria reconciliación cuando hemos ofendido directamente a alguien (Mt. 5:24). Esto no es para sugerir que estemos obligados a confesarnos con alguien cada vez que tengamos un mal pensamiento sobre la persona. Pero cuando nuestros pecados le han causado a otra persona un daño real, la confesión con la persona afectada es un aspecto conveniente, e incluso necesario de la reconciliación.

Sin embargo, lo que se está contemplando en 1 Juan 1:9 es una confesión dirigida a Dios que debería ser la característica de todo cristiano.

## ¿NUESTROS PECADOS QUEDAN SIN SER PERDONADOS SI NO LOS CONFESAMOS?

Un autor cuyas obras leí varios años atrás, era defensor de la costumbre de llevar una lista detallada. Él creía que los cristianos deberían hacer un inventario de sus pecados específicos, y confesarlos uno por uno. Según él, Dios sólo perdona los pecados que confesamos específicamente. Todos los pecados cometidos en ignorancia, y los pecados olvidados o de otra forma no confesados, quedan definitivamente sin perdonar hasta el juicio ante el trono de Cristo. Cuando llegue el juicio *bema*, decía, Cristo tratará aquellos pecados no confesados y nos castigará por ellos (aunque él creía que la obra de Cristo en la cruz garantizaría que nuestro castigo por esos pecados no confesados no incluiría el infierno).

Este hombre era un protestante, pero su visión es muy similar a la noción católica de purgatorio. Para decir lo menos, es un error tan serio como la enseñanza de los que dicen que los cristianos nunca deberían confesar sus pecados, porque si la expiación de Cristo no proporciona perdón jurídico por *todos* nuestros pecados, entonces los cristianos tendrán que expiar (al menos parcialmente) algunos de sus propios pecados. Tal doctrina es una negación implícita de la suficiencia de la expiación de Cristo.

Nuevamente, los creyentes *ya* tienen el más completo perdón jurídico. El apóstol Juan escribió después en esta misma epístola: «Os escribo a vosotros, hijitos, porque vuestros pecados *os han sido perdonados* por su nombre» (1 Jn. 2:12). Él empleó allí el tiempo pasado para hacer énfasis en el hecho de que la cuestión eterna de nuestro perdón está definida para siempre. La amenaza de condenación eterna por nuestros pecados ha desaparecido (Ro. 8:1).

De nuevo, 1 Juan 1:9 está hablando simplemente acerca de una actitud característica de *todos* los cristianos verdaderos: aquellos que como una norma en sus vidas, dicen lo mismo que Dios dice acerca de su propio pecado. Cuando encubren su pecado, como lo hizo David, no prosperan. Pierden su gozo. Cosechan el desagrado divino. Experimentan el escarmiento divino.

Pero cuando confiesan y abandonan su pecado, existe la garantía de compasión divina (Pr. 28:13). Dios, quien disciplina a santos que pecan a causa de su amor por ellos, también se deleita en hacer llover sobre los quebrantados de corazón y arrepentidos su misericordia y compasión.

CUATRO

# CARGUE ESO A MI CUENTA

*Así que, si me tienes por compañero, recíbele como a mí mismo. Y si en algo te dañó, o te debe, ponlo a mi cuenta.*

– Filemón 17-18

Las Escrituras enseñan en todas partes que aquellos quienes han sido perdonados tienen mucha mayor obligación de perdonar a otros (Mt. 18:23-35; Ef. 4:32; Col. 3:13). Los cristianos deben caracterizarse entonces por un espíritu perdonador.

Algunas veces se hace referencia al perdón de Dios para los pecadores como un perdón *vertical*. El perdón del pecador hacia los demás es un perdón *horizontal*. En los siguientes capítulos, vamos a examinar varios pasajes de las Escrituras que tratan acerca del perdón horizontal y analizaremos la cuestión de cómo debemos perdonarnos unos a otros.

Empezamos con un vistazo a uno de los libros más cortos en todo el Nuevo Testamento. La epístola a Filemón es también la más breve y más personal de todas las obras inspiradas escritas por Pablo. Aunque la palabra *perdón* nunca aparece en el libro, es todo el tema de la epístola. Es un estudio de caso excelente acerca de cómo debería operar el perdón en la vida de todo creyente. También ilustra gráficamente la manera en que la gracia puede reconciliar una relación rota y restaurar al ofensor.

## EL REPARTO DE PERSONAJES

El drama detrás de esta pequeña epístola es conmovedor: un acto especial de la providencia juntó las vidas de tres hombres: un esclavo fugitivo, el afrentado dueño del esclavo, y un piadoso apóstol. Estos hombres eran enormemente diferentes uno del otro, excepto en un sentido: todos ellos eran creyentes en Jesucristo y por lo tanto miembros del mismo cuerpo (1 Co. 12:12-14).

Sin embargo, antes de convertirse en cristiano, Onésimo (el esclavo) había escapado de la casa de su amo y se había fugado hacia Roma. Roma era un refugio para esclavos fugitivos porque allí podían mezclarse entre la vasta población y evitar ser detectados.

De algún modo, Onésimo se encontró en Roma con el apóstol Pablo, quien estaba bajo arresto domiciliario mientras esperaba un juicio basado en acusaciones falsas de sedición. Los detalles de su encuentro no están en las Escrituras, pero es claro que Onésimo se convirtió en cristiano como resultado del ministerio del apóstol (Flm. 10).

Filemón era el dueño de esclavos a quien Onésimo había ofendido. Él también había llegado a la fe en Cristo por medio del ministerio de Pablo, posiblemente años atrás, durante el tiempo que Pablo pasó en Éfeso (Hch. 18–20; cp. 19:26). Filemón era propietario de la casa donde se reunía la iglesia de Colosas (Flm. 2; cp. Col. 4:17). Parece haber sido un hombre acaudalado e influyente, en el extremo opuesto del espectro social con respecto a Onésimo. Sin embargo era un devoto cristiano, considerado por Pablo como un «colaborador nuestro» (Flm. 1).

Onésimo también se convirtió en un amigo apreciado, consiervo y colaborador del apóstol Pablo, sirviendo personalmente a Pablo durante el encarcelamiento del apóstol en Roma, cuando muchos otros cristianos tenían miedo de que los asociaran con Pablo debido a que serían estigmatizados y posiblemente perseguidos (cp. 2 Ti. 1:8; 4:10-16).

## LA TRAMA

Tanto Pablo como Onésimo debieron haber estado muy indecisos en cuanto a que el esclavo regresara a donde su amo. Pablo inclusive afirmó que para él enviar de vuelta a Onésimo era como enviarse a sí mismo (Flm. 12). Pero Onésimo necesitaba buscar el perdón de su amo por el mal que le había hecho.

Onésimo era culpable bajo la ley romana de crímenes bastante serios. Había defraudado a su amo al fugarse, lo cual constituía un crimen equivalente al robo. Bien puede ser que también haya robado dinero, porque Pablo se ofreció a devolverle a Filemón todo lo que podía deberle el esclavo (v. 18). En Roma ser un esclavo fugitivo era una cuestión grave. Si Onésimo hubiera sido capturado por batidores de esclavos, podría haber sido encarcelado, vendido por fianza o incluso asesinado.

Es posible que por esa misma razón, Pablo hubiera esperado un tiempo para enviar a Onésimo de vuelta a Filemón, hasta que alguien pudiera escoltarlo. Esa oportunidad se dio cuando llegó el momento de enviar a Tíquico a Éfeso y Colosas con las epístolas que Pablo escribió para las iglesias que estaban allá. La epístola de Pablo a los Colosenses presentaba a Onésimo en esa iglesia, la cual sería a partir de ese momento su iglesia madre. Pablo se refirió a Onésimo como «amado y fiel hermano, que es uno de vosotros» (Col. 4:9).

La presencia de Tíquico garantizaba en cierto grado la seguridad de Onésimo en el viaje de regreso a Colosas; pero desde una perspectiva humana, el retorno a la casa de Filemón implicaba un significativo riesgo personal para Onésimo. Bajo la ley romana, Filemón tenía toda la potestad de castigar a un esclavo fugitivo como le pareciera conveniente. Grandes cantidades de esclavos romanos eran torturados y muertos por ofensas muchísimo más leves. Como una práctica estándar, los esclavos fugitivos eran marcados con una letra F (del latín *fugitivus*) sobre sus frentes, para que les fuera imposible esconderse si llegaran a fugarse de nuevo. Lo mínimo era que a un esclavo fugitivo recibiera fuertes azotes. (En el siglo anterior al tiempo de Pablo, se había silenciado una famosa revuelta de esclavos dirigida por Espartaco, y desde ese entonces la ley romana fue especialmente despiadada con los esclavos que se rebelaran contra sus amos.) No obstante, Onésimo regresó a donde su amo de buena gana y aparentemente sin vacilación. Eso demuestra que su fe era genuina.

## EL ESCENARIO

La esclavitud era una práctica universal en la cumbre del imperio romano, y los asuntos relacionados con ella se entretejen en el drama que presenta esta epístola. Así que tal vez haya lugar para hacer algunos comentarios sobre la perspectiva bíblica de la esclavitud.

En primer lugar, la esclavitud contemplada en las Escrituras es una esclavitud que se basa en un acuerdo de trabajo doméstico, lo cual significa que el esclavo entró a la esclavitud por medio de un contrato con el dueño de los esclavos, usualmente por un determinado período de tiempo (cp. Éx. 21:2-6). No había nada inherentemente opresivo o injusto acerca de esa relación. De hecho, se suponía que la relación esclavo–amo debía funcionar de una forma muy similar a las modernas relaciones de empleador–empleado donde hay contratos de por medio. Cuando las Escrituras dan instrucciones a los esclavos para que obedezcan a sus amos, equivale a decir que los empleados es sujeten a sus jefes.

Algunos aspectos de la esclavitud romana de hecho *podían* ser de beneficio para el esclavo. Muchos esclavos se vestían, comían y vivían a un nivel mucho más alto que muchos hombres libres y pobres. Los esclavos podían ser médicos, maestros, artesanos, músicos o contadores. Muchos esclavos que aprendían tales oficios podían llegar al punto en que podían comprar su libertad. Algunos esclavos incluso eran dueños de alguna propiedad. Los dueños sabios de esclavos empleaban tales incentivos para motivar a sus siervos. Algunos esclavos y sus dueños desarrollaban vínculos muy cercanos, casi como en una relación familiar. Los dueños de esclavos con frecuencia otorgaban la libertad a sus esclavos predilectos en sus testamentos.

Pero *la mayor parte* de la esclavitud romana no era tan benévola. La esclavitud a lo largo y ancho del imperio estaba plagada con abusos y cruentas prácticas que eran inherentemente inmorales. Muchos esclavos romanos eran adquiridos y sometidos por medios violentos, no mediante un acuerdo de trabajo doméstico apropiado. La esclavitud en Roma se corrompió al punto que los esclavos eran considerados meramente como una propiedad. En las peores situaciones, a los esclavos romanos se les negaba el derecho a casarse y eran mantenidos como animales. Tampoco era inusual escuchar acerca de esclavos que eran matados por puro capricho de sus amos. No hay ninguna defensa moral para alguien que reclame tener tal potestad sobre la vida y la muerte de otro ser humano.

¿Por qué la Biblia no declara expresamente que la esclavitud es inmoral? Porque, en primer lugar, era el *abuso* de la esclavitud, y no la servidumbre en sí misma, lo que era malo. No hay nada inherentemente moral o injusto en que un hombre sirva a otro hombre. La esclavitud por acuerdo de servicios, practicada sin los abusos que muchas veces acompañaban a la esclavitud romana, no era más inmoral que la relación moderna entre el dueño de una empresa y un trabajador por contrato.

Es más, todos los abusos en la esclavitud *son* condenados en las Escrituras, bien sea directamente o mediante claros principios. Por ejemplo, el robo de hombres sobre el cual se basaba la trata de esclavos en los comienzos de los estados norteamericanos (y también en la esclavitud romana), está expresamente condenado en las Escrituras (Éx. 21:16). La inhumanidad e injusticia perpetradas tantas veces por malvados esclavistas también está denunciada a lo largo de las Escrituras (cp. Lv. 19:15; Is. 10:1-2; Am. 5:11-14).

Habría sido un error de la iglesia primitiva apartarse de su llamado para encabezar una campaña de reforma social, derechos civiles, o la abolición de la esclavitud. Es igualmente inapropiado que la iglesia eluda tales causas en la actualidad. Cuando la reforma social se convierte en el único foco de atención, el mensaje del evangelio se ve inevitablemente oscurecido por la agenda de los derechos humanos, y se arriesga la obra de la iglesia.

En lugar de eso, la iglesia primitiva pasó por encima del sistema abusivo de esclavitud romana alcanzando tanto a esclavos como a dueños de esclavos con el evangelio. Lo que ocurrió entre Onésimo y Filemón es simplemente un ejemplo de cómo la relación amo–esclavo fue transformada en todo el imperio y de cómo fue esparcido el evangelio. Al instar a Filemón para que recibiera a Onésimo como un «hermano amado» (Flm. 16), Pablo definió la relación entre un amo y un esclavo cristianos, de una manera tal que los abusos serían algo impensable.

## LA CARTA

La epístola de Pablo a Filemón fue sellada sin duda y entregada a Tíquico para llevarla en su viaje, al lado de las epístolas a los Efesios y Colosenses. La carta es una amable invitación a Filemón, recordándole su deber de perdonar, y una petición de extrema misericordia hacia Onésimo. Muestra con mayor claridad en todo el Nuevo Testamento la nobleza del corazón de Pablo, y su amor por la misericordia.

Es claro que era el perdón lo que estaba en la mente de Pablo mientras escribía todas las tres cartas que llevaba Tíquico. La epístola a los Efesios incluye esto: «Sed benignos unos con otros, misericordiosos, perdonándoos unos a otros, como Dios también os perdonó a vosotros en Cristo» (4:32). Y en la epístola a los Colosenses amplía sobre el mismo pensamiento: «Vestíos, pues, como escogidos de Dios, santos y amados, de entrañable misericordia, de benignidad, de humildad, de mansedumbre, de paciencia; soportándoos unos a otros, y perdonándoos unos a otros si alguno tuviere queja contra otro. De la manera que Cristo os perdonó, así también hacedlo vosotros» (3:12-13).

Esos versículos sintetizan precisamente el mensaje que Pablo quería darle a Filemón en particular. Habiendo desarrollado un cálido afecto por Onésimo, él añoraba verle reconciliado con Filemón, cuya amistad y apoyo Pablo también atesoraba.

La epístola a Filemón es única en los escritos paulinos por varias razones. En primer lugar, es la única carta inspirada que se escribe a un individuo que no fuera pastor, y es el único de los escritos inspirados de Pablo que trata asuntos puramente personales. Es decir, no fue dada como instrucción para la iglesia en general, aunque en efecto *sí* instruye a todos los cristianos sobre la importancia del perdón. Y el hecho de que fue definitivamente incluida en el canon de las Escrituras significa que fue distribuida a las iglesias para la edificación de todos. Pero es posible que así lo haya dispuesto Filemón. Pablo había dirigido la epístola únicamente a él y a los de su casa.

En segundo lugar, y aún más extraordinario, esta es la única de las epístolas de Pablo donde empequeñece, en lugar de afirmar, su autoridad apostólica. Y hace esto por una muy buena razón. Su objetivo es apelar a Filemón para que perdone con libertad, y no presionarlo para que perdone ante la fuerza de su autoridad: «para que tu favor [el de Filemón] no fuese como de necesidad, sino voluntario» (v. 14).

La epístola era *deliberadamente* un recurso de apelación, más que una orden, como Pablo le dijo a su amigo: «Por lo cual, aunque tengo mucha libertad en Cristo para mandarte lo que conviene, más bien te ruego por amor» (vv. 8-9). Pablo, renunciando conscientemente a ejercer su autoridad sobre Filemón, apeló más bien a su amor mutuo (v. 9), al sentido de compañerismo espiritual de Filemón con Pablo (v. 17), y a la propia gran deuda de Filemón hacia Pablo, quien le había conducido a Cristo (v. 19).

La carta no está dirigida únicamente a Filemón, sino también a Apia (quien debió haber sido la esposa de Filemón) y Arquipo (sin duda el hijo de ambos; cp. Col. 4:17). De este modo Pablo apeló a toda la familia para que dieran un ejemplo de perdón a la iglesia que se reunía en su hogar (v. 2).

## LA APELACIÓN

Aparentemente Pablo conocía bien a Filemón. El apóstol había sido el instrumento escogido por Dios para llevar a Filemón a Cristo. Los dos eran amigos de hacía mucho tiempo y se habían servido mutuamente. Tenían otros amigos cercanos en común. Por ejemplo, Epafras, el antiguo pastor de Filemón en la iglesia de Colosas, era compañero de prisiones de Pablo en Roma (v. 23). Pablo tenía una gran confianza en el carácter de Filemón, y por esa razón le hizo una apelación con tanta ternura a su amigo, en lugar de sencillamente darle una orden con el peso de su autoridad apostólica.

La reputación de Filemón como un cristiano piadoso y afectuoso estaba evidentemente difundida. Había llegado tan lejos como Roma, ya que Pablo escribe, «porque oigo del amor y de la fe que tienes hacia el Señor Jesús, y para con todos los santos» (v. 5).

Tal amor hacia los santos es característico de todos los cristianos verdaderos. El apóstol Juan escribió: «Nosotros sabemos que hemos de pasado de muerte a vida, en que amamos a los hermanos» (1 Jn. 3:14). El amor de los unos por los otros es el resultado que se espera de un conocimiento de Dios: «Amados, amémonos unos a otros; porque el amor es de Dios. Todo aquel que ama, es nacido de Dios, y conoce a Dios. El que no ama, no ha conocido a Dios; porque Dios es amor« (1 Jn. 4:7-8). Es claro entonces, que alguna medida de amor por los hermanos está presente en todo creyente.

Pero el amor de Filemón era extraordinario. Él era renombrado por su gran amor hacia los hermanos. Pablo mismo era consolado y animado por lo que él había escuchado sobre el afecto de Filemón por los santos. Él escribió: «Pues tenemos gran gozo y consolación en tu amor, porque por ti, oh hermano, han sido confortados los corazones de los santos» (Flm. 7).

En otras palabras, mostrar amor a los santos era el ministerio por el que Filemón era bien conocido. Su hospitalidad y amor hacia el pueblo de Dios era un rasgo predominante de su carácter, y todos podían verlo. No solamente había abierto su casa para la iglesia en Colosas, sino que estaba especialmente dedicado a la tarea de confortar los corazones de sus hermanos creyentes (v. 7).

La palabra griega que se traduce como «confortados» en el versículo 7 es *anapauo*, un término militar empleado para describir a un ejército que descansa después de una larga jornada. El ministerio de Filemón entre los santos tenía el efecto de rejuvenecer y vigorizar a los creyentes de la iglesia primitiva en medio de sus múltiples luchas y persecuciones.

No hay nada en el relato bíblico que sugiera que Filemón fuera un anciano o maestro en la iglesia. Parece haber sido un laico ejerciendo un ministerio de apoyo, hospitalidad y ánimo. Pero el desbordamiento de amor de su corazón era legendario.

Esas virtudes fueron la base para la apelación a Pablo en favor de Onésimo. Aunque Onésimo había abandonado la casa de Filemón como un esclavo fugitivo, estaba regresando como un hermano en Cristo. La relación esclavo–amo iba a ser rebasada por una relación completamente nueva. Onésimo y Filemón se habían convertido en hermanos espirituales, y Pablo sabía que Filemón podría reconocer el deber que esto imponía sobre él, porque en Cristo «ya no hay esclavo ni libre... porque todos vosotros sois uno en Cristo Jesús» (Gá. 3:28).

He aquí el corazón de la apelación de Pablo a Filemón:

> *Por lo cual, aunque tengo mucha libertad en Cristo para mandarte lo que conviene, más bien te ruego por amor, siendo como soy, Pablo ya anciano, y ahora, además, prisionero de Jesucristo te ruego por mi hijo Onésimo, a quien engendré en mis prisiones, el cual en otro tiempo te fue inútil, pero ahora a ti y a mí nos es útil, el cual vuelvo a enviarte; tú, pues, recíbele como a mí mismo. Yo quisiera retenerle conmigo, para que en lugar tuyo me sirviese en mis prisiones por el evangelio; pero nada quise hacer sin tu consentimiento, para que tu favor no fuese como de necesidad, sino voluntario. Porque quizás para esto se apartó de ti por algún tiempo, para que le recibieses para siempre; no ya como esclavo, sino como más que esclavo, como hermano amado, mayormente para mí, pero cuánto más para ti, tanto en la carne como en el Señor.*
>
> – vv. 8-16

La apelación de Pablo a Filemón contrasta fuertemente con su manera de abordar los temas en sus demás epístolas. Aquí él no apela a principios doctrinales o a la ley divina, sino al amor que Filemón tiene hacia los hermanos (v. 9). Puesto que Onésimo era ahora un hermano en Cristo, Pablo sabía que Filemón estaría naturalmente inclinado a demostrarle su amor.

Pablo empleó un acercamiento similar con los corintios cuando procuraba animarlos a dar. Él apeló a cada persona para que diera con un corazón dispuesto: «Cada uno dé como propuso en su corazón:

no con tristeza, ni por necesidad, porque Dios ama al dador alegre» (2 Co. 9:7). Una apelación forzosa a cumplir un deber sin duda que habría sido efectiva, pero la recompensa por escoger con gusto y alegría la obediencia es mucho más abundante, y Pablo no quería privarlos a ellos de esa recompensa. De manera similar, en su tratamiento de Filemón, Pablo estaba tan seguro de la disposición de su amigo para hacer lo correcto, que no vio la necesidad de emplear tácticas de brazo fuerte.

¿Acaso Filemón tenía el deber de perdonar? Sí. Negarse a perdonar a Onésimo habría sido una desobediencia a la clara enseñanza de Cristo (cp. Lc. 17:4; Mt. 6:15).

Retener el perdón es también una violación de la ley moral eterna de Dios. Jesús, ampliando el sexto mandamiento («No matarás», Éx. 20:13), enseñó que la prohibición de matar en el decálogo también se aplica al enojo y a un corazón vengativo:

> *Pero yo os digo que cualquiera que se enoje contra su hermano, será culpable de juicio; y cualquiera que diga: Necio, a su hermano, será culpable ante el concilio; y cualquiera que le diga: Fatuo, quedará expuesto al infierno de fuego. Por tanto, si traes tu ofrenda al altar, y allí te acuerdas de que tu hermano tiene algo contra ti, deja allí tu ofrenda delante del altar, y anda, reconcíliate primero con tu hermano, y entonces ven y presenta tu ofrenda.*
>
> – Mt. 5:22-24

De manera que Cristo no solamente condenó el enojo y las palabras hirientes, sino que también le asignó a cada creyente el deber de procurar la reconciliación cuando sabemos que un hermano se ha apartado de nosotros por alguna ofensa que hayamos cometido. Eso implica una disposición a confesarnos culpables cuando nos hayamos equivocado, y una disposición a perdonar cuando hemos sido ofendidos. Sin importar si somos la parte ofendida o la parte que ofende, debemos buscar activamente la reconciliación, y eso siempre involucra una disposición a perdonar.

Si alguien piensa que este deber se cumple únicamente con hermanos en la fe, recuerde el segundo gran mandamiento: «Amarás ... a tu *prójimo* como a ti mismo» (Lc. 10:27). En respuesta a la pregunta de «¿Y quién es mi prójimo?» Jesús contó la parábola del buen samaritano, incluyendo de esta manera a los más despreciados y apartados en el círculo de aquellos a quienes debemos amar como nos amamos a nosotros mismos.

Amar a otros como nos amamos a nosotros mismos es algo que implica directamente el deber de perdonar. Esto consiste en negarse a guardar rencores, a buscar una reivindicación cuando la ofensa es personal en contra de nosotros, y una disposición a hacer disponible un perdón pleno y completo para todos los que lo pidan. No significa que tengamos que voltear la mirada cuando vemos que alguien está en pecado (véase el capítulo séptimo). Pero en el caso de un hermano arrepentido, como Onésimo lo estaba, no hay justificación de ninguna clase para denegar el perdón. Filemón habría pecado si hubiera hecho eso.

Consideremos lo siguiente: un pecado contra nosotros siempre implica un pecado más grave contra Dios. El adulterio de David con Betsabé, por ejemplo, fue un pecado cometido contra ella. Fue un pecado contra su esposo, Urías (a quien David envió a una muerte segura). Fue un pecado contra la familia de Urías, ahora despojados de un ser querido. Fue un pecado contra la familia de David, quienes tuvieron que cargar por generaciones con las consecuencias de su acto. Y fue un pecado contra toda la nación de Israel, porque ella había puesto su confianza en David como su rey, como su ejemplo y líder espiritual.

No obstante en el Salmo 51, la gran oración de arrepentimiento de David, él dice (v. 4): «Contra ti, contra ti solo he pecado, y he hecho lo malo delante de tus ojos», como si los pecados cometidos contra las demás personas no fueran siquiera dignos de mencionarse. Palidecían en comparación al pecado de David en contra de Dios, y él quería asegurarse que Dios supiera que él así lo entendía. No era que David tuviera un corazón duro o indiferente ante sus pecados contra las personas. Esos pecados eran enormes, incluían la muerte de Urías, el robo de su esposa, el descrédito a la pureza nacional de Israel, las mentiras dichas a casi todos, y una multitud de otras ofensas. Pero por grandes que fuesen sus pecados contra otras personas, el pecado contra Dios era infinitamente mayor. Y Dios era por lo tanto *el primero* a quien David acudió para pedir perdón. Dios era el único que importaba en un sentido eterno. Si Dios perdonaba a David, entonces David podía buscar el perdón de los demás y podía buscar la manera de hacer restitución donde fuera posible. Pero como la ofensa contra Dios era la más grande, fue la primera cosa que tenía que atenderse.

Si toda ofensa contra nosotros implica una mayor ofensa contra Dios, y si Dios perdona al ofensor, entonces ¿quiénes somos nosotros para *resistirnos* a perdonar? Sin importar cuál había sido la ofensa de Onésimo contra Filemón, él había pecado aún más gravemente contra Dios. Si Dios ya le había perdonado, Filemón no estaba en ninguna posición de negarle *su* perdón. Si Dios perdona la ofensa mayor, es pecado negarse a perdonar la ofensa menos grave. ¿Acaso somos más justos, santos o merecedores que Dios? ¿Estamos en una corte más suprema donde hay leyes más exigentes? Obviamente no. Entonces a quienes Dios haya perdonado, no nos atrevamos a condenar. Los que rehusan perdonar o quienes procuran su propia venganza, lo que hacen en efecto es usurpar la autoridad de Dios.

Filemón también tenía un deber para con toda la iglesia de Colosas de perdonar a Onésimo. Si él se hubiera negado a perdonar al miembro más reciente de esa comunidad, la congregación entera habría sufrido las consecuencias. Se habría roto la unidad del cuerpo, y su testimonio frente a la comunidad incrédula se habría afectado gravemente.

De manera que visto desde cualquier ángulo, Filemón tenía una patente responsabilidad de perdonar a Onésimo. Pero en lugar de imponer sobre su amigo este deber con el peso de su autoridad apostólica, Pablo apeló afablemente a Filemón como un hermano amado, sabiendo que la madurez de Filemón en Cristo era tal, que gustosamente y con alegría estaría dispuesto a perdonar a aquel que le había ofendido seriamente.

## EL RETO

No hay ningún registro histórico de cuáles habían sido exactamente las ofensas que Onésimo había cometido en contra de Filemón. Sabemos por supuesto, que se había fugado, dejando atrás el cumplimiento de sus obligaciones, descuidando la mayordomía que le había sido confiada, quizás incluso robando de Filemón para financiar su huida (cp. v. 18). Sin duda que su deserción había dejado a Filemón en una situación enojosa.

Así que a pesar del compromiso personal de Filemón con Pablo, su amor por los santos, y su madurez cristiana, no había ninguna razón para que Pablo diera por sentado que perdonar a Onésimo sería algo fácil para él. El retorno de Onésimo bien podría suscitar emociones bien intensas en Filemón. Filemón tenía toda la razón humana de estar enojado con Onésimo y de resentirse por lo que el esclavo había hecho. No obstante, Pablo tenía la suficiente confianza en el carácter de su amigo como para exponer su apelación como una petición más que como una imposición.

Imaginemos a Filemón leyendo esta carta. Es probable que Onésimo estuviera de pie ante él. Al comienzo, es posible que Filemón se hubiera sorprendido pero no muy gratamente, al ver al esclavo que le había causado tantos problemas. Pero a medida que iba leyendo la carta de Pablo su corazón se haya conmovido por la manera en que el apóstol escribió.

Notemos que el apóstol se refiere a sí mismo como «Pablo ya anciano, y ahora, además, prisionero de Jesucristo» (v. 9). Pablo tenía seguramente unos sesenta años cuando escribió esta carta. Pero es probable que se estuviera refiriendo a algo más que su edad cronológica. Esta frase pudo haber sido escrita para recordarle sutilmente a Filemón todas las cosas que le habían sucedido a Pablo a través de los años: prisiones, latigazos, azotes, apedreamientos, hambre y sed, naufragios, frío y desnudez mas las enfermedades como resultado de ello (cp. 2 Co. 11:23-30). Su frágil cuerpo había envejecido considerablemente por tales cosas, y él sentía dolor constantemente a causa de esto. Además de todo, seguía siendo un prisionero. Él sabía que su querido hermano no querría añadir a sus quebrantos, así que intercediendo por Onésimo, le recordó punzantemente a Filemón sus propios sufrimientos. Seguramente Filemón no podría desairar la petición de un amigo que había soportado tanto sufrimiento por la causa de Cristo.

## EL ACTO DEL PERDÓN

Pablo presenta el caso de Onésimo de una manera que tocara el corazón de Filemón:

> *Te ruego por mi hijo Onésimo, a quien engendré en mis prisiones, el cual en otro tiempo te fue inútil, pero ahora a ti y a mí nos es útil, el cual vuelvo a enviarte; tú, pues, recíbele como a mí mismo. Yo quisiera retenerle conmigo, para que en lugar tuyo me sirviese en mis prisiones por el evangelio... Porque quizás para esto se apartó de ti por algún tiempo, para que le recibieses para siempre; no ya como esclavo, sino como más que esclavo, como hermano amado, mayormente para mí, pero cuánto más para ti, tanto*

*en la carne como en el Señor. Así que, si me tienes por compañero, recíbele como a mí mismo. Y si en algo te dañó, o te debe, ponlo a mi cuenta.*

– vv. 10-18

Esa petición a Filemón apunta hacia tres aspectos cruciales del perdón.

### *Aceptación*

«Recíbele» (v. 17). Pablo le solicitó a Filemón que la abriera a Onésimo su vida y su casa, y que le recibiera de nuevo. Filemón bien podía no sentirse muy inclinado naturalmente a hacer eso. Después de todo, Onésimo ya le había ofendido una vez. ¿Por qué se le debería dar otra oportunidad al esclavo desobediente? La mayoría de propietarios de esclavos simplemente habrían marcado la frente del esclavo fugitivo, para después venderlo o rebajarlo al nivel más inferior de responsabilidad.

Por eso, Pablo le dio a Filemón varias razones para que viera a Onésimo en una nueva perspectiva.

En primer lugar, él estaba *arrepentido*. Cuando Pablo escribió, «[lo] engendré en mis prisiones» (v. 10), se está refiriendo a que Onésimo nació de nuevo espiritualmente. Pablo estaba diciendo que personalmente había llevado a Onésimo a un encuentro con Cristo. Onésimo era el propio hijo de Pablo en la fe, al igual que Filemón mismo (v. 19). Pablo quería que Filemón supiera que él estaba seguro de que el esclavo se había convertido genuinamente.

El mismo hecho de que Onésimo regresara con la carta de Pablo a Filemón era evidencia de la realidad de su arrepentimiento. Su presencia ante Filemón era equivalente a decir que él estaba dispuesto a aceptar cualquier castigo que Filemón considerara apropiado. Es significativo que Onésimo no se quedara en Roma para esconderse tras la autoridad apostólica de Pablo mientras Tíquico llevaba su carta de intercesión a Colosas. En lugar de eso, Onésimo, sin duda que animado por Pablo, regresó a dar la cara al hombre a quien había ofendido para pedir personalmente su perdón. Él estaba dispuesto a aceptar las consecuencias de su mala conducta, y eso implicaba que se resignaba a cualquier castigo que Filemón considerara justo para él. Todo esto correspondía ciertamente a hacer «frutos dignos de arrepentimiento» (cp. Mt. 3:8).

En segundo lugar, Onésimo estaba *transformado* «De modo que si alguno está en Cristo, nueva criatura es; las cosas viejas pasaron; he aquí todas son hechas nuevas» (2 Co. 5:17). Onésimo, quien antes había sido un rebelde inepto, era ahora «útil» (v. 11). Esta es una referencia al nombre del esclavo (un nombre común para esclavos), que significa «útil», «provechoso». Pablo le aseguró a Filemón que la transformación de Onésimo era genuina. Su vida entera había dado un vuelco total gracias a Cristo. El inútil era ahora un hermano valioso, ciertamente útil para Pablo, y potencialmente útil para Filemón.

En tercer lugar, Onésimo había *demostrado ser fiel*. Había pasado suficiente tiempo en Roma con Pablo para demostrar su fidelidad a Cristo. La confianza y el amor de Pablo hacia el esclavo convertido tenían un fundamento firme. Otros asociados de Pablo con mucha más experiencia le darían la espalda cuando los rigores de la persecución fueron demasiado ara ellos (2 Ti. 4:10). Pero Onésimo, aún como un creyente nuevo, se dedicó consagradamente a servir a Pablo.

Había una ironía en todo esto. Habiéndose fugado en un acto pecaminoso de su servicio incondicional a Filemón, ahora por la gracia divina Onésimo se había convertido en un siervo incondicional de Jesucristo. Precisamente aquel servicio que se había negado a hacer para Filemón, lo había hecho voluntariamente y de buena gana para el apóstol Pablo. Y este servicio llegó en un momento importante, cuando el envejecido apóstol se encontraba padeciendo una gran necesidad. De hecho, Onésimo había resultado ser tan útil para el apóstol encarcelado, que Pablo le dijo a Filemón que enviárselo de vuelta era como enviarse a sí mismo (lit., «su propio corazón», v. 12). Si hubiera podido hacerlo, Pablo se habría quedado con Onésimo en Roma para tenerlo a su lado. Pero él sabía que Onésimo tenía que regresar y restaurar la relación rota con su amo.

Pablo también sabía que si fuera posible Filemón mismo estaría en Roma para ministrar a Pablo. Así que Pablo le aseguró a Filemón que consideraba el servicio de Onésimo como si hubiera ofrecido «en lugar tuyo» (v. 13). Pero no queriendo abusar de la generosidad de su querido amigo, Pablo concluyó que ya era tiempo para enviar a Onésimo de vuelta. La relación entre estos dos hermanos necesitaba ser restaurada, así que Pablo apeló a un amigo para interceder por otro, diciendo: «recíbele» (v. 17).

### *Restauración*

Pablo sugirió que todos estos eventos habían sido orquestados por una buena razón de la Divina Providencia: «Porque quizás *para esto* se apartó de ti por algún tiempo, para que le recibieses para siempre; no ya como esclavo, sino como más que esclavo, como hermano amado, mayormente para mí, pero cuánto más para ti, tanto en la carne como en el Señor» (vv. 15-16, énfasis añadido).

Sin lugar a dudas, es difícil no ver la mano de Dios en la historia de Onésimo. La providencia dispuso todos los detalles para que se encontrara con Pablo en un lugar tan distante de Colosas. La gracia divina le atrajo hacia Cristo y transformó su vida y actitud por completo. Y ahora bajo la guía del Espíritu Santo, Onésimo estaba regresando para procurar reconciliarse con el amo a quien había defraudado. En medio de todo aquello, el apóstol Pablo ganó a un amigo y afectuoso siervo, sin mencionar el ánimo y la ayuda que recibió de Onésimo. Y ahora Filemón estaba recuperando a su siervo, después de haberlo prestado sin proponérselo a un querido amigo a quien anhelaba ayudar y servir, pero imposibilitado humanamente para hacerlo. ¡Sólo Dios podía extraer tanto bien de un acto propio de la pecaminosidad humana! (cp. con Gn. 50:20; Ro. 8:28).

Pablo le pidió a Filemón no solamente que aceptara a Onésimo, sino también que lo restableciera. Más que simplemente colocarlo de nuevo en su antigua posición como esclavo, Pablo le pidió a Filemón que lo recibiera «no ya como esclavo, sino como más que un esclavo, como hermano amado» (v. 16). Algunos han mal interpretado esta expresión, infiriendo que Pablo estaba solicitando la emancipación de Onésimo. Pero no hay ninguna razón para leer tal conclusión en la petición de Pablo. Como notamos anteriormente, los apóstoles no consideraban la gran comisión de nuestro Señor como una campaña para liberar esclavos. En otra parte Pablo escribió:

> *Cada uno en el estado en que fue llamado, en él se quede. ¿Fuiste llamado siendo esclavo? No te dé cuidado; pero también, si puedes hacerte libre, procúralo más. Porque el que en el Señor fue llamado siendo esclavo, liberto es del Señor; asimismo el que fue llamado siendo libre, esclavo es de Cristo.*
>
> – 1 Co. 7:20-22

No obstante, Pablo alentó a Filemón para que no recibiera a Onésimo como un *simple* esclavo, sino también como un hermano en Cristo. Pablo, quien estaba familiarizado con el compromiso de Onésimo con Cristo, sabía que el esclavo sería una valiosa fuente de gozo, ánimo y compañerismo para Filemón.

*Restitución*

Pablo ahora le hace una propuesta asombrosa a Filemón: «Así que, si me tienes por compañero, recíbele como a mí mismo. Y si en algo te dañó, o te debe, ponlo a mi cuenta» (vv. 17-18). Pablo estaba ofreciendo hacer restitución en nombre de Onésimo por cualquier cantidad que sus faltas le hubieran costado a Filemón.

La restitución es justa y correcta; y cuando buscamos el perdón de otra persona, siempre es apropiado hacer una oferta de restitución. Las leyes civiles del Antiguo Testamento demandaban restitución en la mayoría de casos donde una falta podía medirse en términos de dinero o propiedad. Para ofensas intencionales, la ley exigía una compensación mas un interés correspondiente a la quinta parte (Nm. 5:6-7).

Sin duda alguna la fuga de Onésimo le había costado bastante a Filemón. Ciertamente habría tenido que pagar por alguien que reemplazara a Onésimo. También es posible que el pecado de Onésimo incluyera el saqueo de dinero o propiedades de Filemón. El esclavo no se encontraba en ninguna posición para exigir que Filemón le hiciera restitución. Tampoco estaba en posición de pagar todo lo que debía. Así que Pablo se ofreció generosamente a pagar en su lugar.

Aunque la restitución es siempre justa y buena, el tipo de gracia mostrado por Pablo es aún mejor. La cosa más amorosa y magnánima que Filemón podía hacer era perdonar por completo la deuda del esclavo. Pero Pablo no quería poner a Filemón bajo presión para que perdonara la ofensa. Así que se ofreció a responder personalmente por la deuda de Onésimo.

Estos versículos son una maravillosa ilustración de cómo funciona la imputación (véase nuestra discusión anterior). Pablo le pide a Filemón que acredite a Onésimo con el propio mérito personal del apóstol: «recíbele como a mí mismo» (v. 17). Y él quiere que la deuda de Onésimo se cargue a su cuenta (v. 18). Esa es precisamente la manera en que Cristo justifica al creyente. Habiendo pagado la deuda por nuestros pecados, Él hace imputación de su propia justicia y rectitud sobre nosotros, y Dios nos recibe y nos acepta sobre esa base (Ro. 4:5).

Pablo estaba dándole a Filemón un ejemplo de la misma clase de actitud semejante a la de Cristo que él esperaba ver en su amigo hacia aquel esclavo arrepentido. Nada es más semejante a Cristo que colocar sobre uno mismo la deuda de otra persona para que así tenga lugar la reconciliación. Pablo estaba dispuesto a sufrir las consecuencias temporales del pecado de Onésimo de la misma manera en que Cristo había sufrido voluntariamente y con toda su buena disposición las consecuencias eternas de todo el pecado, de todos los redimidos, de todos los tiempos.

Aunque las Escrituras no registran cuál fue la reacción de Filemón, es muy probable que se haya dado cuenta de lo que significaba el ejemplo de Pablo, y que perdonara enteramente la deuda de Onésimo. Al hacerlo, Filemón mismo habría cargado sobre sus hombros la deuda del que le había ofendido, que es precisamente lo que Cristo hizo al morir por nuestros pecados. Esta es la razón por la que el acto del perdón es la expresión más consumada de la semejanza a Cristo.

## EL COSTO

Bien sea que Filemón haya perdonado la deuda o no, Pablo estaba tan comprometido con ver cumplida esa reconciliación, que reiteró su promesa de pagar la deuda. A fin de hacer de su oferta algo así como un contrato oficial, él firmó la promesa escribiendo de su puño y letra: «Yo Pablo lo escribo de mi mano, yo lo pagaré» (v. 19). Normalmente Pablo dictaba sus cartas, y para asegurar su autenticidad, a menudo escribía un breve saludo de al final con su propia mano (véase Col. 4:18; 2 Ts. 3:17). En este caso, la tradición de la iglesia primitiva dice que Onésimo fue quien actuó como amanuense de Pablo. Entonces Pablo terminó dramáticamente la carta escribiendo: «Te lo debo». Así recalcó su gran deseo de reconciliación entre estos dos hermanos, y selló formalmente su promesa a Filemón con una garantía contractual de obligatorio cumplimiento.

Onésimo no tenía medios para pagar la deuda por sí mismo. Era un simple esclavo, para empezar. Además, desde su conversión en Roma, parece que estaba dedicado al servicio del apóstol Pablo (cp. vv. 11-13; Col. 4:9), y eso significaba que probablemente no había conseguido ninguna clase de trabajo remunerado. Es muy posible que Pablo, por el otro lado, tuviera suficientes recursos económicos para pagar la deuda, gracias a que la iglesia de los filipenses había sido tan generosa con él en su tiempo de necesidad (cp. Fil. 4:14-18).

No obstante, casi que usando una indirecta, Pablo le recordó a Filemón que él mismo le debía a Pablo una deuda impagable: «Por no decirte que aun tú mismo te me debes también» (v. 19). Con todo derecho, si Filemón cargaba la deuda de Onésimo a la cuenta de Pablo, la deuda quedaría *automáticamente* cancelada porque Filemón tenía con Pablo una deuda muchísimo mayor. La deuda de Onésimo a Filemón podía medirse con cifras numéricas; la deuda de Filemón a Pablo era una obligación eterna y espiritual. Después de todo, Pablo era quien lo había llevado a conocer a Cristo. Esa era una deuda incalculable que Filemón *jamás* podría pagar.

Esta es una perspectiva que *todo* cristiano debería tener. Todos nosotros debemos nuestra misma existencia a la inmensurable gracia de Dios. Esa es una deuda que no podemos esperar ser capaces de pagar algún día. En ningún momento se justifica que le neguemos la gracia a los demás. Si nuestras ofensas eternas contra Dios han sido pagadas por Cristo, ¿acaso no podemos llevar sobre nuestros hombros la carga de una ofensa temporal que otra persona haya cometido contra nosotros? Este principio es el mensaje que Jesús quiere transmitir con la parábola sobre el siervo que no quería perdonar (véase el quinto capítulo).

No hay ninguna duda de que el perdón cuesta mucho, y este episodio ilustra ese hecho. Pero el perdón más costoso de todos fue comprado con el sacrificio expiatorio de Jesucristo, y los que se benefician de ese gran regalo tienen todas las razones necesarias para perdonar a otros, a pesar del costo que ello implique. Cualquier ofensa que se haya cometido contra nosotros no es nada en comparación, sin importar cuán grande pueda parecer esa ofensa según los estándares humanos.

## LOS INCENTIVOS

Parece que Pablo tenía mucha confianza en la disposición de Filemón a perdonar por completo la deuda de Onésimo. Es posible que a eso se refería en el versículo 21 cuando escribió, «sabiendo que harás aun más de lo que te digo». De todas maneras, Pablo sugirió sutilmente unos cuantos incentivos adicionales para que Filemón perdonara al esclavo pródigo.

Pablo mismo esperaba ver el fruto del perdón de Filemón, y como un incentivo adicional para que Filemón fuese magnánimo, Pablo le informa que dentro de poco irá a visitarlo en persona: «Prepárame también alojamiento; porque espero que por vuestras oraciones os seré concedido» (v. 22). Es muy posible que cuando Pablo redactó esta epístola, se había fijado una fecha de su juicio para que compareciera ante la corte imperial, y parece que Pablo tenía plenas esperanzas de ser soltado. Desde Roma, él esperaba regresar a las iglesias que había fundado en Asia Menor. Esto también habría de tener un efecto sobre la conciencia de Filemón. Es muy poco probable que orara por el regreso de Pablo a Colosas a no ser que hubiera perdonado a Onésimo. Él no querría que su querido amigo llegara y se sintiera decepcionado con él. El peso de tener que rendirle cuentas a su padre espiritual lo motivaría a hacer lo correcto con Onésimo.

Los versículos finales de la epístola de Pablo ofrecen otros agudos incentivos para que Filemón perdonara. Pablo escribe: «Epafras, mi compañero de prisiones por Cristo Jesús, Marcos, Aristarco, Demas y Lucas, mis colaboradores. La gracia de nuestro Señor Jesucristo sea con vuestro espíritu» (vv. 23-25).

En primer lugar, al enviar saludos de parte de cinco hombres conocidos por Filemón, Pablo le recordó a Filemón que todos ellos eran testigos de la forma como él trataba a Onésimo.

En segundo lugar, sigilosamente incluido en esa lista de nombres está Marcos. Se refiere a Juan Marcos, autor del tercer evangelio. Marcos era primo de Bernabé, y siendo joven había acompañado a Pablo y Bernabé en su primer viaje misionero. En el camino, él dejó al grupo y regresó a Jerusalén (Hch. 13:13). El abandono de Marcos hizo que Pablo perdiera su confianza en él. Más tarde Bernabé quiso que Pablo llevara a Juan Marcos en su segundo viaje misionero, pero Pablo se opuso. Pablo tuvo tal firmeza sobre el asunto, que él y Bernabé se separaron el uno del otro (Hch. 15:37-39). Es evidente que el apóstol Pedro acogió a Marcos bajo su cuidado y le ayudó a alcanzar su madurez espiritual (1 P. 5:13). Con el tiempo Juan Marcos lo demostró a todos, incluso al apóstol Pablo.

Para este tiempo Pablo había perdonado a Marcos hacía bastante. Al final Marcos estuvo tan involucrado en el ministerio de Pablo que poco tiempo antes de morir, fue la persona que Pablo pidió que le enviaran: «Toma a Marcos y tráele contigo, porque me es útil para el ministerio» (2 Ti. 4:11).

Las tensiones iniciales entre Pablo y Marcos fueron conocidas ampliamente en la iglesia. El episodio llegó a convertirse en un asunto digno de anotación en el libro de Hechos. Lucas, quien escribió ese registro, también era alguien conocido para Filemón; así que está incluido en la lista de quienes enviaban saludos por medio de Pablo en esta epístola. De modo que sin mencionarlo ni siquiera, el ejemplo de Pablo al haber perdonado a Marcos quedaba allí como un estímulo más para que Filemón hiciera lo correcto con Onésimo.

## EL RESULTADO

¿Perdonó Filemón a Onésimo? Aunque las Escrituras no registran específicamente en qué terminó el incidente, hay varias razones para suponer que la respuesta de Filemón había sido conforme a todo lo que Pablo había esperado. Por un lado, la epístola de Pablo llegó a estar incluida en el canon del Nuevo Testamento. Después de todo, ésta era una carta privada dirigida a Filemón, y es muy poco probable que él hubiera permitido que circulara entre las iglesias si él hubiera decidido rechazar la propuesta de Pablo.

Además, si Filemón era el hombre de carácter que Pablo representa, es impensable que hubiera desdeñado el consejo de Pablo. (Si él *no fuera* el hombre amoroso y piadoso que Pablo describió, entonces tendríamos un problema con la confiabilidad de las Escrituras.) Además, si Filemón no hubiera perdonado a Onésimo, es bastante improbable que la iglesia primitiva hubiese recibido la epístola en el canon sin que alguien protestara. Así que la misma presencia de esta epístola en el canon es una fuerte evidencia de que Filemón hizo lo que Pablo le solicitó.

Los registros históricos dicen que Pablo fue soltado de la prisión tal como lo esperaba (v. 22). Sabemos que él viajo bastante en los años restantes de su vida, y si pudo cumplir sus planes, entonces habría regresado a Colosas para ver con sus propios ojos qué tan bien se habrían reconciliado mutuamente sus dos hijos en la fe.

Unas décadas más tarde, poco tiempo después de finalizado el primer siglo, Ignacio, uno de los primeros padres de la iglesia, escribió tres epístolas a la iglesia en Éfeso. Las primeras dos de esas epístolas s refieren al pastor de Éfeso como «Onésimo, un hombre de amor indescriptible». Es imposible decir si se trataba o no del mismo Onésimo. Si es así, para entonces habría sido un hombre anciano, de por lo menos setenta años. Si era un otro Onésimo más joven, puede haber sido alguien nombrado en honor del viejo esclavo que había sido tan útil para el apóstol Pablo.

Solamente en el cielo se revelará toda la verdad sobre el final de la historia. Y allí vamos a aprender, estoy seguro, que los frutos de un simple acto de perdón tienen un alcance inimaginable. En este caso, mucho antes de que Filemón perdonara, ya estaban sembradas las semillas para una abundante cosecha de fruto espiritual, porque la breve carta de apelación de Pablo a Filemón llegó a estar en el Nuevo Testamento, donde continúa retándonos a todos nosotros para que perdonemos a los demás como Cristo nos perdonó.

Y para Pablo y Filemón y Onésimo, la reconciliación de esta relación rota habría sido uno de esos momentos sublimes cuando todos salen triunfantes: Pablo porque tuvo parte en el gozo de reconciliar a dos queridos amigos suyos, Onésimo porque le fue perdonada una deuda impagable, y Filemón porque recibió las bendiciones eternas que vienen sobre aquel que perdona.

CINCO

# PERDONÁNDONOS UNOS A OTROS

*Vestíos, pues, como escogidos de Dios, santos y amados, de entrañable misericordia, de benignidad, de humildad, de mansedumbre, de paciencia; soportándoos unos a otros, y perdonándoos unos a otros si alguno tuviere queja contra otro. De la manera que Cristo os perdonó, así también hacedlo vosotros.*

– Colosenses 3:12-13

Es impensable que un cristiano decida voluntariamente no perdonar. Los que hemos sido perdonados por Dios mismo, no tenemos ningún derecho de negarle el perdón a nuestros semejantes, pecadores como nosotros. De hecho, las Escrituras nos ordenan perdonar en la misma forma en que hemos recibido perdón: «Sed benignos unos con otros, misericordiosos, perdonándoos unos a otros, como Dios también os perdonó a vosotros en Cristo» (Ef. 4:32).[1]

Puesto que Dios nos *manda* perdonar a otros, negarse a hacerlo es un acto de directa desobediencia contra Él. Permítaseme decirlo llanamente: negarse a perdonar es un pecado horrible.

El perdón refleja el carácter de Dios. La falta de perdón es por tanto una impiedad alejada de Dios. Eso significa que la falta de perdón es una ofensa a Dios no menos grave que la fornicación o la ebriedad, aunque algunas veces se considera más aceptable. Ciertamente se puede ver con mayor frecuencia en la superficie entre el pueblo de Dios que los pecados que típicamente consideramos como atroces. Pero las Escrituras son claras en cuanto a que Dios desprecia a un espíritu no perdonador.

Como hijos de Dios, debemos reflejar su carácter. En el momento de la salvación nos es dada una nueva naturaleza que tiene en sí la semejanza espiritual de Dios (Ef. 4:24). De modo que el perdón es una parte integral de la nueva naturaleza del cristiano. Un cristiano que no perdona es una contradicción de términos. Cuando usted ve a alguien que profesa ser cristiano y que obstinadamente se niega a dejar un resentimiento, hay buena razón para poner en duda que la fe de esa persona sea genuina.

Pero si vamos a tratar el asunto honestamente, todos debemos admitir que el perdón no llega fácilmente, aún siendo cristianos. Muchas veces no perdonamos tan rápida o generosamente como debiéramos. Todos nosotros somos muy propensos a acumular ofensas y a denegar el perdón.

Como hemos visto, el perdón cuesta mucho. El perdón requiere que pongamos a un lado nuestro egoísmo, que aceptemos con gracia las ofensas que otros hayan cometido contra nosotros, y que no exijamos lo que creemos que se nos debe. Todo eso va en contra de nuestras inclinaciones naturales y pecaminosas. Aún como nuevas criaturas, conservamos unos residuos de pecado en nuestra carne. Algunos hábitos y deseos pecaminosos nos siguen perturbando. Por eso es que las Escrituras nos mandan a despojarnos del hombre viejo y vestirnos del nuevo (Ef. 4:22-24; Col. 3:9-10). Y el nuevo hombre se caracteriza por el perdón. Nótese que en ambos pasajes donde el apóstol Pablo emplea tal terminología, él resalta el perdón como un atavío esencial del «nuevo hombre» (Ef. 4:32; Col. 3:13).

El perdón es tan importante para el andar del cristiano, que nunca se alejó del foco de la enseñanza de Cristo. Sus sermones, sus parábolas, sus discursos en privado, e incluso sus oraciones, todos estaban llenos de lecciones sobre el perdón. De hecho, este era un motivo tan constante en los primeros sermones y dichos de Jesús, que habría que hacerse el ciego para no darse cuenta de ello.

Por ejemplo, como hemos visto, en el corazón de la oración que Jesús nos enseñó se encuentra esta petición: «Y perdónanos nuestras deudas, como también nosotros perdonamos a nuestros deudores» (Mt. 6:12). Tanto el contexto como la sinopsis con Lucas 11:4 indican que las «deudas» a las que se hace referencia aquí son deudas *espirituales*; «deudores» son los que han cometido transgresiones contra nosotros.

Es significativo que de todas las frases en la oración del Padre Nuestro, era *esta* frase la que Cristo considerara oportuno explicar con mayor detalle. Inmediatamente después de decir amén en esa oración, Él se dirigió a sus discípulos y dijo: «Porque si perdonáis a los hombres sus ofensas, os perdonará también a vosotros vuestro Padre celestial; mas si no perdonáis a los hombres sus ofensas, tampoco vuestro Padre os perdonará vuestras ofensas» (Mt. 6:14-15).

Ese ha sido siempre un pasaje difícil para los expositores bíblicos. A primera vista parece que hiciera del perdón de Dios algo revocable. Algunos han citado este versículo para argumentar que si le negamos el perdón a los que nos ofenden, Dios *retirará* su perdón de nosotros, implicando así que un cristiano o una cristiana que no perdone puede perder su salvación.

Pero como vimos en el capítulo tercero, el perdón del que se habla aquí no es el perdón *jurídico* de la justificación. Es el perdón diario y *paternal* que debemos buscar cuando nuestro pecado ha ofendido a nuestro Padre celestial. Una clave interpretativa del pasaje es el destinatario de la oración: «Padrenuestro». Esta es una oración donde se pide perdón paternal, no jurídico. Lo que Jesús realmente está enseñando aquí equivale a decir: «Si ustedes se niegan a perdonar, su Padre celestial va a disciplinarlos severamente por *su* pecado de falta de perdón».

Una parábola bien conocida que se encuentra también en el evangelio de Mateo ilustra perfectamente este punto. Conocida comúnmente como la parábola del siervo que no quería perdonar, este pasaje a menudo mal comprendido y su contexto contiene algunas de las verdades más valiosas sobre el perdón mutuo.

## LA PREGUNTA DE PEDRO

La parábola fue la respuesta de Jesús a la pregunta formulada por Pedro. Después de haber escuchado tanto a Jesús hablar sobre el tema, era imposible que los discípulos no vieran la importancia que Él le daba al perdón. Pero es indudable que todos ellos tenían preguntas sobre qué tan lejos esperaba Él que fueran ellos al perdonarse mutuamente. Como siempre, Pedro habló en representación de todos.

La enseñanza de Cristo sobre el perdón le debió haber parecido bastante radical a los discípulos. Lo que Él enseñó contrastaba notoriamente con lo que los rabinos de su tiempo creían. Ya mencionamos en el segundo capítulo cómo los rabinos habían torcido la provisión del ojo por ojo en el Antiguo Testamento y la estaban utilizando como una justificación para las venganzas personales.

Obviamente, el perdón no era considerado necesariamente como una gran virtud por la mayoría de maestros religiosos influyentes en la época de Jesús. De hecho, los rabinos presentaban usualmente el perdón como algo opcional. Los rabinos *sí* reconocían que el Antiguo Testamento permitía y hasta alentaba el perdón en algunos casos. Sin embargo, ellos limitaban estrictamente a tres las veces que una persona podía ser perdonada por cometer la misma ofensa.

Ellos creían que tenían autoridad bíblica para esa visión del perdón. Obtenían respaldo del libro de Amós, donde Dios pronunció condenación sobre los enemigos de Israel con estas palabras: «Por tres pecados de Damasco, y por el cuarto, no revocaré su castigo» (1:3). En ese mismo capítulo Dios pronunció juicios similares contra Gaza, Tiro, Edom y Amón, siempre con las palabras, «Por tres pecados... y por el cuarto» (cp. vv. 6, 9, 11, 13). En otras palabras, a cada una de esas naciones hostiles se les permitieron tres ofensas que Dios pasaría por alto, para entonces juzgarlas por la cuarta ofensa.

Los eruditos rabínicos argüían que si Dios perdona a los hombres únicamente tres veces, sería presuntuoso y hasta malo que simples criaturas perdonaran a sus semejantes más que eso. Así que procedieron a fijar un número límite de veces que podía extenderse el perdón.

No hay duda que debido al énfasis en la gracia y el perdón en todas las enseñanzas de Cristo, los apóstoles sabían que Él los estaba llamando a cumplir con parámetros más altos. Puesto que Cristo mismo nunca había cuantificado el número de veces que debe concederse el perdón, Pedro quería una aclaración. Mateo 18:21 dice: «Entonces se le acercó Pedro y le dijo: Señor, ¿cuántas veces perdonaré a mi hermano que peque contra mí? ¿Hasta siete?»

Seguramente Pedro creyó que estaba siendo muy altruista. Él duplicó la prescripción rabínica y redondeó el número a un 7 perfecto, tal vez pensando que el Señor lo felicitaría por su generosidad.

La contestación de Jesús indudablemente sorprendió a Pedro y a los demás discípulos.

## LA RESPUESTA DE JESÚS

Jesús le dijo: «No te digo hasta siete, sino aun hasta setenta veces siete» (Mt. 18:22).

La mente carnal protesta de inmediato ante lo que parece ser un estándar irrazonable. ¿Acaso el perdón no tiene un límite? El sentido común parece sugerir que a los ofensores reiterativos no se les debería conceder perdón indefinidamente. ¿En qué punto la gracia se convierte en ingenuidad? ¡Setenta veces siete es cuatrocientos noventa! ¡Nadie podría llevar la cuenta de tal número de ofensas!

¡Pero ese es el punto precisamente! Llevar cuentas no tiene nada que ver con el verdadero perdón. Si una ofensa es perdonada sinceramente, no puede detallarse en contra del ofensor. El sistema rabínico exigía en efecto que la parte ofendida recordara y anotara ofensas supuestamente perdonadas, y que dejara de perdonar después de la tercera vez. La enseñanza de Jesús sobre el perdón no da lugar para ese tipo de control de cuentas. «Setenta veces siete» establece un estándar tan alto que no tendría sentido llevar una cuenta o un memorial de agravios. Más bien es apropiado, porque el tipo de amor que se espera que los cristianos ejemplifiquen «no guarda rencor» (1 Co. 13:5).

La persona que lleva cuentas de ofensas perdonadas creyendo que puede dejar de perdonar cuando la lista llegue a 490, no ha entendido en absoluto lo que Jesús dijo. Nuestro Señor no estaba estableciendo un límite numérico para el perdón, sino todo lo contrario. ¡Él simplemente tomó el número que Pedro dijo y lo multiplicó por setenta! En un sentido práctico, hizo que fuera imposible tabular ofensas como Pedro estaba pensando, y efectivamente eliminó cualquier tipo de límite al perdón.

Las palabras de Jesús pueden contener una alusión a una referencia del Antiguo Testamento. En el libro de Génesis encontramos un hombre en la descendencia de Caín llamado Lamec (este no es el Lamec que fue padre de Noé). Las Escrituras dicen muy poco acerca de Lamec, pero lo que está registrado indica que era un hombre furioso a quien le encantaba vengarse. Él mató a una persona, aparentemente en defensa propia. Sabiendo que Dios había jurado vengar a Caín siete veces, Lamec creyó en su arrogancia que merecía setenta veces más venganzas personales. En las Escrituras se menciona que él se inventó un dicho que en hebreo suena como una canción o poema: «Ada y Zila, oíd mi voz; mujeres de Lamec, escuchad mi dicho: que un varón mataré por mi herida, y un joven por mi golpe. Si siete veces será vengado Caín, Lamec en verdad setenta veces siete lo será» (Gn. 4:23-24).

La jactancia de Lamec tipifica la tendencia de la humanidad pecadora. A la mente pecaminosa le fascina la venganza y cree que setenta veces siete es un cálculo apropiado para medir las venganzas. En lugar de eso, Cristo enseñó que setenta veces siete es la dimensión en la cual deberíamos perdonar. En otras palabras, deberíamos siempre devolver bien por mal, exactamente en la misma medida en la que de otra forma estaríamos pecaminosamente inclinados a devolver mal por mal (cp. Ro. 12:17; 1 Ts. 5:15; 1 P. 3:9).

En otra ocasión Jesús dijo: «Mirad por vosotros mismos. Si tu hermano pecare contra ti, repréndele; y si se arrepintiere, perdónale. Y si siete veces *al día* pecare contra ti, y siete veces *al día* volviere a ti, diciendo: Me arrepiento; perdónale» (Lc. 17:3-4, énfasis añadido). Aquí de nuevo, lo que se quiere establecer no es un límite numérico de siete veces diarias, sino hacer énfasis en el desprendimiento y la frecuencia con los que debemos perdonar.

Alguien podría preguntar: ¿A quién se le ocurriría cometer la misma ofensa siete veces en un día y decir que está arrepentido cada vez? El punto es este: este tipo de comportamiento representa exactamente la manera en que *nosotros* pecamos contra *Dios*. Nosotros pecamos; después expresamos pena por nuestro pecado y buscamos el perdón de Dios; luego nos damos la vuelta y cometemos exactamente el mismo pecado. Cualquiera que haya estado atado a un hábito pecaminoso sabe exactamente cómo es la rutina.

¿Acaso Dios perdona bajo tales circunstancias? Sí, Él perdona. Y dado que su perdón establece el criterio para que nosotros perdonemos, el estándar es benditamente alto. Lo que parece al principio un estándar imposible, injusto e inalcanzable, es de hecho una noticia maravillosa para cualquiera que haya tenido que pedir perdón a Dios por ofensas repetitivas. Jesús está enseñando aquí que el perdón que nosotros extendemos a otros debería ser tan dilatado e inagotable como la misericordia de Dios que deseamos recibir nosotros mismos. Eso arrasa con todos los límites que cualquiera intentara poner al perdón humano.

Todo esto quedó ilustrado y acentuado en la parábola que Jesús contó para responder a la pregunta de Pedro. Los personajes principales en la parábola son un rey clemente, un siervo que tenía una gran deuda con el rey, y otro esclavo que tenía una pequeña deuda con el primer siervo.

## EL PERDÓN DEL REY

La parábola empieza describiendo un inusitado acto de perdón por parte del rey:

*Por lo cual el reino de los cielos es semejante a un rey que quiso hacer cuentas con sus siervos. Y comenzando a hacer cuentas, le fue presentado uno que le debía diez mil talentos. A éste, como no pudo pagar, ordenó su señor venderle, y a su mujer e hijos, y todo lo que tenía, para que se le pagase la deuda. Entonces aquel siervo, postrado, le suplicaba, diciendo: Señor, ten paciencia conmigo, y yo te lo pagaré todo. El señor de aquel siervo, movido a misericordia, le soltó y le perdonó la deuda.*

– Mt. 18:23-27

Es muy posible que este deudor al rey fuese un hombre de alto rango, aunque se haga referencia a él como un siervo. Los reyes de la antigüedad empleaban a gobernadores provinciales llamados sátrapas. Una de las responsabilidades del sátrapa era la recolección de impuestos. Este siervo endeudado pudo haber sido uno de estos gobernadores provinciales, y lo de hacer cuentas a que se hace referencia en los versículos 23-24 correspondía al tiempo establecido para que el sátrapa trajera al rey el dinero de los impuestos provenientes de su región.

Este hombre tenía una gran deuda, producto seguramente de algún desfalco o negligencia en sus deberes por parte del siervo. Además, si se había apropiado de todo el dinero de impuestos por simple robo o peculado, quiere decir que lo había gastado todo porque no tenía medios para reponer lo que debía.

Diez mil talentos era una cantidad increíblemente descomunal de dinero para ser la deuda de un solo individuo. Un talento era la máxima unidad monetaria en el mundo romano. Esto se refiere al talento ático que se usaba en todo el imperio en ese tiempo. Uno de esos talentos equivalía a 6.000 denarios, y un denario era considerado el salario justo por un día de trabajo (cp. Mt. 20:2). De hecho, un denario era el pago diario que se le daba a un soldado. Así que 6.000 denarios, un talento, era una suma de dinero considerable (honorarios por diecisiete años de trabajo), y 10.000 talentos equivalían a los salarios de 10.000 hombres durante diecisiete años. Esta era una cantidad inconmensurable para una deuda personal. En términos actuales esto significaría millones, posiblemente miles de millones de dólares. Para poner el asunto en perspectiva, registros del primer siglo revelan que el total del ingreso anual recaudado por el gobierno romano en toda la tierra de Palestina promediaba los 900 talentos. Es más, el templo de Salomón era conocido a nivel mundial por las grandes cantidades de oro que contenía, y todo ese oro según el Antiguo Testamento, solamente llegaba a la suma de unos 8.000 talentos (1 Cr. 29:4-7): ¡menos que la deuda de este hombre!

La expresión griega que se traduce como «diez mil» no se aplica ni siquiera a una cantidad precisa. Este era el número más grande que se podía expresar en el idioma griego. Es la palabra de donde proviene el término *miríada*, y se utilizaba exactamente igual, para representar un número imposible de contar. Encontramos duplicada la misma expresión en Apocalipsis 5:11 («millones de millones») y en 1 Corintios 4:15 («diez mil», dando a entender «incontables»).

Así que este hombre tenía una deuda con ese rey que para fines prácticos era absolutamente impagable. Dado que él no tenía medios para cumplir con una obligación tan grande, el rey ordenó que él, su familia y todas sus posesiones fueran vendidas, para destinar el producto a saldar la deuda.

Obviamente, esta deuda era tan grande que la venta del hombre y su familia no podían cubrir ni la fracción más pequeña de lo que debía. De todas maneras, el rey tenía derecho de aplicar ese castigo por la mala conducta del hombre.

La situación del siervo era absolutamente desesperanzadora. Su única esperanza reposaba en la bondad del rey. Así que él empezó a implorar misericordia. Jesús dijo que el hombre estaba «postrado» ante el rey (Mt. 18:26). Esto era mucho más que la venia con que usualmente se le rendía homenaje al rey. Daba a entender la absoluta humillación e ignominia del hombre. Literalmente se estaba abatiendo ante el rey suplicando misericordia. No presentó defensa porque no tenía ninguna. Admitió completamente su culpa y simplemente imploró piedad.

«Ten paciencia conmigo, y yo te lo pagaré todo» (v. 26). Sin duda la promesa era sincera, pero la carga de tal deuda era más de lo que cien hombres pudieran jamás reponer, y el monarca lo sabía.

En este punto se podría esperar de un soberano promedio que tratara al esclavo sin misericordia. El flagrante abuso de su posición, el desperdicio de una fortuna, la magnitud del déficit, combinados con la insensata promesa del siervo de pagar la deuda, es una mezcla de circunstancias que exasperaría al rey típico. Ciertamente, el siervo no merecía recibir misericordia.

Pero aquí no se trataba de un soberano típico. En un increíble gesto de indulgencia, él perdonó gratuitamente la deuda del hombre. No se fijó ningún plan de indemnización; el rey estuvo dispuesto a asumir él mismo la pérdida, simplemente por mostrar misericordia a un siervo sin esperanza. Esta es una compasión sorprendente y nada terrenal. Es la imagen misma de lo que Dios hace en favor de cada pecador que se arrepiente.

El siervo simboliza perfectamente al pecador perdido, alcanzado con una deuda impagable y espantosa: la abrumadora carga de la culpa del pecado. La prisión del deudor ilustra el infierno, donde pecadores condenados pasarán una eternidad pagando lo impagable. Y el rey representa un amoroso y compasivo Padre celestial, un Dios de misericordia y gracia insondables quien siempre está dispuesto y deseoso para perdonar.

El perdón de este rey es increíblemente generoso. Consideremos todo lo que implicaba este indulto. Para poder perdonar esta descomunal cantidad de dinero, tenía que considerarla como un préstamo legítimo, aunque los hechos dejan ver claramente que este era un caso de fraude y derroche. Aún en el mejor de los casos, la deuda era resultado de negligencia sin escrúpulos combinada con inconcebible extravagancia. De hecho, es posible que el hombre haya sido culpable de todos los cargos en su contra. Sin embargo el rey perdonó gratuitamente no solo la deuda, sino también toda la maldad que había llevado a generar una deuda tan monstruosa. Él no increpó al hombre ni lo castigó por su ruindad. Simplemente, le perdonó compasivamente.

Uno se pregunta cómo podría ser tan compasivo un rey frente a un sujeto tan malvado. Pero recuerde, esta es precisamente la imagen de lo que Dios hace por el pecador arrepentido. Él no solamente perdona la deuda del pecado, ¡sino que eleva al pecador a una incomprensible posición de favor absolutamente inmerecido!

## LA FALTA DE PERDÓN DEL SIERVO

Uno podría pensar que una persona perdonada de una manera tan generosa podría apreciar la importancia de mostrar compasión a otras personas. No obstante, la conducta exhibida por el esclavo perdonado es aterradora: «Pero saliendo aquel siervo, halló a uno de sus consiervos, que le debía cien denarios; y asiendo de él, le ahogaba, diciendo: Págame lo que me debes» (Mt. 18:28).

Cien denarios representaban algo así como la remuneración por cien días de trabajo. Esa no es una suma insignificante como tal, pero comparada con la cantidad que le había sido perdonada al primer siervo, no era nada. Las palabras usadas por Jesús indican que el siervo perdonado salió inmediatamente de su encuentro con el rey compasivo, y prácticamente la primera cosa que hizo fue buscar a este otro siervo que le debía dinero. Al encontrarlo empezó a exigir el pago inmediato de la deuda, puntualizando sus demandas con las más duras amenazas e incluso con violencia física.

Piense por un momento en la situación presentada por esta parábola. La deuda que el otro siervo le debía a este hombre era una deuda legítima. Desde un punto de vista legal, sí tenía derecho a reclamar lo que se le debía. Técnicamente, estaba completamente dentro de sus derechos exigir la devolución del dinero. ¿Pero acaso nuestro sentido moral no se retuerce naturalmente y con razón por su conducta?

Vemos su acto como algo moralmente repugnante, porque lo es. La existencia misma del primer siervo había dependido de un acto incomprensible de misericordia que se le había mostrado a él. ¿No tenía por tanto un deber de amar misericordia y también hacerla extensiva a otros?

El perdón totalmente inmerecido que había recibido del rey debía hacerle profundamente agradecido, y también profundamente misericordioso. Sus acciones inclementes en contra de su hermano esclavo fueron por tanto un insulto al rey que le había perdonado. La extraordinaria misericordia que había recibido debió haber sido lo que llenara su corazón y mente. En lugar de eso, estaba obsesionado con recuperar la exigua suma que le debía un hermano siervo. Sus acciones mostraban una absoluta falta de gratitud. Es como si ya hubiera olvidado la gran misericordia que se le había mostrado.

La conducta del esclavo es grotesca. Al leerla parece una caricatura del peor villano que haya existido. Parece irreal e inhumana. ¿Quién podría jamás comportarse de este modo?

Eso es exactamente lo que Jesús quería mostrarle a los discípulos. Él representó deliberadamente al siervo de tal forma que les pareciera repulsivo. Si la conducta del esclavo parece irrazonable y totalmente irracional, es porque se supone que lo es. Nuestro Señor estaba recalcando lo absurdo que es un cristiano que no perdona. Es una conducta chocante y sin escrúpulos. No se puede esperar que una persona sensible actúe jamás de esta manera.

Pero eso es exactamente lo que ocurre cada vez que un cristiano no está dispuesto a perdonar.

Nótese que el siervo que debía la cantidad más pequeña hizo exactamente el mismo ruego que el primer siervo le había hecho al rey, y de la misma manera: «Entonces su consiervo, postrándose a sus pies, le rogaba diciendo: Ten paciencia conmigo, y yo te lo pagaré todo» (v. 29). El siervo perdonado *debió* conmoverse al escuchar este eco de su propia angustia anterior.

Pero él hizo oídos sordos al ruego de su compañero siervo. Con inaudita frialdad de corazón, «le echó en la cárcel, hasta que pagase la deuda» (v. 30).

Las prisiones para deudores eran comunes en ese tiempo. El deudor era encarcelado y se le asignaban trabajos serviles por los que se le pagaba una minucia. Esos jornales se destinaban al pago de la deuda, y el prisionero no era soltado hasta que fuera pagada la deuda. Pero se trataba de una manera cuestionable de tratar a los deudores, porque al encarcelarlos se eliminaba su capacidad productiva, se imponían mayores penurias a sus familias, y en muchos casos se hacía prácticamente imposible la cancelación de la deuda. El acreedor salía perdiendo de todas maneras, así que el aprisionamiento era usualmente un último recurso que se usaba únicamente para los deudores más incorregibles.

Por esas razones era bastante irreflexivo e innecesariamente severo mandar a la cárcel a un deudor que estuviera dispuesto a pagar. Aún si el primer siervo hubiera decidido insistir en que le pagaran lo que se le debía, no tenía necesidad de encarcelar al segundo siervo. Tal castigo era irrazonable, excesivamente duro e irracional. Ilustra perfectamente la absurdidad de un cristiano con corazón vengativo.

## LA INDIGNACIÓN DE LOS DEMÁS SIERVOS

Nótese quiénes fueron los más ofendidos por el cruel trato que había recibido el deudor: sus compañeros en el servicio. «Viendo sus consiervos lo que pasaba, se entristecieron mucho, y fueron y refirieron a su señor todo lo que había pasado» (v. 31).

Estos siervos obviamente tenían conocimiento de la inmensa deuda que se le había perdonado al primer hombre. Y con toda razón estaban indignados cuando vieron su reacción contra un hermano siervo que estaba en apuros. En efecto, el siervo no perdonador se había colocado a sí mismo por encima del rey. Sus acciones daban a entender que él creía tener derecho a cometer una venganza inclemente en una situación idéntica a la que él enfrentó cuando tuvo que rogar pidiendo misericordia al rey. Esto era algo inconcebiblemente infame. No es para extrañarse que sus consiervos estuvieran furiosos.

La participación de los demás siervos ilustra cómo el pecado de un individuo afecta a todo el cuerpo. Una persona no perdonadora dentro de la iglesia puede ofender a todo el rebaño, y es correcto que los cristianos intervengan para tratar una ofensa tan obvia. De hecho, el contexto amplio de Mateo 18 incluye las instrucciones de Jesús para manejar la disciplina en la iglesia (véase el capítulo séptimo para una discusión más completa del proceso de disciplina en la iglesia).

## LA IRA DEL REY

Comprensiblemente, el rey también se indignó al escuchar la noticia de lo que había sucedido:

> *Entonces, llamándole su señor, le dijo: Siervo malvado, toda aquella deuda te perdoné, porque me rogaste. ¿No debías tú también tener misericordia de tu consiervo, como yo tuve misericordia de ti? Entonces su señor, enojado, le entregó a los verdugos, hasta que pagase todo lo que le debía.*
>
> – Mt. 18:32-34

La respuesta del rey fue tan severa que hace que muchas personas lleguen ala conclusión de que es imposible que el siervo no perdonador de esta parábola represente a un creyente verdadero. Dan por sentado que un castigo tan cruento tiene que representar el infierno, y puesto que ningún creyente genuino está sujeto a la amenaza del infierno, este hombre debe representar a una persona no regenerada.

Otros citan la parábola como un argumento a favor de la postura de que los cristianos desobedientes pueden perder su salvación.

Hay que admitir que este es un pasaje problemático. Es posible leer el versículo 34 («le entregó a los verdugos, hasta que pagase todo lo que le debía») como si quisiera decir que el siervo que no perdonó quedó entrampado con la misma deuda que ya se le había perdonado. Pero eso introduce algunas dificultades obvias a las imágenes de la parábola. ¿Acaso esto sugiere que Dios va a retirar su perdón jurídico —la justificación— de los que no perdonan a otros? Ciertamente no. Eso haría que la justificación dependiera en últimas de las propias obras del pecador. También sugeriría que Dios mismo tiene vacilaciones, al otorgar un «perdón» para retirarlo después. Las Escrituras dicen enfáticamente que Él no hace eso ni lo hará. Cuando Dios nos perdona, Él hace alejar nuestros pecados cuanto está lejos el oriente del occidente (Sal. 103:12). Él borra nuestros pecados y promete no recordarlos nunca más (Is. 43:25; Jer. 31:34; He. 8:12). Él no perdona y después revoca su perdón.

¿Podría ser que el siervo no perdonador representa a un cristiano de profesión que en realidad nunca nació de nuevo? Esta es una perspectiva popular. Los que defienden esta interpretación dicen que el siervo no perdonador ilustra a alguien que escucha el evangelio y lo acoge exteriormente pero nunca recibe en realidad el perdón que se ofrece en el evangelio. Esa es una interpretación más viable, pero todavía sugiere que es la respuesta del siervo, y no el decreto del rey, lo que constituye el elemento decisivo en la justificación. Hace que el perdón quede condicionado a la conducta subsecuente del pecador.

Una regla básica importante al interpretar parábolas es buscar el significado central de la parábola y resistir a la tentación de ejercer presión para atribuir un significado exagerado a detalles periféricos. El significado de esta parábola está expresado llanamente por Cristo en Mateo18:35: «Así también mi Padre celestial hará con vosotros si no perdonáis de todo corazón cada uno a su hermano sus ofensas». Toda esta parábola es prácticamente un comentario de las palabras dichas por Jesús anteriormente en Mateo 6:14-15: «Porque si perdonáis a los hombres sus ofensas, os perdonará también a vosotros vuestro Padre celestial; mas si no perdonáis a los hombres sus ofensas, tampoco vuestro Padre os perdonará vuestras ofensas».

Hay que recordar también que esta parábola es una lección para Pedro y los demás discípulos. Jesús no dirigió el mensaje de la parábola a oyentes interesados pero no comprometidos. Él hizo una clara advertencia a los que se encontraban en el círculo más íntimo de sus seguidores (Mt.18:35). La lección que contiene es para personas ya regeneradas, para creyentes y no simples farsantes.

Por lo tanto, el primer siervo debe representar un creyente realmente nacido de nuevo, aunque no perdonador. Aquí la severidad del castigo del rey ilustra realmente la manera en que Dios va a disciplinar a los creyentes que no perdonan. Algunas veces es necesario que un padre trate con dureza a un hijo persistentemente rebelde; y Dios mismo hará uso de medidas drásticas cuando sea necesario corregir a un cristiano desobediente. La dureza de su disciplina es una medida de su amor por su pueblo y su gran interés en su pureza. Como vimos en el capítulo tercero, no es verdad que la disciplina de Dios sea siempre suave y amistosa; con frecuencia es motivada por el disgusto paternal más serio que puede haber. Y una de sus disciplinas más severas se aplica a creyentes que se niegan a ser misericordiosos con los demás.

Nótese la manera en que el rey se dirige al siervo no perdonador: «Siervo malvado». ¿Acaso Dios podría referirse a sus propios hijos como «malvados»? Ciertamente Él no es ciego a sus maldades (cp. 2 Cr. 7:14). Y este esclavo se estaba comportando de una manera que era innegablemente malvada. El pecado es maligno, sin importar que sea cometido por un creyente o por un incrédulo. De hecho, la falta de perdón es *más* malvada en un creyente porque la negativa del creyente para perdonar es un menosprecio de la gracia misma de la cual él depende para su propia redención. En un caso como éste, no sería más inapropiado que Dios llame a un creyente «malvado» de lo que fue para Cristo dirigirse a Pedro como «Satanás» (Mt. 16:23).

Nótese también que el castigo administrado, aunque extremadamente severo, parece ilustrar únicamente el tipo más duro de disciplina, pero no la condenación eterna. El rey «le entregó a los verdugos» —no a los ejecutores— «hasta que pagase todo lo que le debía» (v. 34).

Miremos de cerca ese versículo. ¿Qué le debía ahora al rey? Puesto que la deuda inicial ya había sido perdonada legalmente, la deuda que quedaba era principalmente el deber que este hombre tenía de mostrar el mismo tipo de misericordia a otras personas. Los «verdugos» representan la vara de la justicia de Dios. La lección de la parábola es ésta: los cristianos que se niegan a perdonar a otros serán sometidos al tipo más severo de disciplina, hasta que aprendan a perdonar así como han sido perdonados.

«Todo lo que le debía» también representa las consecuencias temporales del pecado. De nuevo, la justificación borra la culpa de nuestro pecado en la corte de justicia eterna de Dios, pero no garantiza necesariamente un escape de las consecuencias del pecado en esta vida. Esta parábola parece sugerir que como un medio de su amorosa disciplina, Dios podría de hecho intensificar las consecuencias temporales del pecado. Aunque la *culpa* del pecado está perdonada de manera que no va a ser relevante para un juicio eterno, Dios puede permitir que las *consecuencias* del pecado sean todavía más severas, a fin de motivar al creyente pecador a obedecer. Debido a que la falta de perdón es algo tan ajeno por completo a lo que deberían ser los cristianos, Cristo aplica formula esta advertencia en cuanto a ese pecado en particular: «Así también mi Padre celestial hará con vosotros si no perdonáis de todo corazón cada uno a su hermano sus ofensas» (v. 35).

Los cristianos *deberían* ser las personas más perdonadoras sobre la faz de la tierra, porque han sido perdonados como nadie más lo ha sido. Por lo tanto, aquellos que se niegan a perdonar son dignos del tipo más severo de disciplina proveniente de la mano de un Padre amoroso.

Santiago 2:13 establece un principio inexorable de la justicia divina: «Porque juicio sin misericordia se hará con aquel que no hiciere misericordia». Para los no salvos, lo que implica este principio es sin duda algo espantoso. Los que han sido inclementes no tendrán misericordia en la corte eterna de Dios. Sufrirán un tormento eterno sin misericordia alguna.

Pero también hay una aplicación de este principio para el creyente. Los cristianos que no hacen misericordia serán sometidos a un escarmiento divino sin mucha misericordia. Ese es todo el mensaje de esta parábola. Estoy convencido de que multitudes de cristianos que sufren de estrés, depresión, desánimo, problemas de relaciones, y toda clase de otras penalidades, experimentan estas cosas porque se niegan a perdonar. El perdón de todo corazón pone en libertad inmediata a la persona, lo libra de sus «verdugos» y en el proceso glorifica a Dios.

De hecho, la consecuencia de aplicar el principio de Santiago 2:13 es una de las Bienaventuranzas: «Bienaventurados los misericordiosos, porque ellos alcanzarán misericordia» (Mt. 5:7). Se promete misericordia divina a los que hacen misericordia. Las Escrituras hablan con extraordinaria claridad sobre este tema.

Nótese que Jesús habla de un perdón que es «de todo corazón» (Mt. 18:35). El perdón genuino no es fingido ni rencoroso, sino que se concede tan generosamente como nosotros mismos deseamos ser perdonados. Implica negarse deliberadamente a mantener la culpa del ofensor en su contra. Significa dar término a la amargura, poner a un lado la ira, y negarse a permanecer en una ofensa que ya ha sido perdonada. Es una renuncia a cualquier pensamiento de represalia o desquite. Es, entre más pueda acercarse, el equivalente humano de lo que Dios promete: no acordarse más del pecado cometido (Jer. 31:34).

Tal perdón no llega fácilmente, en particular cuando se trata del tipo de pecados que destruyen vidas y relaciones. Cuando estamos hablando de un desaire personal o una palabra áspera, perdonar es relativamente fácil. ¿Pero qué pasa si la ofensa es más grave? ¿Dónde encuentran las personas la fortaleza para perdonar cuando descubren el engaño de un cónyuge, o cuando un conductor ebrio ocasiona la muerte de un ser querido? ¿Es humanamente posible perdonar tales ofensas?

Es posible que no *parezca* humanamente posible, y ciertamente no está dentro de la capacidad de la naturaleza humana caída perdonar de por sí tales cosas y de todo corazón. Pero sí es ciertamente posible para personas redimidas, bajo la influencia del poder del Espíritu Santo, perdonar aún las ofensas más serias. En el capítulo que sigue a continuación vamos a mirar con mayor circunspección estos asuntos y profundizaremos en algunos de los asuntos prácticos más importantes acerca de cómo deberíamos perdonarnos unos a otros.

SEIS

# COMO DIOS TAMBIÉN NOS PERDONÓ

*Perdonándoos unos a otros, como Dios también os perdonó a vosotros en Cristo.*

–Efesios 4:32

Era lunes, primero de diciembre de 1997. Cerca de una docena de estudiantes estaban abrazados en un círculo para orar —como lo hacían todas las mañanas— en el corredor fuera de la oficina administrativa en la escuela secundaria Heath en Paducah, Kentucky. Las clases iban a empezar en pocos instantes, así que alguien terminó con una oración.

Ese último amén todavía estaba en el aire. Los estudiantes no habían empezado todavía a movilizarse para entrar a clases. De repente el sonido de unos disparos rompió la paz que había en ese momento. Un estudiante de catorce años se había acercado caminando hacia el grupo con una pistola automática de calibre 22 y estaba disparando en el círculo de oración, disparando fríamente contra un estudiante a la vez.

Cuando todo terminó, había tres estudiantes muertos y otros cinco gravemente heridos. La historia estuvo en los titulares durante semanas. Lo que por todos lados resultaba inverosímil era que los estudiantes que estaban en ese círculo de oración no habían hecho nada para provocar al muchacho que disparó. De hecho, varios de ellos previamente habían sido amigables con él. Los medios de comunicación seculares no podían encontrar la manera de explicar cómo alguien tan joven podría cometer un hecho tan pavoroso de pura maldad.

Hubo otro aspecto de la historia que también acaparó la atención de los medios: el sorprendente perdón manifestado inmediatamente por los sobrevivientes y sus seres queridos. Muchos parientes de las víctimas fueron entrevistados por la prensa en los días y semanas que siguieron al tiroteo. A pesar de la absoluta sinrazón del crimen, nadie habló con amargura o con deseos de venganza. Iglesias de Paducah, al tiempo que ministraban a las víctimas y sus seres queridos, también se acercaron al joven que disparó y su familia. Una de las jóvenes heridas fue Melisa Jenkins, de quince años. Mientras yacía en el hospital menos de una semana después de los disparos, plenamente consciente de que el daño a su espina dorsal era tan grave que la dejaría parapléjica el resto de su vida, ella envió este mensaje por medio de un amigo al muchacho que le había disparado deliberadamente: «Dile que lo perdono».

¿Cómo puede alguien que ha sido lastimado tan gravemente perdonar con tal desprendimiento y rapidez? Aparte de Cristo, es casi imposible. «Mas nosotros tenemos la mente de Cristo» (1 Co. 2:16). El Espíritu Santo mora en nosotros y nos da el poder para hacerlo. Por esa razón, los cristianos son capaces de realizar actos sobrehumanos de perdón.

Mi propio cuñado fue a una cárcel para expresar su perdón y ofrecer el perdón de Dios al drogadicto que había asesinado a su hijo en el asalto a una tienda.

Uno de los primeros ejemplos de este tipo de perdón es el de Esteban, el primer mártir de la iglesia. Mientras estaba siendo apedreado con grandes rocas que batían su cuerpo, rompían sus huesos y le hacían sangrar hasta morir; en medio de esa experiencia traumática él halló la fortaleza para orar por sus asesinos. «Y puesto de rodillas, clamó a gran voz: Señor, no les tomes en cuenta este pecado. Y habiendo dicho esto, durmió» (Hch. 7:60). A pesar de la violencia de aquel momento, su muerte fue tan pacífica que las Escrituras lo presentan como si se hubiera quedado tranquilamente dormido.

La tendencia natural en tales situaciones sería orar pidiendo venganza. De hecho, la muerte del profeta Zacarías en el Antiguo Testamento plantea un interesante contraste con la muerte de Esteban. Al igual que Esteban, Zacarías fue apedreado, pero nótese la marcada diferencia en su oración de agonía:

> *Pero ellos hicieron conspiración contra él, y por mandato del rey lo apedrearon hasta matarlo, en el patio de la casa de Jehová. Así el rey Joás no se acordó de la misericordia que Joiada padre de Zacarías había hecho con él, antes mató a su hijo, quien dijo al morir: Jehová lo vea y lo demande.*
>
> – 2 Cr. 24:21-22

No podemos condenar a Zacarías por haber orado pidiendo venganza. Él reconoció, por supuesto, que la venganza pertenecía a Dios, y con toda propiedad dejó el asunto en manos de Dios. No puede considerarse como un pecado que haya orado de esta manera.

De hecho, en cierto sentido legítimo todos los mártires tienen el derecho de pedir venganza en contra de sus perseguidores. Apocalipsis 6:10 nos da una mirada al otro lado de las cortinas en el drama cósmico. Allí nos enteramos de que el clamor perpetuo de los mártires de todas las épocas es: «¿Hasta cuándo, Señor, santo y verdadero, no juzgas y vengas nuestra sangre en los que moran en la tierra?»

Ciertamente no hay ningún pecado en clamar por justicia de esa manera. Dios *sí va a* vengar a su pueblo, y cuando su venganza sea administrada finalmente, nadie podrá quejarse de que sea injusta. De hecho, simplemente nos maravillaremos por la paciencia de Dios al haber esperado tanto tiempo para hacer venganza.

Pero por ahora, en la radiante luz del nuevo pacto, mientras se demora la plenitud de la venganza divina y el evangelio está siendo proclamado al mundo, hay una causa más sublime que la venganza por la cual debemos clamar, y es el perdón y la reconciliación con aquellos que nos persiguen. Jesús dijo: «Amad a vuestros enemigos, haced bien a los que os aborrecen; bendecid a los que os maldicen, y orad por los que os calumnian» (Lc. 6:27-28). Cristo mismo nos dio el ejemplo a seguir, cuando al morir a manos de hombres malvados, Él oró pidiendo perdón para ellos. Obviamente, Esteban entendió el mensaje.

¿Y qué de la justicia? Es natural y aún acertado, desear ver servida la justicia y administrada la venganza divina. Pero para el cristiano hay otra prioridad. La justicia vendrá, pero mientras llega nuestros pensamientos y acciones hacia otros deben ser encauzados por la misericordia. Como cristianos, deberíamos obsesionarnos con el perdón y no con la venganza.

## LA VOZ DE LA SANGRE

Hay una ilustración patente de esto en el libro de Hebreos. El escritor de ese libro de la Biblia hace varias referencias a Abel, el segundo hijo de Adán, quien fue matado injustamente por su propio hermano mayor. Abel está listado en Hebreos 11 como el primer miembro del famoso «Salón de la Fe» que se encuentra en ese capítulo. Hebreos 11:4 dice esto de Abel: «Por la fe Abel ofreció a Dios más excelente sacrificio que Caín, por lo cual alcanzó testimonio de que era justo, dando Dios testimonio de sus ofrendas; y muerto, aún habla por ella».

Esa frase «y muerto, aún habla por ella», es muy familiar, pero ¿alguna vez ha pensado a qué se refiere? Es una alusión a Génesis 4:10, donde Dios le dijo a Caín: «¿Qué has hecho? La voz de la sangre de tu hermano clama a mí desde la tierra». Aunque Abel estaba muerto, todavía seguía hablando por medio de su sangre inocente que clamaba por venganza.

Por supuesto, esas son expresiones figurativas. La sangre de Abel no clamó literalmente, pero la forma violenta e injusta de su muerte —brutal asesinato a manos de su propio hermano malvado— gemía con justicia pidiendo ser vengada. Tenía que hacerse justicia. Se había cometido un crimen al cual le correspondía un castigo severo. La sangre de Abel, derramada en la tierra, era un testimonio en contra de Caín. En términos metafóricos, la sangre de Abel estaba demandando una retribución contra Caín.

Abel fue el primer mártir, y la sangre de cada mártir se ha unido desde entonces a ese clamor de justicia en contra de los perseguidores del pueblo de Dios. En ese sentido, *todos* ellos siguen hablando aunque estén muertos. Son precisamente aquellos representados en Apocalipsis 6:10, los que están bajo el altar invocando a Dios para que se glorifique en el ejecución de la justicia.

Pero Hebreos 12:24 establece un contraste muy interesante. Allí el escritor menciona la sangre *de Jesús*, la cual «habla mejor que la de Abel». El significado es claro: mientras que la sangre de Abel (y la sangre de otros mártires) clama por venganza, la sangre de Cristo ruega por misericordia.

La sangre de Jesús, derramada como expiación por los pecados, reclama *perdón* a favor de los pecadores. Esta es una verdad asombrosa. Toda la sangre de todos los mártires de todos los tiempos clama por justicia, venganza y retribución. Pero la sangre de Cristo «habla mejor».

De nuevo, no hay nada malo en desear la justicia. La justicia honra a Dios. Es ciertamente legítimo querer ver ofensas enmendadas y malhechores recompensados por su maldad. Pero anhelar el perdón es algo todavía mejor. Los cristianos deben caracterizarse por un deseo de misericordia, compasión y perdón, aun en favor de sus enemigos.

¿Cómo podemos desarrollar ese estado mental? ¿Cómo puede un cristiano lastimado seriamente por las ofensas de otra persona, aprender a perdonar «de todo corazón» como Jesús lo ordenó (Mt. 18:35)? ¿Qué hay de los mandamientos en las Escrituras sobre confrontar a los que pecan contra nosotros? ¿Cómo sabemos cuándo confrontar y cuando pasar por alto una ofensa?

Además, ¿cómo podemos perdonar a los que no se han arrepentido? ¿Acaso Dios mismo no niega el perdón a los que no se arrepienten? Si hemos de perdonar de la misma forma en que hemos sido perdonados, ¿no debemos exigir primero el arrepentimiento del ofensor?

Todas esas son preguntas esenciales. ¿Ofrece la Biblia respuestas a ellas? Yo creo que sí. Empecemos explorando lo que las Escrituras quieren decir cuando nos ordenan a perdonar de la misma forma en que Dios perdona.

## EL PERDÓN DE DIOS / NUESTRO PERDÓN

¿Cómo puede compararse el perdón entre pecadores y semejantes con el perdón de una deidad ofendida? Debe haber algunas similitudes, porque las Escrituras nos instruyen que debemos perdonar de la misma manera en que hemos sido perdonados. Esta idea está presente en dos versículos que hemos citado varias veces: Efesios 4:32 («perdonándoos unos a otros, como Dios también os perdonó a vosotros») y Colosenses 3:13 («De la manera que Cristo os perdonó»).

Algunos asumen la posición de que esto enseña que el perdón siempre debería ser condicional. Su razonamiento es el siguiente: Dios perdona únicamente a los que se arrepienten. Por lo tanto, si hemos de perdonar de la misma forma en que hemos sido perdonados, deberíamos negarle el perdón a todos los que no se hayan arrepentido. Algunos ilustres maestros sostienen esta opinión. Por ejemplo, Jay Adams escribe:

> Debería sobreentenderse que como nuestro perdón se basa en el modelo fijado por el perdón de Dios (Ef. 4:32), entonces

> debe ser condicional. El perdón que viene de Dios se basa en condiciones claras e inconfundibles. Los apóstoles no se limitaron a anunciar que Dios había perdonado a los hombres... Pablo y los apóstoles daban la espalda a aquellos que se negaban a cumplir con esas condiciones, así como Juan y Jesús lo hicieron anteriormente cuando los escribas y los fariseos no estaban dispuestos a arrepentirse.[1]

Hay que conceder cierto mérito a la posición de Adams. Hay ocasiones en que el perdón debe ser condicional, y vamos a discutir ese asunto antes de terminar este capítulo. Tengo un gran respeto por Adams y he recomendado su libro sobre el perdón como un estudio muy útil sobre el tema. No obstante, sobre este asunto, tengo que disentir de la posición que él asume.

Suponer que el hecho de fijar condiciones sea un aspecto esencial de perdonar como lo hizo Cristo es no entender lo que quiere decir las Escrituras. Cuando las Escrituras nos enseñan que debemos perdonar en la manera como hemos sido perdonados, lo que se tiene de presente no es la idea de *retener* el perdón hasta que el ofensor exprese su arrepentimiento.

Escuche atentamente lo que dicen exactamente estos versículos:

- *Mateo 6:12, 14-15*: «Y perdónanos nuestras deudas, como también nosotros perdonamos a nuestros deudores ... Porque si perdonáis a los hombres sus ofensas, os perdonará también a vosotros vuestro Padre celestial; mas si no perdonáis a los hombres sus ofensas, tampoco vuestro Padre os perdonará vuestras ofensas.»
- *Santiago 2:13*: «Porque juicio sin misericordia se hará con aquel que no hiciere misericordia; y la misericordia triunfa sobre el juicio.»
- *Mateo 18:35*: «Así también mi Padre celestial hará con vosotros si no perdonáis de todo corazón cada uno a su hermano sus ofensas.»
- *Lucas 6:36-38*: «Sed, pues, misericordiosos, como también vuestro Padre es misericordioso. No juzguéis, y no seréis juzgados; no condenéis, y no seréis condenados; perdonad, y seréis perdonados. Dad, y se os dará; medida buena, apretada, remecida y rebosando darán en vuestro regazo; porque con la misma medida con que medís, os volverán a medir.»

El énfasis se hace en perdonar con desprendimiento, generosamente, de buen ánimo, con ansiedad e inmediatez, y de todo corazón. Las Escrituras se enfocan en la actitud de la persona que perdona, no en los términos y condiciones del perdón.

La mayoría de los que sostienen que todo perdón es condicional representan el perdón como una transacción formal en la que la persona perdonada debe arrepentirse y la parte ofendida promete a cambio nunca volver a tenerle en cuenta ese pecado. Si no se ha llevado a cabo esta transacción, dicen ellos, tampoco ha tenido lugar un perdón real. En algunos casos el ofensor puede arrepentirse y pedir perdón sin necesidad de incitarlo, y entonces debe concederse el perdón en ese mismo momento. Pero en la mayoría de casos, en particular cuando el ofensor ignora que ha cometido una falta, la parte ofendida debe primero confrontar al ofensor y solicitarle formalmente que se arrepienta antes de poderle perdonar. En pocas palabras, no puede ocurrir ningún acto de perdón hasta que el ofensor pide perdón.

Tristemente, he visto que las personas que mantienen esta opinión terminan confrontando de manera obsesiva y en últimas se vuelven odiosas tanto para enemigos como amigos. Otros albergan rencores, se niegan a dejar la amargura, e incluso cortan amistades por ofensas relativamente insignificantes, justificando tales actitudes porque están convencidas de que no tienen ningún deber de perdonar sino hasta que el ofensor se arrepienta.

Aunque es cierto que muchas veces el perdón implica una transacción en dos direcciones, no siempre es así para *todos los casos* de perdón. Hay ocasiones en que el perdón debería ser incondicional y unilateral, y hay otros casos en que el perdón debe retardarse hasta que el ofensor se arrepienta. Los principios bíblicos que gobiernan estas diferentes clases de perdón son muy claros.

## PERDÓN CONDICIONAL / PERDÓN INCONDICIONAL

Con base en las Escrituras es obvio que algunas veces el perdón debe ser condicional. Por ejemplo, en ciertos casos el ofensor debe ser confrontado e incluso en últimas excomulgado de la iglesia si él o ella se niega a arrepentirse (Lc. 17:3; Mt. 18:15-17). Examinaremos de cerca el proceso bíblico para ejercer disciplina en la iglesia en el capítulo séptimo.

Pero, ¿acaso *toda* ofensa debe ser confrontada para llegar posiblemente a una disciplina formal en la iglesia? ¿No hay lugar para que simplemente se conceda un perdón universal por ofensas insubstanciales? ¿No hay ocasiones en que la parte ofendida debería simplemente pasar por alto una transgresión, y optar por resignarse y perdonar sin que se lo pidan o sin tener que confrontar formalmente al ofensor?

Obviamente, estas preguntas tienen importantes derivaciones prácticas. Si usted tuviera un amigo que tratara escrupulosamente de confrontarlo cada vez que usted cometiera una ofensa insignificante, ¿no se tornaría tediosa esa amistad en poco tiempo? Y si los cónyuges vieran como un deber solemne el confrontarse mutuamente por cada ofensa, ¿acaso esa manera de pensar no haría prácticamente imposible de sobrellevar la relación matrimonial?

Es un error suponer que versículos como Lucas 17:3 («Si tu hermano pecare contra ti, repréndele») y Mateo 18:15 («Si tu hermano peca contra ti, vé y repréndele») constituyen prescripciones absolutas para toda clase de transgresiones. Si estuviéramos obligados a confrontarnos unos a otros por cada falta ligera, a duras penas podríamos hacer otras cosas.

Sin duda, las Escrituras nos dan otro principio para tratar la vasta mayoría de ofensas triviales: pasar por alto la infracción. Perdonar unilateralmente e incondicionalmente. Conceder el perdón con desprendimiento y sin ceremonias solemnes. El amor requiere esto. «Y ante todo, tened entre vosotros ferviente amor; porque el amor cubrirá multitud de pecados» (1 P. 4:8). «El odio despierta rencillas; pero el amor cubrirá todas las faltas» (Pr. 10:12). «El que cubre la falta busca amistad» (Pr. 17:9). El amor «no se irrita, no guarda rencor ... [sino que] todo lo sufre, todo lo cree, todo lo espera, todo lo soporta» (1 Co. 13:5-7).

Jay Adams reconoce el deber del cristiano de pasar por alto faltas triviales, citando algunos de estos mismos textos. «Pero», escribe, «no se trata de ... perdón».[2] Habiendo ya definido el perdón como una transacción de doble vía, no queda espacio en su sistema para un perdón unilateral o incondicional. Así que él establece una distinción entre perdón y pasar por alto la transgresión de otra persona. Si es cierto, esto significaría que todas las ofensas insubstanciales que decidimos pasar por alto (o «cubrir» en terminología bíblica), no deberían considerarse realmente como perdonadas.

Pero la Biblia misma no hace tal distinción. Cubrir las transgresiones de otra persona es la esencia misma del perdón. Hablando del perdón de Dios, el Salmo 32:1 iguala los conceptos de perdón y el cubrimiento del pecado: «Bienaventurado aquel cuya transgresión ha sido perdonada, y cubierto su pecado». Este es un paralelismo hebreo en el cual se emplean dos expresiones diferentes para designar el mismo concepto. Cubrir el pecado de otra persona es la esencia misma del perdón.

El Salmo 85:2 ilustra el mismo paralelo: «Perdonaste la iniquidad de tu pueblo; todos los pecados de ellos cubriste».

Santiago 5:20 también equipara el perdón con el cubrimiento del pecado: «El que haga volver al pecador del error de su camino, salvará de muerte un alma, y cubrirá multitud de pecados».

De modo que cuando se dice en 1 Pedro 4:8, «el amor cubrirá multitud de pecados», se está describiendo el perdón.

Es más, las Escrituras también enseñan que el perdón puede ser unilateral e incondicional. Marcos 11:25-26 habla claramente de este tipo de perdón e incluso lo plantea como una condición para recibir el perdón de Dios:

> *Y cuando estéis orando, perdonad, si tenéis algo contra alguno, para que también vuestro Padre que está en los cielos os perdona a vosotros vuestras ofensas. Porque si vosotros no perdonáis, tampoco vuestro Padre que está en los cielos os perdonará vuestras ofensas.*

Allí se describe un perdón inmediato que se concede al ofensor sin requerir de una reunión o transacción formal. Se refiere necesariamente a un perdón que es totalmente unilateral, porque este perdón tiene lugar *mientras la persona que perdona está de pie orando.*[3] «Perdonad» es el mandamiento rotundo de ese versículo, y debe ocurrir en ese mismo momento y lugar. No se menciona para nada la confrontación. No hay una orden para procurar el arrepentimiento del ofensor. El perdón en Marcos 11:25 es por lo tanto diferente del perdón en Lucas 17:3. *Este* perdón debe concederse incondicional y unilateralmente.

## PERDÓN INCONDICIONAL: ¿QUÉ SIGNIFICA?

¿Qué implica el perdón unilateral? Si no hay ninguna transacción, ni búsqueda de perdón, ningún otorgamiento formal de perdón, ni siquiera intercambio de palabras entre las dos partes, entonces ¿qué se logra exactamente con este tipo de perdón?

Sus efectos principales operan en el corazón del perdonador. Este tipo de perdón involucra una decisión deliberada de cubrir la ofensa de la otra persona. «Perdonad» en Marcos 11:25 es un imperativo, un mandamiento. El perdón que se plantea aquí es necesariamente una cuestión de la voluntad. En otras palabras, es una elección, no un sentimiento ni una reacción involuntaria.

Es, como lo sugiere Mateo 18:35, *de todo corazón*; pero ni siquiera eso sitúa primariamente al perdón en el campo de los sentimientos. «Corazón» en las Escrituras es un término que designa normalmente el asiento del intelecto (cp. Pr. 23:7; Lc. 9:47). De modo que hace referencia a una decisión deliberada y racional. Es una elección hecha por la parte ofendida en el sentido de poner a un lado la transgresión de la otra persona y no permitir que la ofensa produzca una fisura en la relación o que se carcoma por la amargura.

En efecto, la persona que elige perdonar resuelve no recordar la ofensa, se abstiene de guardar rencor, renuncia a cualquier alegato o recompensa, y resiste la tentación de amargarse o desquitarse. La parte ofendida simplemente soporta la injuria. La ofensa se pone a un lado pues ha quedado amorosamente cubierta gracias a Cristo. Para ofensas leves y no intencionales, esta es la forma adecuada de perdonar en amor: unilateralmente, sin confrontación y sin armar ningún pleito.

Esto, creo yo, es a lo que se refieren las Escrituras con mayor frecuencia cuando nos llaman a perdonarnos unos a otros. El fuerte énfasis sobre el perdón en las Escrituras no se hace en la confrontación de la ofensa, sino todo lo contrario. Cuando las Escrituras nos llaman a tener una actitud de perdón, el énfasis se hace siempre en la mansedumbre, la paciencia, la benevolencia, la resistencia, la amabilidad y la misericordia; no en la confrontación.

Decir que el perdón nunca puede ser unilateral es en mi opinión un error potencialmente serio. Acentúa demasiado la confrontación. Y tiende a producir más conflicto del que evita. Las personas que insisten en confrontar todas las faltas muchas veces sencillamente arman pleitos: la antítesis de lo que buscaba producir la enseñanza de Jesús sobre el perdón. El amor verdadero debería *cubrir* la gran mayoría de transgresiones, no arrastrarlas constantemente en público para su disección (1 P. 4:8).

## ¿CONFRONTAR O NO CONFRONTAR?

Todo esto plantea la necesidad de hacer cuidadosas distinciones. Obviamente hay ocasiones en que la confrontación es esencial. ¿Cómo identificamos esas situaciones? ¿Hay principios bíblicos claros que nos enseñan cuándo confrontar y cuándo perdonar unilateralmente?

Yo creo que sí los hay. He aquí algunas pautas que le ayudarán a establecer la distinción:

*Siempre que sea posible, especialmente si la ofensa es leve o no intencional, lo mejor es perdonar unilateralmente.* Esta es la esencia misma de un espíritu de gracia. Es la actitud de semejanza a Cristo que se invoca en Efesios 4:1-3:

> *Yo pues, preso en el Señor, os ruego que andéis como es digno de la vocación con que fuisteis llamados, con toda humildad y mansedumbre, soportándoos con paciencia los unos a los otros en amor, solícitos en guardar la unidad del Espíritu en el vínculo de la paz.*

Eso es algo que invita a tener una tolerancia bajo la gracia («soportar con paciencia») con respecto a las faltas de los demás. Esto es necesario para la causa de mantener la paz.

En otras palabras, se supone que los creyentes deben tener una especie de inmunidad mutua para las ofensas pueriles. El amor «no se irrita» fácilmente (1 Co. 13:5). Si cada falta requiriera de confrontación formal, toda nuestra vida de iglesia se pasaría confrontando y resolviendo conflictos por molestias insignificantes. Así que por el bien de la paz y para preservar la unidad del Espíritu, debemos mostrar tolerancia siempre que sea posible.

Esta es entonces, la pauta normativa: a no ser que una ofensa *requiera* confrontación, un perdón incondicional y unilateral debería cubrir la transgresión. La parte ofendida, al sobrellevar la ofensa, está siguiendo los pasos de Cristo (1 P. 2:21-25). Esta es la actitud misma que Cristo invocó en Mateo 5:39-40: «A cualquiera que te hiera en la mejilla derecha, vuélvele también la otra; y al que quiera ponerte a pleito y quitarte la túnica, déjale también la capa».

*Si usted es la* única *parte ofendida, incluso si la ofensa fue pública y flagrante, usted puede elegir perdonar unilateralmente.* Ejemplos de esto abundan en las Escrituras. José, por ejemplo, fue víctima de un penoso ultraje a manos de sus hermanos. Ellos se confabularon para matarlo y después lo vendieron como esclavo.

Pero él no guardó rencor alguno. Años después, cuando la hambruna obligó a los malvados hermanos a ir a Egipto en busca de alimento, José los reconoció y les perdonó con absoluto desprendimiento, sin que hubiera ninguna expresión de arrepentimiento por parte de ellos. Aún antes de que ellos se dieran cuenta de quién era él, José fue conmovido hasta las lágrimas en su compasión por ellos. Finalmente al revelarles su verdadera identidad, él dijo: «Yo soy José vuestro hermano, el que vendisteis para Egipto. Ahora, pues, no os entristezcáis, ni os pese de haberme vendido acá; porque para preservación de vida me envió Dios delante de vosotros» (Gn. 45:4-5). Su perdón fue incondicional, unilateral, no fue manifestado con base en alguna expresión de remordimiento por parte de ellos.

De hecho, por lo que sabemos de las Escrituras, lo más cerca que estuvieron estos hermanos a declarar formalmente su arrepentimiento fue después de la muerte de Jacob. Cuando su padre ya no estuvo para contener la mano de José, ellos imaginaron que su ofendido hermano podría desatar una venganza en su contra. Los hermanos, conscientes de la gravedad de su pecado, evidentemente fueron incapaces de creer que esta caridad hacia ellos era bien intencionada. Ellos temían que él albergara secretamente un deseo de venganza. Así que le dijeron a José que *el deseo de su padre* era que él les concediera el perdón (Gn. 50:16-17). Ellos no admitieron formalmente su error ni expresaron arrepentimiento, aunque es muy claro que en ese momento ya eran hombres bastante humillados.

Pero todos sus ruegos eran completamente innecesarios. José los había perdonado mucho tiempo atrás. Después de haber contemplado evidencias innegables de que la mano de la Divina Providencia estaba trayendo tanto bien a su vida por medio del mal que le habían hecho, José ya había perdonado desde tiempo atrás a sus hermanos, y lo había hecho completa, gratuita e incondicionalmente. ¿Cuál era su manera de ver las cosas? «Vosotros pensasteis mal contra mí, mas Dios lo encaminó a bien» (Gn. 50:20). El conocimiento de que Dios tenía un buen propósito con sus sufrimientos hizo imposible para José que albergara un rencor.

También hay otros ejemplos de perdón unilateral en las Escrituras, incluso cuando la ofensa fue pública y manifiesta. Por ejemplo, por lo menos en una ocasión significativa David perdonó unilateral e incondicionalmente el tipo más humillante de insulto público.

Ocurrió durante la rebelión de Absalón en contra de David. David se vio obligado a huir de Jerusalén para que su desafiante hijo no destruyera la ciudad en su celo por derrocar el trono de David. Durante ese agonizante y penoso éxodo desde Jerusalén, un personaje abyecto llamado Simei zahirió públicamente a David quien de por sí ya estaba agraviado, tratando de humillarlo todavía más. Segundo Samuel 16:5-8 registra lo que ocurrió:

> *[Simei] salía maldiciendo, y arrojando piedras contra David, y contra todos los siervos del rey David; y todo el pueblo y todos los hombres valientes estaban a su derecha y a su izquierda. Y decía Simei, maldiciéndole: ¡Fuera, fuera, hombre sanguinario y perverso! Jehová te ha dado el pago de toda la sangre de la casa de Saúl, en lugar del cual tú has reinado, y Jehová ha entregado el reino en mano de tu hijo Absalón; y hete aquí sorprendido en tu maldad, porque eres hombre sanguinario.*

Abisai, uno de los acompañantes de David, quería aplicar justicia en ese mismo lugar: «¿Por qué maldice este perro muerto a mi señor y rey? Te ruego que me dejes pasar, y le quitaré la cabeza» (v. 9).

Pero la respuesta de David fue de soportar piadosamente y con paciencia:

> *Si él así maldice, es porque Jehová le ha dicho que maldiga a David. ¿Quién, pues, le dirá: ¿Por qué lo haces así? ... He aquí mi hijo que ha salido de mis entrañas, acecha mi vida; ¿cuánto más ahora un hijo de Benjamín? Dejadle que maldiga pues Jehová se lo ha dicho. Quizá mirará Jehová mi aflicción , y me dará Jehová bien por sus maldiciones de hoy.*

Simei continuó corriendo al lado de David por la colina, maldiciendo y arrojando piedras y esparciendo polvo delante de él, pero David soportó los insultos con gracia y paciencia, aunque bajo las circunstancias habría sido perfectamente apropiado que David, un rey asentado en su trono, demandara que el escarnecedor fuera castigado.

Más tarde, después de que David triunfara sobre los rebeldes, Simei hizo una exhibición de remordimiento rogando por la misericordia de David. David, todavía por encima de la protesta de sus hombres, reafirmó su perdón a Simei (2 S. 19:18-23). Después de haber perdonado unilateralmente su ofensa inicial, David ahora perdonó a Simei formalmente.

Las oraciones de Esteban por quienes le apedreaban son otro ejemplo de perdón unilateral e incondicional. El hecho de que Esteban por la misericordia de Dios para sus asesinos muestra que él ya les había perdonado. Es verdad que el perdón *de Dios* no se les podía conceder sin que se arrepintieran; pero Esteban mismo ya había tomado una decisión deliberada y consciente de renunciar a su derecho a una retribución. Él los había perdonado de todo corazón.

Esto plantea un punto importante. Aún después de haber perdonado a nuestros deudores por sus transgresiones contra nosotros, Dios mismo puede aplicar justicia por sus pecados en contra *suya*. Nosotros podemos perdonar una ofensa en contra nuestra. Pero no podemos otorgar perdón por un pecado contra Dios. «¿Quién puede perdonar pecados sino sólo Dios?» (Lc. 5:21). Perdonar a alguien no conlleva ningún tipo de absolución sacerdotal que lo libre de su pecado ante Dios. Aquellos a quienes perdonamos todavía tienen que rendir cuentas a Dios.

Por ejemplo, el hecho de que Esteban perdonara a sus asesinos no aseguró que sus pecados quedarían sin castigo si además de eso no buscaban el perdón *de Dios*. En el caso de Saulo de Tarso (quien se quedó cuidando las ropas de los asesinos de Esteban, consintiendo en la muerte del mártir, Hechos 7:58; 8:1), su ofensa fue completamente borrada cuando se arrepintió del todo. En ninguna parte se nos dice qué ocurrió con los que arrojaron las piedras, pero si nunca recibieron a Cristo como Señor y Salvador, sufrirán la ira de Dios por el pecado de matar a Esteban. Esteban perdonó la ofensa en contra suya; el pecado contra Dios todavía estaba pendiente.

Simei es otro caso en este sentido. David cumplió su promesa de no matar a Simei, pero Simei siguió siendo un hombre ruin y solapado hasta el fin de sus días. Sabiendo esto, David instruyó en su lecho de muerte a Salomón acerca de cómo tratar a Simei: «Pero ahora no lo absolverás; púes hombre sabio eres, y sabes cómo debes hacer con él; y harás descender sus canas con sangre al Seol» (1 R. 2:9).

Esta es una orden difícil de explicar, hasta que nos damos cuenta de que David, como rey con nombramiento divino, era responsable de que la gloria de Dios no fuera infamada en Israel. Él había cumplido la promesa que le había hecho a Simei: no lo había matado por su insulto. En lo que concernía a David, la ofensa personal en su contra estaba perdonada. Pero la acción de Simei también incluyó la más vil forma de blasfemia contra Dios. Y puesto que Simei siguió en contumaz rebelión contra Dios, la justicia divina todavía tenía un asunto pendiente con él. En nombre de mantener la pureza de la nación, este asunto tenía que atenderse. Ahora era tiempo de arreglar cuentas, a causa de la gloria *de Dios*, no la de David. David bien podía pasar por alto una transgresión personal en su contra; pero él no podía desentenderse indefinidamente con respecto a una acción pública de abierta hostilidad contra Dios. Como el comentarista puritano Matthew Henry escribió, las instrucciones de David a Salomón «no procedían de una venganza personal, sino de un celo prudente por la honra del gobierno y el pacto que Dios había establecido con su familia, el escarnio de todo lo cual no debería quedar sin castigo».[4] Seguramente es por eso que David esperó hasta llegar a su lecho de muerte para ordenar que Simei fuera castigado. De esta forma, nadie podía decir que David lo había hecho para preservar su propio honor.

Y Salomón honró sabiamente el perdón de David por el insulto de Simei. En lugar de ejecutarlo sumariamente por la ofensa pasada, Salomón impuso una restricción a Simei, prohibiéndole colocar un pie fuera de la ciudad de Jerusalén. Mientras permaneciera en la ciudad, bajo la supervisión del rey, podía trasladarse libremente en perfecta seguridad. Pero el día que saliera y cruzara el torrente de Cedrón, sería ejecutado. Simei estuvo de acuerdo con los términos, de por sí muy benévolos (1 R. 2:36-38). Pero debido a que era un hombre malvado, Simei rompió su palabra. Salió de la ciudad para buscar unos esclavos que habían huido, y cuando Salomón se enteró lo mandó llamar y le dijo:

> *¿No te hice jurar yo por Jehová, y te protesté diciendo: El día que salieres y fueres acá o allá, sabe de cierto que morirás? Y tú me dijiste: La palabra es buena, yo la obedezco. ¿Por qué, pues, no guardaste el juramento de Jehová, y el mandamiento que yo te impuse? Dijo además el rey a Simei: Tú sabes todo el mal, el cual tu corazón bien sabe, que cometiste contra mi padre David; Jehová, pues, ha hecho volver el mal sobre tu cabeza.*
>
> – 1 R. 2:42-44

En otras palabras, la muerte de Simei fue la retribución del Señor, no de David, por el pecado de Simei. David perdonó al hombre y cumplió su promesa de no tomar represalias. Pero al final, en vista de la negativa de Simei a arrepentirse, Dios mismo demandó que se hiciera justicia.

*Nuestro* acto de perdonar una ofensa no garantiza que el ofensor vaya a recibir perdón jurídico de Dios. Dios, quien conoce el corazón, siempre juzga rectamente. Nuestra parte consiste en ser benignos, soportar la ofensa, y orar para que el ofensor se arrepienta del todo. Dios mismo se encargará de que se haga justicia si el ofensor no procura obtener el perdón divino.

## CUANDO EL PERDÓN INCONDICIONAL NO ES UNA OPCIÓN

Hay ocasiones en que es necesario confrontar al ofensor. En tales casos, el perdón incondicional no es una opción. Estos involucran por lo general pecados más serios, no faltas insignificantes o triviales, sino pecados que afectan el alma o transgresiones que ponen en peligro la comunión de los santos. En tales situaciones se aplica Lucas 17:3: «Si tu hermano pecare contra ti, repréndele; y si se arrepintiere, perdónale». En tales casos, si un hermano o hermana en Cristo se niega a arrepentirse, debe aplicarse el proceso de disciplina trazado en Mateo 18 (véase capítulo séptimo)

Aquí tenemos algunas pautas para determinar cuándo es necesaria tal confrontación:

*Si usted observa una ofensa grave que constituye un pecado contra otra persona aparte de usted, confronte al ofensor*. La justicia no permite que un cristiano cubra un pecado cometido contra otra persona. Yo puedo perdonar unilateral e incondicionalmente una ofensa personal cuando yo soy la víctima, porque soy yo quien tiene que resistir la falta. Pero cuando veo que se ha cometido un pecado contra otra persona, es mi deber procurar que se haga justicia. (La única excepción a esto sería cuando la persona ofendida misma elige ignorar un desaire o insulto. Este fue el caso cuando David le prohibió a Abisai que ejecutara venganza contra Simei.)

Aunque tenemos derecho y aún se nos exhorta a pasar por alto faltas cometidas contra nosotros, las Escrituras prohiben en todas partes desconocer las faltas cometidas contra otros.

- *Éxodo 23:6*: «No pervertirás el derecho de tu mendigo en su pleito.»
- *Deuteronomio 16:20*: «La justicia, la justicia seguirás, para que vivas y heredes la tierra que Jehová tu Dios te da.»
- *Isaías 1:17*: «Aprended a hacer el bien; buscad el juicio, restituid al agraviado, haced justicia al huérfano, amparad a la viuda.»
- *Isaías 59:15-16*: «Y la verdad fue detenida, y el que se apartó del mal fue puesto en prisión; y lo vio Jehová, y desagradó a sus ojos,

porque pereció el derecho. Y vio que no había hombre, y se maravilló que no hubiera quien se interpusiese.»

- *Jeremías 22:3*: «Así ha dicho Jehová: Haced juicio y justicia, y librad al oprimido de mano del opresor, y no engañéis ni robéis al extranjero, ni al huérfano ni a la viuda, ni derraméis sangre inocente en este lugar.»
- *Lamentaciones 3:35-36*: «Torcer el derecho del hombre delante de la presencia del Altísimo, trastornar al hombre en su causa, el Señor no lo aprueba.»

No es prerrogativa nuestra «perdonar» a alguien por una ofensa cometida en contra de otra persona. Por lo tanto, los que son testigos de tal ofensa tienen el deber de confrontar al ofensor con su transgresión.

*Cuando ignorar una ofensa puede hacer daño al ofensor, se requiere de confrontación.* Algunas veces elegir pasar por alto una ofensa puede realmente lastimar al ofensor. En tales casos nuestro deber es confrontar en amor.

Gálatas 6:1-2 dice: «Hermanos, si alguno fuere sorprendido en alguna falta, vosotros que sois espirituales, restauradle con espíritu de mansedumbre, considerándote a ti mismo, no sea que tú también seas tentado».

La palabra traducida como «sorprendido» en ese pasaje literalmente significa «pillado». Puede significar dos cosas. Podría referirse a que la persona fue descubierta en algún tipo de transgresión secreta. O podría significar que la persona está atrapada en algún hábito pecaminoso. En cualquier caso, es necesaria la confrontación. Pasar por alto el pecado no es una opción. Su amor hacia el hermano pecador requiere que usted le confronte y procure restaurarle. Esta es una parte esencial de lo que implica sobrellevar los unos las cargas de los otros (v. 2).

Los pecados que requieren confrontación debido a su potencial de causar daño a la persona que peca incluyen entre otros: error doctrinal, falta moral, incidentes reiterados de una misma ofensa, hábitos pecaminosos o tendencias destructivas, o cualquier otra transgresión que ponga en serio peligro el bienestar espiritual del transgresor.

En todos los casos de este tipo, la confrontación debería estar motivada por el amor y deseando el bien del ofensor. Tal confrontación nunca debería utilizarse para satisfacer una sed de venganza personal, para castigar al transgresor o para cumplir cualquier otro propósito simulado. Por eso es que Gálatas 6:1 dice expresamente que quienes son «espirituales» deberían encargarse de tratar con el individuo pecador.

Irónicamente, estas son las circunstancias en que la confrontación es más difícil que nunca. Nos vemos fácilmente tentados a confrontar los pecados que deberíamos pasar por alto, y a pasar por alto los que deberíamos confrontar. Pero bien sea que la situación demande tolerancia o confrontación, la motivación primaria debería ser siempre de amor hacia el ofensor (así como hacia la persona ofendida).

*Cuando un pecado es escandaloso o de cualquier otra forma potencialmente dañino para el cuerpo de Cristo, la confrontación es esencial.* Algunos pecados tienen el potencial de contaminar a muchas personas. Hebreos 12:15 advierte de tales peligros: «Mirad bien, no sea que alguno deje de alcanzar la gracia de Dios; que brotando alguna raíz de amargura, os estorbe, y por ella muchos sean contaminados».

La responsabilidad incumbe a cada miembro del cuerpo, no solamente para «estimularse al amor y a las buenas obras» (He. 10:24), sino también para exhortarse mutuamente, de modo que ninguno «se endurezca por el engaño del pecado» (He. 3:13).

El apóstol Pablo amonestó a los corintios porque no supieron confrontar y encargarse de un pecado escandaloso dentro del rebaño. Uno de sus miembros estaba teniendo relaciones sexuales con «la mujer de su padre» (1 Co. 5:1): probablemente su madrastra; el pecado conllevaba tal estigma en la cultura que era equivalente al incesto. Tales pecados ni aun se nombraban entre los gentiles. Hasta los más desvergonzados paganos de Corinto estaban escandalizados por el pecado que había en esa iglesia.

Pablo los reprendió: «Vosotros estáis envanecidos. ¿No debierais más bien haberos lamentado?» (v. 2). La palabra «envanecidos» viene de una expresión griega que significa literalmente «inflados». Se refiere al orgullo. Quizás, como es cierto de muchos en la actualidad, el orgullo de los corintios era su tolerancia. Puede ser que hasta se ufanasen por el mismo hecho de no tener una «mente estrecha» como para que las malas acciones de este hombre fueran un problema serio.

Pablo les corrigió severamente: «No es buena vuestra jactancia. ¿No sabéis que un poco de levadura leuda toda la masa?» (v. 6). Él les ordenó que excomulgaran al transgresor, de quien dijo que debía ser «quitado de en medio» de ellos (v. 2).

*Ciertamente yo, como ausente en cuerpo, pero presente en espíritu, ya como presente he juzgado al que tal cosa ha hecho. En el nombre de nuestro Señor Jesucristo, reunidos vosotros y mi espíritu, con el poder de nuestro Señor Jesucristo, el tal sea entregado a Satanás para destrucción de la carne, a fin de que el espíritu sea salvo en el día del Señor Jesús.*

– 1 Co. 5:3-5

El pecado notorio y abierto es *siempre* un escándalo en la iglesia y debe ser tratado. No tenemos la prerrogativa de «perdonar» a los que pretenden llevar vidas de flagrante desobediencia. La iglesia entera sufre cuando se permite que subsista este tipo de pecado. Tal pecado es como levadura que avanza poco a poco por toda la masa. Cubrir tales pecados pasando por alto la maldad, nunca es lo correcto en tales situaciones. Este tipo de pecado debe ser reprobado, y en el capítulo séptimo examinaremos cuidadosamente y en detalle el proceso mediante el cual debe hacerse esto.

*Cualquier vez que una ofensa traiga como resultado el rompimiento de una relación, el perdón formal constituye un paso esencial hacia la reconciliación.* Cualquier clase de ofensa que ocasione fisuras en relaciones no puede ser simplemente pasarse por alto. Tanto la ofensa como la fisura deben ser confrontadas, y se debe procurar la reconciliación.

La reconciliación es siempre la meta cuando confrontamos a alguna persona en cuanto a una falta cometida. Una vez más, si la confrontación apunta a castigar al ofensor, o si es simplemente un medio de castigo y censura, se está confrontando con un objetivo erróneo en la mente. La meta de toda confrontación recta y justa es la reparación de una relación rota y la restauración del ofensor.

Siempre que haya una relación rota entre cristianos, *ambas* partes tienen una responsabilidad de buscar la reconciliación. Si usted es la parte ofendida, se aplica Lucas 17:3: «Si tu hermano pecare contra ti, repréndele». Usted es quien debe acercarse a él. Si usted es el ofensor, se aplica Mateo 5:23-24: «Si traes tu ofrenda al altar, y allí te acuerdas de que tu hermano tiene algo contra ti, deja allí tu ofrenda, y anda, reconcíliate primero con tu hermano, y entonces ven y presenta tu ofrenda».

Una ruptura en la relación entre cristianos excluye la posibilidad del tipo de perdón que simplemente pasa por alto una falta. Sin importar que haya habido intercambio de palabras ásperas o que prevalezca un álgido silencio, si ambas partes saben que existe una fisura, la única forma de resolver el asunto es mediante un otorgamiento formal de perdón. Algunas veces la falta es unilateral. Otras veces involucra admisión de daño y búsqueda de perdón por ambas partes.

En cualquier caso, la reconciliación es esencial. Si usted ha cometido la ofensa, es pecado no corregirlo. Si usted es la parte ofendida, también tiene un deber de procurar la reconciliación: tratar de ganar a su hermano. Nunca existe una excusa para que un cristiano en cualquier lado de una relación rota se niegue a buscar la reconciliación. La única instancia en que tal conflicto debiera permanecer sin resolver se da cuando se han agotado todos los pasos de disciplina indicados en Mateo 18 y la parte culpable sigue obstinada en no arrepentirse.

Pero aún entonces, usted no debe tener amargura en su corazón, sino más bien amar al ofensor como se ama a los enemigos, con un anhelo sincero por su bienestar espiritual y su restauración a la comunión fraternal. «Mas no lo tengáis por enemigo, sino amonestadle como hermano» (2 Ts. 3:15). Aunque no sea posible realizar una transacción formal de perdón, el corazón no tiene resquemores, y la reconciliación sigue siendo la meta final.

Es más, si usted es la parte culpable, tiene la responsabilidad de procurar la reconciliación *prontamente*. Esto se enfatiza reiteradamente en las Escrituras. Por ejemplo, Mateo 5:23-24 (citado anteriormente) sugiere que si estando en medio de un acto de adoración usted recuerda que ha ofendido a un hermano, usted debe dejar su ofrenda en el altar e ir a reconciliarse *primero* con su hermano. En tal caso, ¡la reconciliación de una relación rota tiene precedencia sobre la adoración misma!

Sin duda, eso hace de la reconciliación una prioridad muy alta ya que aún se antepone a la adoración que se ofrece al Señor. Mi libro sobre el tema de la adoración fue titulado *La prioridad culminante*, porque la adoración es normalmente la prioridad suprema en la vida del cristiano. Pero existe esta única excepción: cuando usted sabe que ha ofendido a un hermano o hermana. *Entonces* la primera prioridad es reconciliarse con el hermano y restaurar la relación rota.

Mateo 5 continúa:

> *Ponte de acuerdo con tu adversario pronto, entre tanto que estás con él en el camino, no sea que el adversario te entregue al juez, y el juez al alguacil, y seas echado en la cárcel. De cierto te digo que no saldrás de allí, hasta que pagues el último cuadrante.*
>
> Mt. 5:25-26

En tales casos, especialmente si usted ha cometido una falta, su deber es buscar la reconciliación sin demora. Los que retardan o impiden el proceso de reconciliación cosecharán castigo adicional. Aquí se alude a escarmiento divino, y el versículo implica que Dios mismo hará cumplir la sanción debida a los que posponen un deber tan urgente.

## SOBRELLEVAR LA OFENSA EN LUGAR DE CAUSAR AFRENTA

La presuposición que se maneja en Mateo 5:22-26 parece ser que la parte que se entrega al juez es la parte culpable. Puesto que es la que ha cometido la falta, le incumbe más que a nadie buscar remedio pronto al error.

Pero a veces puede ser incluso apropiado que la persona que ha sido ofendida simplemente sobrelleve la falta, especialmente si es necesario para evitar la deshonra que implica llevar una contienda entre creyentes a una corte secular.

En la iglesia de Corinto, por ejemplo, había creyentes que se negaban a arreglar sus diferencias entre ellos mismos y se estaban demandando mutuamente en cortes paganas (1 Co. 6:1). Pablo les recordó que es mejor sufrir la falta o ser defraudado que interponer una demanda legal contra otro creyente ante un juez incrédulo. Ese es el ejemplo más notable de perdón cristiano, aún cuando no haya reconciliación.

Tristemente, he sabido de varios cristianos que estuvieron dispuestos a violar esa rotunda orden. Siempre parecen convencidos de que de alguna forma el caso *de ellos* es precisamente la excepción a la regla de Pablo. Si se les da la oportunidad de explicar por qué sienten que están en su derecho de demandar a un hermano cristiano, e inevitablemente van a explicar cómo están a punto de ser agraviados con alguna gran injusticia que sólo una corte puede remediar. Seguramente Dios no aprueba injusticias tan evidentes, arguyen típicamente, diciendo que Él no puede desear que *esta* falta se pase por alto, y así por el estilo.

Pablo reconoce que la otra persona puede estar en un error, pero dice llanamente que es mejor ser defraudado que demandar a otro cristiano (1 Co. 6:7). Las demandas legales en las que un cristiano lleva a otro cristiano ante un juez secular nunca son se pueden justificar.

¿Pero qué pasa si el ofensor se niega obstinada y deliberadamente a reconocer la falta? La iglesia, y no una corte secular, debería actuar como árbitro. En últimas la iglesia puede requerir que se imponga en tales casos una disciplina contra el miembro ofensor (1 Co. 6:2).

Yo estoy convencido de que si se practicara con mayor consistencia la disciplina en la iglesia, habría menos conflictos entre cristianos, y un genuino amor y armonía imperarían más en la iglesia.

Una exorbitante cantidad de iglesias se resisten a obedecer las instrucciones bíblicas de disciplinar a miembros en pecado. ¿Qué debería hacer alguien que ha agotado todas las vías de apelación en la iglesia y todavía siente que se ha cometido una injusticia? En tales casos, se aplica 1 Corintios 6:7: sufrir el agravio por la causa de Cristo. Si la iglesia donde usted asiste desobedece desfachatadamente las claras instrucciones de Cristo acerca de cómo tratar el pecado dentro de la comunidad cristiana, tal vez usted necesita buscar una iglesia donde se obedezca más fielmente a las Escrituras.

Pero algunas injusticias nunca serán corregidas en este lado de la eternidad. Es claro que el deber del cristiano en tales casos es sufrir el agravio con gracia, magnanimidad y buena voluntad por causa de Cristo. Dios mismo va a corregir definitivamente todas esas faltas. Mientras tanto, debemos negarnos a guardar rencor. Nunca debemos permitir que un espíritu de resentimiento manche nuestro carácter. Debemos procurar ser como José, quien estuvo dispuesto a ver la mano de Dios obrando para bien, aún en medio de las más injustas circunstancias.

## CUANDO ES DIFÍCIL PERDONAR

Ciertamente, el perdón no es algo que le resulte natural a criaturas caídas. Nosotros tendemos a dejarnos llevar demasiado por nuestros sentimientos. Los que se dan el lujo de albergar sentimientos de amargura encontrarán que el perdón no germina con facilidad en ese terreno. En lugar de eso, la raíz que brota es una influencia que corrompe. No solamente es dañino para la persona amarga, sino también para muchos otros (He. 12:15).

Muchas veces el perdón se ve frustrado por emociones negativas, resentimiento persistente e ira no apagada. Algunos imaginan erróneamente, que no pueden perdonar si no «sienten ganas» de perdonar.

Pero como ya señalamos brevemente, el perdón no es un sentimiento. Los que insisten en ser conducidos por la pasión sin duda van a encontrar bastante difícil el perdón, porque el perdón implica una decisión deliberada que va en contra de nuestros sentimientos. Las emociones amargas nos dicen que permanezcamos en la ofensa. En contraste, el perdón es una decisión voluntaria y racional que consiste en poner a un lado la ofensa y desear únicamente lo mejor para el ofensor.

«Pero yo no puedo hacer eso», dice alguien. «Yo *trato* de ponerla a un lado, pero dondequiera que yo vaya, algo me lo recuerda y termino pensando en eso y poniéndome de mal genio otra vez.»

Tales pensamientos constituyen tentaciones a pecar. Empecinarse en una ofensa no es un pecado menor que la lujuria o la codicia o cualquier otro pecado del corazón. Debe tomarse una decisión con la voluntad en el sentido de apartarse de esa clase de pensamientos. En lugar de ello debemos cubrir deliberadamente la ofensa y negarnos a sucumbir a pensamientos de ira y venganza, sino importar que sintamos o no ganas de hacerlo.

Los que perdonan aún cuando es difícil, invariablemente descubren que después surgen las emociones correctas. «Amad a vuestros enemigos, haced bien a los que os aborrecen; bendecid a los que os maldicen, y orad por los que os calumnian» (Lc. 6:27-28): todos esos son actos voluntarios, deliberados y racionales, no reflejos emocionales. Obedezca las órdenes de Cristo haciendo tales cosas, y al final sus sentimientos de ira darán paso a la mansedumbre, la frustración será sobrepujada por la paz, y la ansiedad sucumbirá a la calma.

El perdón trae como resultado el levantamiento de muchas cargas. Conceder perdón a alguien cuando él o ella se arrepiente equivale a levantar la carga de culpa que había sobre esa persona. Pero perdonar cuando el perdón es unilateral e incondicional, libera a la persona que perdona para que disfrute de aún mayores misericordias dadas a cambio por un generoso Padre celestial, quien promete derramar en nuestro regazo una «medida buena, apretada, remecida y rebosando» (Lc. 6:38).

SIETE

# SI TU HERMANO PECA

*Si tu hermano pecare contra ti, repréndele;*
*y si se arrepintiere, perdónale.*
– Lucas 17:3

Hay ocasiones en que debe tratarse el pecado mediante confrontación. Y si la parte culpable se niega a arrepentirse, el resultado final puede significar la excomunión de la iglesia. Esto es cierto ante todo cuando el pecado del ofensor tiene potencial para seguir causando daño, o cuando la ofensa trae reproche público al nombre de Cristo.

El proceso que las Escrituras trazan para tratar pecado en el rebaño se denomina «disciplina eclesiástica». Ese es un nombre apropiado para ello, porque como ocurre con la disciplina paternal, la meta principal es la corrección. La disciplina eclesiástica tiene éxito cuando trae como resultado arrepentimiento y reconciliación. Cuando no tiene éxito termina en excomunión. Pero la excomunión nunca es la meta deseada, sino la restauración.

El simple tema de la disciplina eclesiástica es suficiente para despertar fuertes sentimientos entre cristianos. No hace mucho tratamos el asunto en nuestro programa radial. Yo estaba sorprendido por las cartas que recibimos de personas que tenían fuertes sentimientos en cuanto a que todas las formas de disciplina eclesiástica carecen de amor inherentemente. Una oyente que admitió haber escuchado solamente una parte de un programa, escribió:

> El proceso entero de disciplina en la iglesia suena increíblemente controlador y nada caritativo. No puedo creer que alguna iglesia llegara alguna vez a amenazar con excomunión a sus propios miembros por lo que hacen en sus vidas privadas. ¡Y no puedo imaginar una iglesia donde se haga un pronunciamiento público sobre el pecado de alguien! Lo que la gente hace en su tiempo propio es de su incumbencia, no de toda la iglesia. Y se supone que la iglesia debe ser el lugar donde la gente pueda venir para aprender cómo vencer el pecado. ¿Cómo pueden hacer eso si han sido excomulgados? Si eludimos a nuestros propios miembros, no somos mejores que las sectas. No puedo imaginar que Cristo estuviera jamás dispuesto a sacar a alguien de su iglesia. ¿Acaso no salió en busca de los pecadores y evitó a los que se creían más santos que los demás? Después de todo, no son las personas saludables quienes necesitan un médico. Estoy feliz de que mi iglesia no excomulga a los miembros que pecan. ¡No quedaría ninguno de nosotros! ¡Yo creía que todo el evangelio se trataba del perdón!

Esos comentarios reflejan varios malentendidos bastante comunes y difundidos sobre el asunto.

Primero que todo, *la disciplina eclesiástica no es una antítesis del perdón*. De hecho, las instrucciones de Jesús para aplicar el proceso de disciplina señalan exactamente *cómo* debería funcionar el perdón Cristo cuando el pecado de un creyente tiene implicaciones para todo el rebaño.

Segundo, *la disciplina bíblica no consiste en controlar a nivel micro la vida de las personas*. Como vimos en el capítulo previo, el tipo de ofensas que requieren confrontación y disciplina bíblica no son transgresiones no intencionales, pecadillos minúsculos, molestias triviales, o asuntos de simple preferencia, sino serias violaciones de claros principios bíblicos: pecados que hacen daño a otros creyentes, destruyen la unidad del rebaño o que de otro modo envician la pureza de la iglesia. En tales casos, *debe* tratarse el pecado. Tales pecados no pueden ser cubiertos porque son como levadura, y al desatenderlos sus efectos malignos se filtrarán eventualmente en toda la iglesia (1 Co. 5:6).

Tercero, *la disciplina apropiada no está en desarmonía con el Espíritu de Cristo*. Cristo mismo prescribió este método para tratar el pecado en el rebaño. Si su opinión de Cristo es que Él nunca admitiría la excomunión de un miembro de la iglesia en pecado, usted tiene una comprensión distorsionada de quién es Cristo.

Cuarto, *la disciplina aplicada correctamente no es incompatible con el amor*. De hecho, precisamente lo opuesto es cierto. En capítulo anteriores discutimos el hecho de que Dios disciplina con amor a los creyentes que pecan. El proceso de Mateo 18 reconoce el papel legítimo de la iglesia como un instrumento de exhortación amorosa, y al mismo tiempo, cuando la ocasión lo amerite, de escarmiento divino. Por tanto, una disciplina eclesiástica adecuadamente aplicada demuestra el amor de Dios por Sus hijos (cp. He. 12:7-11).

Quinto, *el aspecto público de la disciplina es un recurso último, no el primer paso*. Al reportar la ofensa de una persona a la iglesia, la idea no es que los miembros de la iglesia «eludan» al individuo pecador, sino exactamente lo contrario: animarlos para que se acerquen a esa persona en amor, con el fin de restaurarle.

La permisividad que resulta cuando se omite la disciplina conduce inevitablemente al caos. Esto es cierto en una iglesia así como en una familia. Ningún adulta disfruta estar cerca de niños que nunca son disciplinados. De la misma manera, una iglesia que sea laxa en su tratamiento del pecado presente en el cuerpo, a la final se vuelve intolerable para todos los creyentes, excepto los más inmaduros. Si no se practica la disciplina eclesiástica el resultado es un retardo espiritual del rebaño. También es una forma segura de causarle desagrado a Dios (Ap. 2:14, 20).

Las instrucciones de Jesús sobre disciplina eclesiástica en Mateo 18 son claras e inequívocas. Este asunto es por lo tanto una buena prueba para saber si una iglesia es seria o no en su obediencia a Cristo. Las personas me preguntan muchas veces qué se debe buscar en una iglesia. Casi en la cabeza de mi lista está el factor de disciplina consecuente y adecuada. Una cosa es cierta: una iglesia que no disciplina a miembros en pecado va a tener problemas serios y permanentes.

## EL LUGAR

Mateo 18 empieza con un largo discurso de Cristo sobre la semejanza del creyente a un niño. Al comienzo de su discurso, Él tomó a un niño y lo puso en medio de los discípulos como objeto de la lección. El discurso que se desprendió de ello incluye numerosas referencias a «pequeños», con lo cuál Él se refiere a *creyentes*, no a niños literales (cp. vv. 6, 10, 14). Él estaba comparando a los creyentes con niños debido a la sencillez de su confianza, su amorosa obediencia, su necesidad de protección, y su necesidad de disciplina también.

La sección que describe el proceso de disciplina cubre únicamente tres versículos:

> *Por tanto, si tu hermano peca contra ti, ve y repréndele estando tú y él solos; si te oyere, has ganado a tu hermano. Mas si no te oyere, toma aún contigo a uno o dos, para que en boca de dos o tres testigos conste toda palabra. Si no los oyere a ellos, dilo a la iglesia; y si no oyere a la iglesia, tenle por gentil y publicano.*
>
> –Mt. 18:15-17

Nótese que Él utiliza dos veces la expresión «la iglesia» en el versículo 17. La palabra griega es *ekklesia* que significa literalmente «los llamados hacia afuera». La palabra es emplea algunas veces para referirse a cualquier asamblea de personas. Un ejemplo de esto sería Hechos 7:38, donde Esteban habla de la agrupación de Israel durante el éxodo como «la congregación en el desierto». Algunos argumentan que como el discurso en Mateo 18 ocurrió antes de Pentecostés, Cristo no pudo estarse refiriendo a la iglesia del Nuevo Testamento. Pero Cristo ya había introducido el concepto de la iglesia a sus discípulos («Edificaré mi iglesia; y las puertas del Hades no prevalecerán contra ella», Mt. 16:18). Así que las instrucciones de Mateo 18 fueron dadas en anticipación a la formación del cuerpo de creyentes del Nuevo Testamento. Es difícil ver cómo alguien podría eximir a la iglesia del Nuevo Testamento de cumplir el principio establecido en este pasaje.

De hecho, la idea que nuestro Señor quería transmitir era que la asamblea del pueblo redimido de Dios es el terreno adecuado en el cual deben manejarse todas las situaciones de conflicto o disciplina. No existe ninguna corte externa o autoridad más alta sobre la tierra a donde puedan llevarse asuntos para su apelación (1 Co. 6:2-3).

Es por designio divino que la disciplina debe tener lugar en la iglesia. Los creyentes verdaderos están motivados por un amor genuino de los unos a los otros (1 Jn. 3:14). En tal contexto, la disciplina puede ser administrada en amor por parte de hermanos creyentes y amorosos, para el genuino bien y edificación de todo el cuerpo.

## EL PROPÓSITO

La disciplina administrada correctamente siempre está motivada por el amor. Su propósito primordial es la restauración del hermano pecador: «Si te oyere, has ganado a tu hermano» (Mt. 18:15). También va a purificar a la iglesia porque los creyentes van a tener más cuidado en sus vidas para que no tengan que ser confrontados.

La meta de la disciplina eclesiástica no es sacar gente de la iglesia, ni eludir o avergonzar a las personas, ni dárselas de íntegros, jugar a ser Dios o ejercer autoridad de una manera abusiva o dictatorial. El propósito de la disciplina es traer personas de vuelta a una relación correcta con Dios y con el resto del cuerpo. La disciplina adecuada nunca se administra como represalia por el pecado de alguien. La meta es siempre la restauración, no la retribución.

Esto es obvio a partir del texto de Mateo 18. La palabra griega que se traduce como «ganado» en el versículo 15 es *«kardaino»*, una palabra que se emplea muchas veces para hablar de lucro económico. Cristo representó al hermano errado como un tesoro valioso que debía recuperarse. Esa debería ser la perspectiva de todo cristiano que alguna vez tenga que confrontar a un hermano o hermana por un pecado.

Esa es, de hecho, la expresión del propio corazón de Dios con relación a la disciplina: Él ve cada alma como un tesoro que ha de ser recuperado. Ese es todo el contexto en el que Cristo pronunció estas palabras. Los versículos que anteceden inmediatamente a estas instrucciones sobre disciplina comparan a Dios con un amoroso pastor preocupado e interesado por cada cordero del rebaño:

> *¿Qué os parece? Si un hombre tiene cien ovejas, y se descarría una de ellas, ¿no deja las noventa y nueve y va por los montes a buscar la que se había descarriado? Y si acontece que la encuentra, de cierto os digo que se regocija más por aquélla, que por las noventa y nueve que no se descarriaron. Así, no es la voluntad de vuestro Padre que está en los cielos, que se pierda uno de estos pequeños.*
>
> – Mt. 18:12-14

Todo cristiano debe tener ese mismo sentido de interés. A veces es tentador tomar la senda de menor resistencia y evitar la confrontación, especialmente cuando un pecado ya está alejando a un hermano o hermana de la comunión fraterna. Pero es precisamente en ese momento cuando *más* necesitamos involucrarnos. Ese es el corazón de un verdadero pastor, quien está dispuesto a hacer lo que sea para recuperar una oveja perdida o herida y restaurarle al rebaño.

La confrontación no es fácil, y no debería serlo. No debemos ser fisgones que se entremeten constantemente en los asuntos de los demás. Pero cuando nos enteramos de que alguien ha pecado, tenemos un deber delante de Dios para confrontar amorosamente a esa persona. No podemos protestar diciendo que no es de nuestra incumbencia. Cuando somos conscientes de que el pecado en la vida de un hermano en la fe es una amenaza para el alma, nos corresponde a nosotros exhortar, confrontar y trabajar por la pureza de la hermandad y la victoria en la vida del que ha pecado. Estos son intereses nobles y necesarios.

No obstante, debemos estar en guardia contra abusos y debemos tener presentes todo el tiempo los propósitos amorosos de una disciplina adecuada. Existe un real peligro de aficionarse demasiado a estarse reprendiendo mutuamente. El orgullo puede envenenar el proceso de disciplina, así como corrompe a todas las virtudes. Por eso es que Jesús advirtió a los que confrontan que se examinaran a sí mismos antes de tratar de quitar la paja del ojo de un hermano. ¡Debemos estar seguros de no tener una viga en nuestro propio ojo (Mt. 7:3-5)!

Una persona que había visto algunos casos mal manejados de disciplina escribió: «Si alguna vez caigo en un pecado, ruego que no caiga también en las manos de los jueces de esa iglesia que eran fustigadores, críticos y justos en su propia opinión. Preferiría caer en manos de dueños de tabernas, vagabundos y vendedores de la calle, porque la gente de la iglesia tienden a destruirse mutuamente con sus chismosas lenguas.» Ese es un triste testimonio de la reputación que tiene la iglesia.

Por otra parte, es muy posible que una persona bajo disciplina que se niega a arrepentirse también se sienta abusada y maltratada, así como los hijos desobedientes que a veces desprecian la disciplina de sus padres. No es para nada inusual que una persona no arrepentida acuse a los que le han confrontado de no ser amorosos, justos ni amables, o abusivos de cualquier otra forma. Esa es una razón más para que aquellos que administran la disciplina tengan mucho cuidado para que actúen en amor, con un concienzudo examen de sí mismos y gran mansedumbre.

## LA PERSONA

Nótese que el proceso de disciplina empieza a nivel individual. «Si tu hermano peca contra ti, ve y repréndele estando tú y él solos» (Mt. 18:15). La disciplina no está instituida por un comité. Si el ofensor se arrepiente, no hay necesidad de involucrar a otros en absoluto. Si la disciplina tiene éxito, entonces se suprimen los efectos del pecado y al mismo tiempo se limita el círculo de conocimiento del mismo. Lejos de divulgar innecesariamente información sobre el pecado de alguien, el proceso de disciplina limita lo más posible el conocimiento de la ofensa. En la mayoría de casos, si el arrepentimiento ocurre con suficiente anterioridad en el proceso, nadie aparte del ofensor y la persona que le confronta necesita enterarse jamás de la ofensa.

La confrontación personal y privada prescrita en Mateo 18 también significa que la disciplina eclesiástica es responsabilidad de cada creyente en la iglesia. No es algo que se deba delegar a los oficiales de la iglesia. De hecho, si usted ve a un hermano en pecado, la primera reacción *errónea* es informar su pecado a los líderes de la iglesia, o a cualquier otra persona. «Ve y repréndele estando tú y él solos» (v. 15).

Demasiados cristianos consideran que la disciplina es de dominio exclusivo para los líderes de la iglesia. Pero no lo es. La pureza de la iglesia es el interés y preocupación de todo cristiano. La responsabilidad de confrontar el pecado que contamina la iglesia descansa en la primera persona que percibe la existencia del pecado. No lo delegue a otra persona. No amplíe el círculo de conocimiento más de lo necesario. Por encima de todo, no diga simplemente: «Bueno, voy a orar para que mi hermano vea la luz». Eso puede no ser suficiente. Usted tiene la luz, ¡vaya y hágala brillar en los ojos de su hermano!

## LA PROVOCACIÓN

¿Qué pecados ameritan disciplina? Cualquier ofensa que no pueda pasarse por alto con seguridad y sin causar daño al ofensor o al cuerpo de Cristo (véase nuestra discusión en el capítulo sexto).

Mateo 18:15 se ha traducido en diversas traducciones de la Biblia con dos sentidos ligeramente diferentes. La mayoría de versiones modernas dicen: «si tu hermano peca, ve y repréndele» o algo similar. La versión Reina Valera dice: «Si tu hermano peca *contra ti*...» (énfasis añadido). Manuscritos antiguos difieren sobre este punto. Algunos incluyen la expresión «contra ti»; otros simplemente dicen: «Si tu hermano peca», implicando que deberíamos confrontarnos mutuamente sin importar si somos víctimas directas del pecado o no.

Empero, la variación textual resulta ser relativamente irrelevante cuando nos damos cuenta de que todos los pecados por los que se puede aplicar disciplina son pecados contra todo el cuerpo de Cristo. Así que sin importar que el pecado de la persona sea *directamente* «contra ti» o únicamente de forma *indirecta* (debido a que es un pecado que afrenta a todo el cuerpo), hay que ir y mostrarle su falta en privado. Suponga que usted observa que un hermano en Cristo está en una situación moralmente comprometedora. ¿Debería usted confrontarle? Claro que sí. Sería un error y en últimas algo dañino para todo el cuerpo, pensar que como usted no es una víctima directa de la ofensa, entonces no tiene la obligación de confrontar el pecado de su hermano. Ese es precisamente el tipo de situación por la que Pablo amonestó a los corintios quienes la toleraban al interior de su congregación (1 Co. 5).

Algunos ejemplos de pecados cometidos directamente contra usted incluyen: si alguien le ataca físicamente con enojo, le roban, lo engañan, lo calumnian, o se comete un crimen de inmoralidad contra usted. La reacción errónea en tales casos sería vengarse por igual, devolver mal por mal, guardar rencor, o reportar el pecado a otros sin haberse dirigido primero a su hermano. El amor hacia ese hermano exige que su respuesta inmediata sea de confrontación en privado.

Ofensas indirectas contra usted incluyen cualquier pecado que traiga afrenta sobre la iglesia. Esto incluye pecados que tienden a alejar al pecador de la comunión con los creyentes: tales como mundanalidad habitual, holgazanería, negligencia en los deberes espirituales, o incluso error doctrinal. Cuando un hermano o hermana se aleja del compañerismo con nosotros, la pérdida afecta a todo el cuerpo. Así que cualquier pecado que tenga el potencial de ocasionar tal pérdida es un pecado que debería ser confrontado. Cualquier patrón de desobediencia a Cristo —o cualquier otro pecado que traiga oprobio al nombre de Cristo— también constituye un pecado indirecto en contra de nosotros, porque como embajadores de Cristo sobrellevamos su afrenta.

Aún pecados cometidos contra no cristianos están sujetos a disciplina eclesiástica, porque esos pecados deshonran a Cristo ante los ojos del mundo y también traen oprobio que mancilla la comunión entera. De modo que *cualquier* pecado que usted observa es razón para imponer la disciplina, no solamente aquellos pecados de los que usted es una víctima directa. En todos los casos de este tipo, su deber sigue siendo el mismo: usted debe confrontar al transgresor en privado.

## EL PROCESO

¿Pero qué pasa si el hermano que peca se niega a atender su reconvención? Entonces la confrontación en privado es tan sólo el primer paso. Hay otros tres pasos claramente delineados en el pasaje. Examinemos todo el proceso, empezando por la confrontación en privado.

### *Primer paso: Confrontarlo en privado con su pecado*

«Si tu hermano peca, ve y repréndele estando tú y él solos» (v. 15). El verbo que se traduce como «ve» es un imperativo presente, lo que significa que se trata de una orden, no una sugerencia o una mera opción. Si usted ve a su hermano pecar, usted *debe* ir.

E ir personalmente y en privado en primera instancia. No hay necesidad de involucrar a otras personas en este punto. No haga comentarios a manera de chisme sobre la ofensa, ni siguiera bajo el disfraz de buscar apoyo en oración. Tan sólo acérquese en silencio a su hermano, dígale cuál ha sido su falta como algo entre él y usted *solamente*.

La disciplina es difícil con amigos cercanos porque hay mucho que arriesgar. Además, los que le conocen mejor pueden reaccionar a su intervención señalando también algún pecado suyo. Pero la disciplina es igualmente difícil con personas a quienes no conocemos bien. Tendemos a pensar, *¿Quién soy yo para entremeterme en la vida de esta persona?* De esa manera, nos intimidamos ante el pensamiento de confrontar a amigos, y tendemos a ser indiferentes hacia las personas que no son cercanas a nosotros. De cualquier modo, debemos darnos ver que lo que Cristo ordena aquí es un deber solemne y no debe racionalizarse para desentenderse de él por simple conveniencia.

¿Y qué pasa si usted es tan culpable como su hermano? ¿No sugirió Jesús que esa viga en su propio ojo debería impedirle fijarse en la paja que tiene el hermano? No en absoluto. «Saca *primero* la viga de tu propio ojo, y *entonces* verás bien para sacar la paja del ojo de tu hermano» (Mt. 7:5, énfasis añadido). Pero si usted verdaderamente ama a su hermano, entonces no puede ignorar su pecado. Después de tratar con su propio pecado, usted se encontrará en *mejor* posición para confrontar a su hermano con un adecuado espíritu de humildad. Nunca es correcto confrontar a un hermano en pecado con una actitud beata y pontifical, como para hacerlo ver bien a usted y a él mal. Usted debe acercarse con un deseo amoroso y humilde de restaurarle.

La palabra griega en la frase «repréndele» (o «muéstrale su falta») es una palabra que transmite la idea de una luz que revela aquello que está escondido. Invita a una exposición clara y precisa de la ofensa del hermano. «Repréndele» no implica necesariamente que hasta ese momento no haya caído en cuenta de su pecado. Este proceso no se limita a pecados de ignorancia. Más bien, la frase significa que usted debería manifestar lo que usted sabe sobre su pecado, para que él se dé cuenta de que su ofensa es conocida, confirmando así su responsabilidad personal por la ofensa. Si él piensa que su pecado es secreto, debe darse cuenta de que ya ha sido descubierto. Si antes creía que podría pecar sin consecuencias, ahora debe dar una respuesta.

Si este primer paso de la disciplina tiene éxito, su respuesta será el arrepentimiento. Ese será el final del proceso, y en tal caso «has ganado a tu hermano». Habrá usted establecido con esa persona un vínculo de intimidad que nada podrá romper.

Si se arrepiente, en la mayoría de casos, no se necesita hacer nada más. Por supuesto, usted querrá animarle a demostrar el carácter genuino de su arrepentimiento haciendo todo lo que sea necesario para corregir las cosas. Si hay lugar para una restitución, hay que urgirle para proceder a hacerlo. Si otros han sido lastimados directamente por su pecado, él debería acudir a ellos y buscar la reconciliación (Mt. 5:23-24). Pero suponiendo que él demuestra un arrepentimiento real, ahí debería terminar el asunto. No es necesario contarlo a terceras partes no involucradas, no hay que imponer más disciplina. Puede usted regocijarse por haber ganado a su hermano. Idealmente, este es el paso final en la mayoría de casos de disciplina.

### *Segundo paso:* *Tomar algunos testigos*

Desafortunadamente, sin embargo, algunas veces ese *no* es el fin del asunto. «Si no te oyere, toma aún contigo a uno o dos, para que en boca de dos o tres testigos conste toda palabra» (v. 16). En ocasiones el hermano que peca se niega a atender la amonestación. Es posible que niegue su culpabilidad, puede ser que continúe pecando deliberadamente; tal vez trate de tapar lo que ha hecho. Cualquiera sea su reacción, no es arrepentimiento —y suponiendo que usted está *seguro* y tiene certeza de su culpabilidad— usted debe ahora tomar consigo a uno o dos creyentes y confrontarle de nuevo.

La presencia de una o dos personas adicionales cumple varios propósitos. Primero, en un sentido muy pragmático, eleva la presión ejercida. Las personas a quienes usted toma consigo representan el inicio de la participación de toda la iglesia en el asunto. De ese modo el ofensor queda notificado de que si él o ella continúa en pecado, las consecuencias serán más severas. Aquí de nuevo, el objetivo adecuado no es nada menos que ganar al hermano para que vuelva a la comunión. Se repite el primer paso; usted debe mostrarle su pecado otra vez, con cuidado, paciencia y amor. Pero esta vez se hace en presencia de uno o dos testigos.

Esta es otra razón por la que se deben llevar una o dos personas más en el segundo paso: sirven como testigos. El principio de los dos testigos quedó establecido en la ley de Moisés (Dt. 19:15) para comprobar una culpabilidad más allá de toda duda razonable antes que se pueda aplicar ningún veredicto, especialmente en casos de corte legal. Por lo tanto, tener testigos en este segundo paso de la disciplina también sugiere que el final del proceso será en forma de juicio si el ofensor no se arrepiente.

A veces se formula la pregunta de si los «testigos» tienen que haber presenciado también la ofensa original. ¿Son llevados únicamente para establecer la culpa del ofensor y solamente cuando éste niega que haya ocurrido alguna ofensa?

Algunos sostienen esa opinión, pero no puede ser el significado en este contexto. Primero que todo, si estos testigos ya hubieran estado al tanto de la ofensa, es porque *también* tenían anteriormente el deber de ir y confrontar al ofensor en privado, como se estipula en el versículo 15.

Por supuesto, también es cierto que si el ofensor contiende que nunca ocurrió una ofensa, se requiere de un segundo testigo o de algún tipo de evidencia objetiva para establecer claramente la culpabilidad del ofensor. El principio del Antiguo Testamento citado en el versículo 16 sigue aplicándose: todo hecho debe establecerse por el testimonio de al menos dos o tres testigos. De modo que si una disputa se reduce simplemente a la palabra del acusado contra la palabra del acusador, la simple acusación es base insuficiente para instaurar una disciplina, y se tendría que desistir del caso.

Sin embargo, suponiendo que el ofensor no discute la acusación misma pero insiste en negarse a arrepentirse o abandonar el pecado, se deben traer testigos para establecer el hecho de que el ofensor ha sido confrontado y a pesar de ello no se arrepintió. No son necesariamente testigos de la ofensa original, sino más bien terceras partes objetivas que van a testimoniar la confrontación. Si es necesario, estarán en capacidad de confirmar lo que se dijo en privado en caso de que el asunto tenga que reportarse a la iglesia (v. 17). Son testigos del hecho de que el proceso mismo de disciplina se ha seguido correctamente. Y su presencia en est etapa es una protección tanto para la persona confrontada como para la que confronta. Una persona no puede ser acusada de impenitencia ante toda la iglesia con base en el testimonio de un solo testigo. De hecho, los otros dos o tres podrían tornarse en testigos a favor del acusado, si resulta que el acusador está siendo excesivamente duro o injusto.

Pero si el acusador no estaba siendo demasiado duro, y si el proceso va más allá del segundo paso, el hecho de la impenitencia del ofensor tendrá que ser determinado por el testimonio de tres testigos.

En muchos casos la persona confrontada reaccionará a este segundo paso con arrepentimiento. Si es así, el asunto está resuelto. Asumiendo que demuestra su arrepentimiento abandonando el pecado y arreglando las cosas con cualquier persona lastimada, este debería ser el fin del asunto. Sería inapropiado que en este punto se ampliara el círculo de involucramiento más allá de los que ya son testigos. «Hermanos, si alguno de entre vosotros se ha extraviado de la verdad, y alguno le hace volver, sepa que el que haga volver al pecador del error de su camino, salvará de muerte un alma, y cubrirá multitud de pecados» (Stg. 5:19-20). La respuesta correcta ante al arrepentimiento del pecador es cubrir el pecado, no exponerlo aún más.

### *Tercer paso: Contarlo a la iglesia*

¿Qué sucede si el ofensor continúa negándose al arrepentimiento? Las instrucciones de Jesús son claras: «Si no los oyere a ellos, dilo a la iglesia» (v. 17).

Aquí es donde muchas iglesias flaquean. Es fácil pensar en razones para *no* tener que seguir este mandamiento: Es muy duro. Las personas se van a ofender. Es vergonzoso ser disciplinado. La imagen pública de la iglesia se va a mancillar. ¿Y qué si la persona que es disciplinada entabla una demanda contra la iglesia? La cruda realidad del proceso de disciplina puede alejar a los incrédulos. Es mejor tratar el pecado silenciosamente y lejos del escenario público.

Pero frente a esos argumentos sigue de pie una poderosa razón porque la iglesia no puede darse el lujo de ignorar este importante paso de la disciplina: Cristo lo ordenó, y por lo tanto es algo requerido de todos los que desean honrarle como Señor.

Hay que tener siempre presente que el propósito predominante de toda disciplina es tratar de ganar al hermano de vuelta a la comunidad. Esta también es la meta de este paso. Se le debe contar a la iglesia el pecado de la persona, no a manera de chisme, sino para contar con la ayuda de toda la congregación en el llamado de atención al que está en pecado.

El proceso tiene la misma meta en cada paso. En este punto hay más personas involucradas a fin de apremiar más efectivamente al hermano pecador. En el primer paso, un individuo confronta el pecado. Si no hay una respuesta satisfactoria, dos o tres más acuden, y se repite la apelación. Si aún no hay arrepentimiento, toda la iglesia participa en el llamado de atención al hermano.

De nuevo vemos que la disciplina es una responsabilidad de toda la iglesia. No es algo que se delega a un individuo. No es la responsabilidad del pastor únicamente. Es un deber corporativo. De nuevo, esto puede proteger la iglesia de abusos de poder como el descrito por el apóstol Juan:

> *Yo he escrito a la iglesia; pero Diótrefes, al cual le gusta tener el primer lugar entre ellos, no nos recibe. Por esta causa, si yo fuere, recordaré las obras que hace paloteando con palabras malignas contra nosotros; y no contento con estas cosas, no recibe a los hermanos, y a los que quieren recibirlos se lo prohibe,* y los expulsa de la iglesia.
>
> – 3 Juan 9-10, *énfasis añadido*

Es evidente que Diótrefes estaba abusando de su poder e influencia como líder en esa iglesia, con el fin de alejar a personas e incluso excomulgar a algunas por su propia iniciativa. Jamás puede ser tarea de ningún hombre como individuo el hacer tales juicios. La disciplina eclesiástica es un deber corporativo, y por eso es que antes de aplicar la excomunión a cualquier persona, la iglesia entera debe ser incorporada al proceso. Solamente *después* que todos en la iglesia hayan tenido la oportunidad de tratar de restaurar al hermano pecador es que se considera la posibilidad de que sea sacado de la iglesia.

Después de todo, toda la iglesia se ve afectada por el pecado del transgresor. Si después de todo esto el ofensor se arrepiente, será deber de todos reafirmar su amor y perdón hacia él. En 2 Corintios 2:5-8 Pablo dio precisamente esas instrucciones:

> *Pero si alguno me ha causado tristeza, no me la ha causado a mí solo, sino en cierto modo (por no exagerar) a todos vosotros. Le basta a tal persona esta reprensión hecha por muchos; así que, al contrario, vosotros más bien debéis perdonarle y consolarle, para que no sea consumido de demasiada tristeza. Por lo cual os ruego que confirméis el amor para con él.*

Toda la iglesia terminó participando en el escrutinio de esta persona en pecado. Aparentemente él reaccionó con arrepentimiento al final. Así que Pablo dijo en esencia: «Ahora que él ha respondido bien, no le guarden distancia ni le frunzan el ceño. Más bien, acójanlo y perdónenlo en amor». Ellos habían ganado a su hermano de vuelta a la comunión fraternal.

Dietrich Bonhoeffer fue un teólogo alemán que sufrió bajo el gobierno nazi durante la segunda guerra mundial. No podemos respaldar la teología de este hombre en su conjunto, pero de todas maneras brindó pensamientos muy profundos sobre la manera en que se debe contar a toda la iglesia el pecado de un hermano que no se ha arrepentido. Bonhoeffer escribió:

> El pecado exige que un hombre lleve una vida autónoma. Lo separa de la comunidad. Entre más aislada esté la persona, más destructivo será el poder del pecado sobre ella, y más profundamente se envuelve en él, más desastroso es su apartamiento. El pecado quiere permanecer desconocido. Esquiva la luz. En la oscuridad de lo inexpresado envenena todas las áreas de la vida de una persona. Esto puede ocurrir incluso en medio de una comunidad piadosa. Con la confesión la luz del evangelio irrumpe en la oscuridad y el encierro del corazón. El pecado debe ser llevado a la luz. Lo inexpresado debe hablarse y reconocerse abiertamente. Todo lo que es secreto y

> escondido se hace manifiesto. Es una lucha difícil hasta que el pecado se admite abiertamente, pero Dios quebranta las puertas de bronce y desmenuza los cerrojos de hierro (Sal. 107:16).
>
> Puesto que la confesión de pecado se hace en presencia de un hermano cristiano, en ese punto se abandona la última fortaleza de la justificación propia. El pecador se rinde; renuncia a toda su maldad. Entrega su corazón a Dios, y encuentra el perdón de todo su pecado en la comunión con Jesucristo y su hermano. El pecado ya expresado y reconocido ha perdido todo su poder. Ha sido revelado y juzgado como pecado. Ya no puede cortar la comunión. Ahora la comunión fraternal sobrelleva el pecado del hermano. Él ya no está solo con su maldad porque se ha desprendido de su pecado en confesión y lo ha dejado en manos de Dios. El pecado ha sido quitado y alejado de él. Ahora él se mantiene en común unión con otros pecadores que viven por la gracia de Dios y la cruz de Jesucristo... El pecado escondido le separaba de esa comunión y hacía que toda su aparente comunión fuera fingimiento; el pecado confesado le ha ayudado a definir su verdadera comunión con los hermanos en Jesucristo.[1]

Pero supongamos que el ofensor no se arrepiente. ¿Por cuánto tiempo debería esperar la iglesia antes de pasar al cuarto paso? Hasta que resulte obvio que sencillamente el ofensor está endureciendo su corazón. En las Escrituras no se dan límites objetivos de tiempo. Pero yo estoy inclinado a pensar que debería ser un tiempo bastante corto, de máximo unas cuantas semanas y no de meses o años. Dios mismo demanda una respuesta, y la tardanza sólo es reflejo de una dureza de corazón (cp. He. 4:7).

### *Cuarto paso: Tenerle por incrédulo*

El paso final en el proceso de disciplina implica la excomunión: «Y si no oyere a la iglesia, tenle por gentil y publicano» (Mt. 18:17). Esto no es un llamado a amontonar escarnio público sobre la persona. No es una orden para tratar mal a la persona. Significa que la persona debe considerarse como un incrédulo. El reiterado endurecimiento de su corazón pone en duda la realidad de su fe. De ahí en adelante debería considerarse como un objetivo evangelístico y no como un hermano en el Señor.

En esto es implícita la revocación de su membresía. Él ya no se debe considerar como un miembro del cuerpo. Más bien, debería calificarse como un no creyente, y por lo tanto no se le debería permitir que participara en las bendiciones y beneficios de la asamblea cristiana. En particular, no debería ser bienvenido como participante en la celebración de la mesa del Señor. Eso es precisamente lo que significa el término *excomunión*.

Pero en lo que se refiere al trato que los miembros de la iglesia deben tener con él, no hay ninguna licencia para la hostilidad o la degradación. De hecho, la manera como Cristo trataba a paganos y publicanos es notoria sobre todo porque Él se acercaba a ellos en amor. Una forma similar de aproximación evangelística compasiva debería caracterizar la manera en que tratamos a los que han sido excomulgados de esta manera, con una diferencia significativa: siempre y cuando el «llamado hermano» (1 Co. 5:11) siga sin arrepentirse, los creyentes no deben mantener una relación con esa persona como si nada malo hubiera ocurrido. A fin de enviar señales claras tanto al individuo pecador como al mundo que observa, aún se debe suspender el compañerismo en las situaciones sociales cotidianas. Pablo escribió en 1 Corintios 5:9-11:

> *Os he escrito por carta, que no os juntéis con los fornicarios; no absolutamente con los fornicarios de este mundo, o con los avaros, o con los ladrones, o con los idólatras; pues en tal caso os sería necesario salir del mundo. Más bien os escribí que no os juntéis con ninguno que, llamándose hermano, fuere fornicario, o avaro, o idólatra, o maldiciente, o borracho, o ladrón; con el tal ni aun comáis.*

En 2 Tesalonicenses 3:6 Pablo subrayó la distinción entre incrédulos corrientes y cristianos de profesión que viven como incrédulos: «Pero os ordenamos, hermanos, en el nombre de nuestro Señor Jesucristo, que os apartéis de todo hermano que ande desordenadamente, y no según la enseñanza que recibisteis de nosotros». De forma similar, en Romanos 16:17-18 él escribió: «Mas os ruego, hermanos, que os fijéis en los que [estando en la iglesia] causan divisiones y tropiezos en contra de la doctrina que vosotros habéis aprendido, y que os apartéis de ellos. Porque tales personas no sirven a nuestro Señor Jesucristo, sino a sus propios vientres, y con suaves palabras y lisonjas engañan los corazones de los ingenuos.» En otras palabras, debido a la fuerte tendencia de las personas a ser engañadas por alguien que *profesa* tener fe en Cristo y no obstante lleva una vida desobediente, es necesario trazar una línea lo más clara posible. Se supone que debemos tener la menor asociación posible con tales personas.

De nuevo, la idea aquí no es ser antagonista u hostil hacia ellos, sino dejar en claro que el pecado deliberado y voluntario es incompatible con la comunión cristiana. Puesto que la persona se ha identificado con Cristo y es un «llamado hermano», se torna vitalmente importante para la comunión como un todo, que se demuestre que la rebelión deliberada contra Cristo de esta persona es incompatible con una profesión de fe en Él.

Aún en este punto, sin embargo, la meta que se debe tener con relación al ofensor es ganarlo de vuelta al compañerismo cristiano. Segunda Tesalonicenses 3:15 dice: «Mas no lo tengáis por enemigo, sino amonestadle como a hermano». Hay un cierto sentido en que nunca se deja ir al hermano; aunque ha sido sacado de la iglesia y de su esfera de interacción social, usted sigue llamándole para que regrese. Si el ofensor demuestra en cualquier momento tener un arrepentimiento genuino, ha de ser recibido de vuelta a la comunión. Pero hasta ese punto, ha de considerarse como un forastero.

Pablo, por ejemplo, dio instrucciones a la asamblea de Corinto para aplicar la excomunión al hombre incestuoso que estaba entre ellos. Él escribió.

> *De cierto se oye que hay entre vosotros fornicación, y tal fornicación cual ni aun se nombra entre los gentiles; tanto que alguno tiene la mujer de su padre. Y vosotros estáis envanecidos. ¿No debierais más bien haberos lamentado, para que fuese quitado de en medio de vosotros el que cometió tal acción?*
>
> – 1 Co. 5:1-2

No se registran detalles de lo que se hubiera hecho para procurar el arrepentimiento de este hombre, suponiendo que se hubiera hecho algo al respecto. Pero su pecado ya era conocido para todos, y él continuaba de forma impenitente en la más desvergonzada inmoralidad. Hacía tiempo que debía haberse aplicado la excomunión. Así que Pablo ejerció su prerrogativa apostólica y ordenó que el hombre fuera expulsado inmediatamente.

> *Ciertamente yo, como ausente en cuerpo, pero presente en espíritu, ya como presente he juzgado al que tal cosa ha hecho. En el nombre de nuestro Señor Jesucristo, reunidos vosotros y mi espíritu, con el poder de nuestro Señor Jesucristo, el tal sea entregado a Satanás para destrucción de la carne, a fin de que el espíritu sea salvo en el día del Señor Jesús.*
>
> – 1 Co. 5:3-5

Las palabras de Pablo son duras, pero aclaran de qué se trata la excomunión. La persona que está en pecado es «entregada a Satanás para destrucción de la carne». En otras palabras, se entrega al sistema de pecado y disipación controlado por Satanás y que la persona ha escogido, donde va a cosechar las consecuencias plenas de su pecado. Es posible que persona excomulgada tenga que descender a las profundidades mismas del pecado antes de arrepentirse. Si él o ella es un creyente genuino, esto debería constituirse en mayor motivación para arrepentirse, y la persona se salvará en últimas, aunque como por fuego (cp. 1 Co. 3:15) . Aquí de nuevo, el objetivo principal es el arrepentimiento y restauración del transgresor.

Sin embargo, cuando se llega a este punto hay un objetivo secundario que es mantener la pureza de la comunidad en general. El pecado deliberado y voluntario es como la levadura. Si se tolera, tarde o temprano va a extenderse a todo el cuerpo. «¿No sabéis que un poco de levadura leuda toda la masa? Limpiaos, pues, de la vieja levadura, para que seáis nueva masa, sin levadura como sois» (1 Co. 5:6-7). El creyente no arrepentido debe ser colocado fuera de la asamblea.

Nótese que Pablo caracteriza las consecuencias de la persistente rebelión del ofensor y la excomunión que le sigue como una «destrucción de la carne» (v. 5). El pecado, especialmente las variedades del mismo que son deliberadas y desfachatadas, muchas veces trae consecuencias físicas para el pecador. Las consecuencias naturales del pecado pueden incluir enfermedad, o en casos extremos, aún la muerte (1 Co. 11:30). En el proceso de disciplina, lo que hace la iglesia en esencia es dejar al pecador en manos de las consecuencias de su propio pecado.

En esto hay un componente punitivo. En 2 Corintios 2:6 (citado anteriormente), Pablo se refiere a ello como un «reprensión».

No obstante, también hay un componente remedial. En 1 Timoteo Pablo habla de «Himeneo y Alejandro, a quienes entregué a Satanás para que aprendan a no blasfemar» (1:20). Tener que padecer las consecuencias de su propio pecado sería una experiencia de aprendizaje. La esperanza de Pablo era sin duda que esto provocara el arrepentimiento de ellos.

## LA PRESENCIA

Jesús continuó enseñando en Mateo 18 una verdad asombrosa sobre la disciplina eclesiástica: es uno de los instrumentos por medio de los cuales Dios mismo ejerce su disciplina sobre su pueblo. Él está obrando en medio del proceso de disciplina. Jesús dijo:

> *De cierto os digo que todo lo que atéis en la tierra, será atado en el cielo; y todo lo que desatéis en la tierra, será desatado en el cielo. Otra vez os digo, que si dos de vosotros se pusieren de acuerdo en la tierra acerca de cualquiera cosa que pidieren, les será hecho por mi Padre que está en los cielos.*
>
> – Mt.18:18-19

Esos versículos son muchas veces tomados fuera de contexto para aplicarlos a peticiones de oración de todo tipo. Pero en realidad se aplican específicamente al asunto de la disciplina eclesiástica. «Todo lo que atéis» y «todo lo que desatéis» se refiere al veredicto de la iglesia en un caso de disciplina. *Atar* y *desatar* eran términos rabínicos indudablemente familiares para los discípulos. Se referían al yugo del pecado y a la liberación de su culpa. Jesús estaba diciendo que hay un acuerdo en el cielo con el veredicto de la iglesia en un caso de disciplina manejado adecuadamente.

Los tiempos verbales en la cita anterior de Mateo 18:18 son traducciones literales. La idea no es que el cielo sigue lo que la iglesia indique, sino que cuando se administra disciplina correctamente, todo lo que se haga en la tierra *ya* ha sido hecho en el cielo. Esta es una de las peticiones en la oración del Padre nuestro, ¿no es así? «Hágase tu voluntad, como en el cielo, así también en la tierra» (Mt. 6:10). Si ha de hacerse la voluntad de Dios en la tierra como se hace en el cielo, la iglesia debe practicar una disciplina adecuada para los miembros que están en pecado.

Esta promesa tiene el propósito de reconfortar y animar. Demasiadas personas creen que si la iglesia confronta el pecado, no está actuando en amor. Pero la verdad es que cuando una iglesia practica la disciplina como Cristo lo ordenó, sencillamente esa iglesia está haciendo en la tierra el trabajo del cielo.

Con mucha frecuencia el versículo 19 se entiende incorrectamente. La palabra griega que se traduce como «de acuerdo» es la misma palabra de la cual se deriva la palabra *sinfonía.* Significa literalmente «producir un sonido juntos». Sin importar si el veredicto implica atar o desatar, cuando la iglesia está en armonía —y especialmente los «dos o tres testigos» que determinan el hecho de que el individuo en pecado no quiere arrepentirse— el Padre también está de acuerdo. Este versículo no significa que en cada vez que dos personas se ponen de acuerdo Dios tiene que honrar su petición de oración. Los «dos» a los que se hace referencia en el versículo 19 son dos testigos cuyo testimonio concuerda. Si también están de acuerdo con la voluntad de Dios cuando imponen disciplina a un hermano en pecado, pueden estar seguros de que Dios mismo está obrando en medio y a favor de ellos.

El versículo 20 reitera una promesa similar de Cristo: «Porque donde están dos o tres congregados en mi nombre, allí estoy yo en medio de ellos». No solamente el Padre actúa en conjunto con ellos (v. 19), sino que el Hijo participa también (v. 20).

Aunque el versículo 20 se cita a menudo para invocar la presencia de Cristo en reuniones de oración, esta es una interpretación incorrecta del propósito. Dios es omnipresente, por supuesto; así que Él está igualmente presente si hay una sola persona orando o si hay cincuenta. Pero en este contexto los «dos o tres» corresponde a la mención anterior de «dos o tres testigos» en el versículo 16. Y el versículo no habla meramente de la *presencia* de Cristo, sino de su *participación* en el proceso de disciplina. Él se adhiere a la disciplina aplicada por la iglesia, lo cual constituye una temible realidad para el individuo que se niega a arrepentirse, pero un excelente consuelo para quienes deben administrar la disciplina.

## LA PRIORIDAD

Como hemos visto a lo largo del proceso, la meta primordial de toda disciplina eclesiástica es restaurar al hermano o hermana que está en pecado. Esta meta nunca se abandona, aún después que el individuo ha sido expulsado de la comunión. Y si se arrepiente en cualquier momento, es restaurado y recibido de vuelta con gran amor y compasión. Otro pasaje en las Escrituras, Gálatas 6, define tres importantes pasos para restaurar al hermano o hermana que ha caído en pecado.

### *Recogerlos y levantarlos*

Gálatas 6:1 dice: «Hermanos, si alguno fuere sorprendido en alguna falta, vosotros que sois espirituales, restauradle con espíritu de mansedumbre, considerándote a ti mismo, no sea que tú también seas tentado». La palabra que se traduce como «falta» significa literalmente «un lapso». Hace referencia a un desliz, un descuido o una caída. Al traducirse como «falta» algunos intérpretes suponen que corresponde a algo menos grave que un pecado propiamente dicho. Pero es precisamente la misma palabra que se traduce como «ofensas» en Mateo 6:15 («Mas si no perdonáis a los hombres sus ofensas, tampoco vuestro Padre os perdonará vuestras ofensas»). La misma palabra se traduce como «transgresiones» en Romanos 4:25 («Jesús, Señor nuestro, el cual fue entregado por nuestras transgresiones y resucitado para nuestra justificación»). Claramente hace referencia a pecado.

Pablo hace un llamado expreso a que la restauración del que ha sido atrapado por el pecado sea realizada por «vosotros que sois espirituales». Ese es el término acuñado por Pablo para referirse a los que tienen discernimiento: «El que es espiritual juzga todas las cosas» (1 Co. 2:15). Este es el creyente lleno del Espíritu (Ef. 5:18), en quien la Palabra mora en abundancia (Col. 3:16).

La palabra que se traduce como «restaurar» significa literalmente «reparar, enmendar, reconstruir». Transmite la idea de llevar algo que se ha dañado a su situación original. Es la misma palabra empleada en Mateo 4:21 para describir a Jacobo y Juan remendando sus redes. También aparece en 1 Corintios 1:10, donde habla de volver a unir dos facciones de la misma forma en que se acomoda de nuevo un hueso fracturado. En ese versículo, la versión Reina Valera traduce esa palabra con la expresión «perfectamente unidos».

La persona que estuviera dispuesta a restaurar a un hermano caído debía hacerlo con una actitud de profunda humildad, «considerándote a ti mismo, no sea que tú también seas tentado». Aquí se hace eco de 1 Corintios 10:12: «Así que, el que piensa estar firme, mire que no caiga». Ningún cristiano es invencible. Ninguno de nosotros está libre de pecado; así que no estamos en ninguna posición para mantener una actitud altiva hacia los que necesitan restauración. El amor hacia ellos y la sencilla humildad, demandan que no tratemos de hacer terapia ocular para quitar un tris paja de sus ojos, hasta que nos hayamos examinado para asegurarnos de que no hay una viga en nuestro propio ojo.

El papel del restaurador exige por lo tanto que sea desempeñado por un creyente maduro, humilde y con discernimiento, que esté dispuesto a levantar y animar a un hermano necesitado. No piense, *Bueno, es mejor dejarle el trabajo a otro que no sea yo.* Este pasaje está describiendo el tipo de cristiano que se supone que *todos* nosotros debemos ser.

### *Apoyarlos y sostenerlos*

Hay más. El que restaura también debe estar dispuesto a prestar su hombro para llevar la carga del hermano caído. Gálatas 6:2 continúa: «Sobrellevad los unos las cargas de los otros, y cumplid así la ley de Cristo».

¿Cuál es la carga que hay que llevar? Nótese que en este contexto, el tema que Pablo está desarrollando es el *andar* del cristiano. «Andad en el Espíritu» (Gá. 5:16, 25). La imagen aquí corresponde a la de dos viajeros. Uno sobrepasa al otro, quien lleva una carga demasiado pesada que lo hace tropezar o tener un «desliz»(6:1). Así que él ayuda al hermano caído a ponerse de pie y coloca parte de su carga sobre sus propios hombros.

La palabra «cargas» representa aquellas debilidades espirituales que pueden ocasionar una caída. Podemos ayudar sobrellevar tales cargas por medio del ánimo, la exhortación y la llamada a cuentas. Algo tan simple como desarrollar una amistad puede tener un maravilloso efecto de fortalecimiento en un cristiano débil.

Una vez un joven vino a verme, estaba agobiado por sus fracasos morales. Había vivido una vida totalmente inmoral antes de convertirse en cristiano, y los recuerdos de su pecado pasado representaban una constante tentación para él. De hecho había vuelto a caer varias veces en relaciones inmorales. Él afirmaba que había tratado de hacer todo lo que sabía para vencer la tentación pero no era capaz de evitar seguir pensando en esas cosas malas, y los malos pensamientos a veces daban paso a actos de pecado. Tratando de ayudarle, yo dije: «Quiero que lleves un registro escrito de estos pecados. No estoy interesado en los detalles de tu pecado, pero sí quiero que hagas un registro de los incidentes. Cada vez que cultives pensamientos impuros o cometas un acto inmoral, quiero que anotes el simple hecho de que ocurrió. También quiero que anotes lo que estabas haciendo en ese momento y que pudo haber encendido la chispa de ese mal pensamiento. Después piensa con cuidado y escribe lo que *deberías* haber hecho para poder huir de la tentación, porque las Escrituras enseñan en 1 Corintios 10:13 que siempre hay una salida.» Yo tenía la esperanza de que él revisara su conducta para que pudiera ver claramente patrones de comportamiento que lo llevaban a la tentación.

Pero dos semanas más tarde nos encontramos de nuevo, y cuando le pregunté por su lista, él sonrió y me dijo que no había ninguna lista. «No tuve nada que registrar porque no caí en esos pecados. Estaba tan asustado de tener que contarle eso que cuidadosamente evité situaciones que podrían haberme llevado a ser tentado.» Resulta que él siempre había sabido cómo evitar esos pecados. Todo lo que necesitaba era poder rendirle cuentas a alguien. Y esa responsabilidad le ayudó a aliviar su carga.

Hay muchas formas de llevar la carga de una persona. Con frecuencia le digo a personas que luchan con la atadura del pecado que tomen el teléfono y me llamen cuando se sientan vulnerables ante la tentación. Orar con alguien pidiendo victoria sobre cierto pecado eleva parte de la carga. Algunas veces el simple hecho de tener un amigo que conoce su lucha los puede fortalecer y hacer más liviana la carga.

Sin embargo, en todo caso, ayudar a llevar la carga implica involucrarse en la vida de la otra persona. Implica mucho más que decir simplemente: «Id en paz, calentaos y saciaos» (Stg. 2:16). Tenemos que sobrellevar mutuamente nuestras cargas.

### *Cimentarlos y edificarlos*

Al pasar al versículo 6 de Gálatas 6 leemos: «El que es enseñado en la palabra, haga partícipe de toda cosa buena al que lo instruye». Pablo todavía está hablando en el contexto de restaurar al hermano que está en pecado. A primera vista, podría parecer que este versículo tiene muy poco que ver con el proceso de restauración. Pero lo que Pablo está diciendo es: «El que es enseñado» se refiere a la persona que está siendo restaurada, y «el que lo instruye» es la persona que hace la restauración. Se espera que el que está siendo enseñado y el que enseña tengan un ministerio de edificación mutua el uno con el otro.

Así que éste es el proceso de restauración: *Levantar* a los hermanos y hermanas que han caído, *sostenerles*, y entonces *edificarles*.

Estoy convencido de que el proceso de disciplina bíblica, si es adecuadamente observado, podría revitalizar enormemente a la iglesia de nuestra generación. Muchos que se han aclimatado al espíritu de nuestro tiempo protestarán sin duda que la disciplina eclesiástica ya no es suficientemente «amigable para el usuario final». Hace años cuando empecé a enseñar sobre el tema de disciplina eclesiástica en nuestra iglesia, un coro de voces me advirtió que si instituíamos estos principios estaríamos abriendo las puertas para un masivo éxodo de nuestro rebaño. Pero los resultados reales fueron exactamente lo contrario. Al dejar en claro que éramos serios sobre la pureza en nuestra congregación, no solamente vimos un notable crecimiento y madurez espiritual entre nuestros hermanos, sino que también empezamos a experimentar y seguimos experimentando un significativo crecimiento numérico. Las personas que se comprometen con Cristo son atraídas por una congregación donde se obedece su palabra.

La disciplina eclesiástica, adecuadamente observada, es una permanente lección objetiva sobre la manera como funcionan el amor y el perdón de Dios. Como Hebreos 12:11 sugiere, es posible que la disciplina de Dios a veces parezca cumplir únicamente con fines negativos, pero su fruto a largo tiempo es siempre de justicia y rectitud eternas. Lo mismo ocurre con la disciplina eclesiástica. Algunas veces puede parecer dura y punitiva, pero su propósito real es en últimas que se vean los frutos del perdón y el ánimo mutuos dentro del cuerpo visible de Cristo.

OCHO

# LAS BENDICIONES DEL PERDÓN

*Si algo he perdonado, por vosotros lo he hecho en presencia de Cristo, para que Satanás no gane ventaja alguna sobre nosotros; pues no ignoramos sus maquinaciones.*

– 2 Corintios 2:10-11

La falta de perdón es un tóxico. Envenena el corazón y la mente con amargura, y distorsiona la perspectiva entera que se tenga de la vida. La rabia, el resentimiento y la tristeza empiezan a desalentar y abrumar a la persona que no perdona; una especie de polución del alma que inflama apetitos malignos y emociones malvadas. Tal amargura puede incluso diseminarse de una persona a otra, y termina contaminando a muchos (He. 12:15).

El perdón es el único antídoto. El perdón es un acto saludable, benéfico, virtuoso y liberador. El perdón desprende gozo. Trae paz. Hace borrón y cuenta nueva. Pone en movimiento las virtudes de amor más sublimes.

En cierto sentido, el perdón es cristianismo a su más alto nivel.

Segunda Corintios 2 contiene una ilustración en detalle del perdón que constituye un apropiado suplemento para nuestro estudio de la disciplina eclesiástica y un buen resumen de conclusión sobre las virtudes del perdón. Allí el apóstol Pablo urge a los corintios a perdonar a un hombre que había estado bajo la disciplina que ellos le habían aplicado, pero que se había arrepentido de su pecado. Pablo los apremia a recibir al hermano arrepentido de vuelta a la comunión con ellos y a dejar de castigarlo por su ofensa. En el proceso, el apóstol resalta algunas de las inmensas bendiciones que trae consigo el perdón.

Los detalles que definen el trasfondo del incidente y los comentarios de Pablo son escasos. No sabemos quién era el individuo cuyo perdón Pablo estaba procurando. No sabemos con certeza qué había hecho. El contexto parece sugerir que la ofensa del hombre involucraba también algún tipo de afrenta personal contra el apóstol. Si ese es el caso, Pablo no estaba simplemente instruyendo a los corintios sobre el perdón; él mismo estaba dando un ejemplo del perdón cristiano.

Algunos comentadores suponen que el hombre al que se hace referencia en 2 Corintios 2 es la misma persona a quien Pablo ordenó que fuera disciplinado por incesto en 1 Corintios 5. Pero eso es improbable en vista de lo que sabemos acerca del trasfondo histórico y la diferencia temporal de ambas epístolas. Es evidente que alguien dentro de la asamblea de Corinto había atizado un motín. Se habían llegado a cuestionar las credenciales apostólicas de Pablo. Por eso es que una porción significativa de 2 Corintios se dedica a la defensa del apostolado de Pablo (por ejemplo, 3:1-3; 6:4-10; 10:7-18; 11:5-33; 12:11-13).

No era para sorprenderse que esta iglesia diera lugar a tal rebelión. Los problemas de la obra en Corinto ya eran epidémicos a pesar de haber tenido un comienzo prometedor. El mismo apóstol Pablo había fundado la iglesia en Corinto (Hch. 18) e invertido dieciocho meses de su vida estableciendo a los santos en la sana doctrina. Pero casi tan pronto como el apóstol salió de Corinto, la iglesia allí empezó a tener luchas internas.

El solo hecho de que una iglesia existiera en Corinto ya era de por sí algo notable. La ciudad era conocida en todo el imperio romano por su grosera perversión y maldad. Corinto estaba lleno de burdeles. En sus templos paganos se creía que actos de fornicación eran alta liturgia, y la lascivia era considerada como una intensa experiencia espiritual. La joven iglesia corintia, situada en medio de tantas influencias malignas, se veía continuamente acosada por serios problemas. La contaminación de paganismo carnal empezó a filtrarse en la iglesia. Pronto le llegó a Pablo la noticia de que la comunión en Corinto estaba aquejada por abusos y escándalos. Algunos de los hermanos habían convertido el servicio de la comunión en una ocasión para caer en descaradas autoindulgencias. Los servicios de adoración en Corinto se habían vuelto alocadas pugnas para ver quién podía mostrar los dones espirituales más extraordinarios. Mientras tanto, pecado flagrante estaba siendo tolerado por la gente en la congregación a tal extremo que incluso los incrédulos que vivían en esa cultura desenfrenada estaban atónitos. La primera epístola de Pablo a los Corintios atendió esos y otros serios problemas en la iglesia.

Algún tiempo después de que Pablo escribiera Primera Corintios, se desató una rebelión contra él en la iglesia corintia. Algunos falsos maestros (hombres que evidentemente se hacían pasar por apóstoles) habían entrado a la iglesia y encontraron un auditorio dispuesto para escuchar sus mentiras y herejías (2 Co. 11:13-15). Naturalmente, los falsos apóstoles buscaron desacreditar la autoridad reinante en la iglesia corintia, a saber, Pablo. Maniobraron entre todos una embestida sobre su carácter, su vida y su enseñanza. Hicieron todo lo que pudieron para desacreditarlo, para impugnar su integridad, y para debilitar la confianza de los corintios en su autoridad apostólica.

A pesar del maravilloso amor que Pablo le había demostrado a la iglesia corintia, a pesar de haber sido el instrumento humano por medio del cual habían escuchado el evangelio por primera vez, aunque le debían a él sus mismas vidas, muchos e la asamblea de Corinto fueron tontamente engañados por las mentiras de los falsos apóstoles. Empezaron a cuestionar abiertamente la autoridad de Pablo. Denigraron su apariencia física y su forma de hablar (2 Co. 10:10). Pusieron en duda sus motivos y su integridad (1:12). Le acusaron de ligereza (1:17) y expresaron abiertamente dudas sobre su sinceridad (2:17).

Para hacerse cargo del motín, Pablo escribió a los corintios una carta a la que se hace referencia en 1 Corintios 7:8. Los comentarios de Pablo sobre esa carta y las circunstancias que la rodean, sugieren que la epístola a la que se refiere no es 1 Corintios, sino una epístola diferente e indudablemente posterior:una que no fue preservada como parte del canon neotestamentario. (Antes de 1 Corintios Pablo también había escrito una carta a los corintios que se menciona en 1 Corintios 5:9. La ausencia de estas cartas en el canon indicaría que nunca se tuvo la intención de que fueran consideradas como Sagradas Escrituras. Si hubieran sido epístolas inspiradas por el aliento de Dios, habrían sido conservadas; véase 1 Pedro 1:25.)

En el intervalo de tiempo después de haber escrito 1 Corintios, parece que Pablo hizo una breve visita a Corinto, porque dos veces en 2 Corintios él habla de sus planes para visitarlos por «tercera vez» (12:14; 13:1). Esa visita entre 1 y 2 Corintios fue probablemente una corta visita para enterarse de cosas porque Pablo se encontraba de camino hacia otro lugar. Es evidente que la visita no puso fin al amotinamiento. De hecho, bien podría ser el caso que mientras estuvo en Corinto Pablo fue asaltado verbalmente, públicamente y en su propia cara. Aparentemente Pablo salió de Corinto dolido, agraviado y apesadumbrado por lo que había visto y experimentado (cp. 2 Co. 12:20-21). También les había dado a los corintios una seria advertencia antes de irse (13:2).

Bien sea durante su visita, o quizás más probablemente en la carta que se escribió después de la visita, Pablo dio instrucciones a los corintios para que disciplinaran al hombre que se menciona en Segunda Corintios 2. Este hombre era obviamente un miembro de la iglesia corintia. Quizás también había participado activamente en la rebelión. Puede ser que su pecado haya incluido un ataque personal y público en contra del apóstol Pablo. Todo eso cuadraría bien en el contexto de los comentarios de Pablo al respecto.

Cualesquiera fueran las circunstancias, algún tiempo después de su propia visita, Pablo envió a Tito a Corinto para obtener una actualización de primera mano sobre la situación de la iglesia en se momento. Tito fue con el propósito expreso de regresar para dar un reporte a Pablo sobre cómo habían reaccionado los corintios a la epístola que él había escrito. Una de las cosas que preocupaban a Pablo era cómo iban a tratar a este hombre.

De modo que éste es el estado de cosas en 1 Corintios: Tito había regresado para darle a Pablo un reporte alentador sobre el arrepentimiento de los corintios (7:6-16). Tito también le informó a Pablo que los corintios anhelaban restaurar su relación con él. Tenían actitud de arrepentimiento (7:9). Incluso habían hecho llanto y se habían dolido por la manera en que habían tratado a Pablo (7:7). Lo mejor de todo, estaban indignados por el amotinamiento que se había azuzado entre ellos y ahora tenían celo para reivindicar la falta cometida (7:11).

Y el foco de su celo de vindicación era evidentemente este hombre quien de alguna forma le había hecho mal al apóstol Pablo. Ellos ya le habían aplicado el proceso de disciplina. De hecho, el hombre mismo ya se había arrepentido.

Pero el celo de vindicación no siempre se sacia con el arrepentimiento de un transgresor, y parece que algunos en Corinto seguían con deseos de castigar a este hombre. No estaban satisfechos con su arrepentimiento. Querían aplicar una medida de venganza por todos los problemas y la confusión que el hombre había causado en su comunidad.

Un grupo en particular habría tenido este gran celo para vengar todos los males cometidos contra el apóstol Pablo. Pablo los mencionó en 1 Corintios 1:12 y 3:4, donde él confrontó algunas tendencias sectarias y facciosas en la comunidad corintia. Allí él hizo alusión a un grupo que se identificaba fuertemente con él: la coalición paulina («Yo soy de Pablo»). Es posible que algunas de estas personas que sentían un gran afecto por el apóstol Pablo fueran las que más procuraban vengarse de este hombre culpable aunque ya arrepentido.

Pero no así Pablo mismo. Él estaba más que ansioso de perdonar. Lejos de secundar a los que querían infligir más castigo contra el transgresor, él les dio instrucciones para que perdonaran y restauraran a ese hombre inmediatamente:

> *Pero si alguno me ha causado tristeza, no me la ha causado a mí solo, sino en cierto modo (por no exagerar) a todos vosotros. Le basta a tal persona esta reprensión hecha por muchos; así que, al contrario, vosotros más bien debéis perdonarle y consolarle, para que no sea consumido de demasiada tristeza. Por lo cual os ruego que confirméis el amor para con él. Porque también para este fin os escribí, para tener la prueba de si vosotros sois obedientes en todo. Y al que vosotros perdonáis, yo también; porque también yo lo que he perdonado, si algo he perdonado, por vosotros lo he hecho en presencia de Cristo, para que Satanás no gane ventaja alguna sobre nosotros; pues no ignoramos sus maquinaciones.*
>
> – 2 Co. 2:5-11

Pablo tenía el corazón de un tierno pastor. Aunque él mismo había llevado a los corintios a dolerse con su carta anterior de reprensión, su meta no era causar tristeza porque sí (vv. 1-4). Motivado tan sólo por amor hacia ellos (v. 4), él les había escrito por medio de sus propias lágrimas sin ningún deseo de castigarlos, sino únicamente procurando su arrepentimiento y la restauración de aquella relación rota. Él nunca había utilizado su autoridad como apóstol para enseñorearse de ellos, sino que siempre se había esforzado para que ellos tuvieran gozo (1:24). La tristeza que él había buscado provocar con su carta era una congoja piadosa que tenía el único propósito de asegurar su arrepentimiento, a fin de libertarlos de su pecado y desatar nuevamente el gozo.

Ese es un buen resumen de cómo funciona el perdón. El perdón revierte las tristes consecuencias de una ofensa y endereza una cantidad de cosas que el pecado había torcido.

Y para dejar todo en claro, Pablo emplea este individuo arrepentido como objeto de una lección para los corintios. Él les da instrucciones para que perdonen y restauren al hombre, dejando de sujetarle a más castigo. Las instrucciones del apóstol resaltan siete bendiciones que el perdón trae consigo.

## EL PERDÓN FRUSTRA AL ORGULLO

No hay duda de que Pablo mismo había dado instrucciones a los corintios para disciplinar a este hombre hasta que se arrepintiera: de la misma forma en les había dado instrucciones en el caso del hombre incestuoso en 1 Corintios 5.

Pero ahora el hombre se había arrepentido, ya era tiempo de perdonarle. Y Pablo, aunque probablemente había sido el blanco de la ofensa original del hombre, tomó la iniciativa para procurar que fuera perdonado.

Este es un ejemplo piados y refrescante. Muchas veces la parte ofendida siente que tiene justificación para retener el perdón. Pablo no sentía eso. Él no exigió ninguna disculpa personal. No propuso un acto de penitencia. Cualquier otra persona podría haber exigido que el caso del hombre quedara abierto hasta que pudiera venir a Corinto y verificar personalmente que la contrición del hombre fuera genuina. Pero Pablo no lo hizo, él estaba ansioso de perdonar.

Esto ilustra la ausencia de orgullo en el corazón de Pablo. Yo estoy convencido de que el orgullo es la razón principal por la que la mayoría de personas se niegan a perdonar, alimentando un pesar por sí mismos que no es nada más que una forma de orgullo. Su ego es herido, y no van a quedarse sin hacer nada al respecto. Las reacciones orgullosas a una ofensa pueden recorrer todo el espectro desde aquellos que simplemente se revuelcan sintiendo lástima de sí mismos hasta aquellos que se vengan con una ofensa aún peor. Todas las respuestas de ese tipo son funestas porque están motivadas por el orgullo.

Pablo no reaccionó de esa manera. En su corazón no había ningún lugar para gloriarse en sí mismo, auto–protegerse, dar prioridad al ego, el orgullo, la venganza y las represalias. Tampoco quería que sintieran lástima por él. Él no alentó a los que querían defenderlo para asegurarse de que el ofensor pagara por lo cometido. Pablo no se complació en la simpatía ofrecida por otros que estaban enojados por la ofensa cometida en su contra.

Todas esas son inclinaciones naturales azuzadas por un orgullo pecaminoso. Cuando somos ofendidos y otra persona expresa su irritación por lo que nos han hecho, tendemos naturalmente a consentir ese sentimiento con deleite egocéntrico. Alguien dice: «¡Ay, pobrecito! ¡Cómo te ha tocado aguantar! ¡Oh, cuánto has sufrido! ¡Te has hecho digno de elogios por soportar un dolor tan grande!» Y disfrutamos cada palabra.

Pablo no quería tener nada que ver con eso. Él se negó a agrandar la ofensa. «Pero si alguno me ha causado tristeza, no me la ha causado a mí...» (v. 5). En otras palabras, aunque la transgresión del hombre parece haber implicado un desaire público en contra de Pablo, el apóstol renunció a tenerlo en cuenta contra el hombre. Él excluyó por completo el aspecto personal de la ofensa.

Eso desalentaría a cualquiera que creyera que el ofensor necesitaba un castigo adicional por causa de Pablo. Con ello les estaba quitando la espada de sus manos. Sencillamente, Pablo minimizó su propio agravio personal. Él se negó a tomar la ofensa como algo personal porque no estaba dispuesto a regodearse sintiendo lástima de sí mismo. Él no invitó la conmiseración de otras personas que se unieran a su pesadumbre, ni albergó amargo resentimiento. Renunció a procurarse un resarcimiento personal. Cualquiera que fuera el agravio personal y la afrenta pública que la ofensa del hombre le hubiera causado a Pablo, no era para nada importante. En lo que a Pablo concernía, la ofensa en su contra no era nada.

Y de esta manera Pablo, al perdonar personalmente al hombre, apaciguó los cargos que había en su contra. La iglesia podía tratar al ofensor sin tener que pensar en hacerle pagar por el agravio que le había causado al apóstol. Los creyentes corintios no tenían por qué adelantar una especie de agenda personal de Pablo. No tenían que infligir castigos adicionales contra el transgresor en nombre de Pablo. En cuanto a Pablo mismo, no había necesidad de arreglar cuentas personales entre él y el ofensor. Pablo sabía bien cómo vivir humildemente y cómo tener abundancia (Fil. 4:12). Él sabía gozarse por amor a Cristo «en las debilidades, en afrentas, en necesidades, en persecuciones, en angustias» (2 Co. 12:10).

Pablo no tomó la ofensa de este hombre como si fuera algo personal, del mismo modo en que Jesús no tomó personalmente el pecado de los que le clavaron a la cruz. Esteban, mientras era sangrientamente apedreado, también dio un ejemplo similar (Hch. 7:60).

He aquí la virtud en su expresión más noble. Pablo sencillamente se elevó por encima de la ofensa y del ofensor para sacarse a sí mismo de una cómoda posición de víctima.

La psicología moderna empuja a las personas en la dirección opuesta, enseñándoles con mucha frecuencia a verse a sí mimas como víctimas y a agrandar la culpa de los demás. Recientemente vi un libro escrito por un psicólogo uno de cuyos capítulos se titulaba, «Usted no tiene que perdonar». Ese es un mal consejo. Sentir lástima por uno mismo es un acto de orgullo pecaminoso. Un ego herido que no puede elevarse por encima de la ofensa es la antítesis misma de la semejanza a Cristo.

Pablo era un hombre piadoso. Era demasiado humilde como para buscar venganza cuando su orgullo era herido. Las afrentas y aflicciones personales no le preocupaban.

Él hace una declaración que lo califica como tal 2 Corintios 2:5 «Si alguno me ha causado tristeza, no me la ha causado a mí solo, sino en cierto modo (por no exagerar) a todos vosotros». Pablo se había propuesto intencionalmente minimizar la ofensa del hombre, no solamente la ofensa cometida personalmente contra él. Pablo también quería que los corintios quitaran importancia a su propio dolor a causa de restaurar al hombre. «En cierto modo» es una frase que sugiere que el agravio que el hombre le había causado a los corintios tenía un alcance limitado. Y «por no exagerar» significa «para no tener que decir mucho al respecto». En otras palabras, «él ha hecho daño hasta cierto límite, así que no exageremos tampoco». Era hora de seguir hacia adelante, enterrar la ofensa del hombre penitente y no hacer de ello una cruzada permanente en la iglesia.

De esta manera Pablo dejó por completo a un lado cualquier agravio personal que la ofensa del hombre le haya causado, y le quitó a los corintios las ganas de abultar o emperifollar la cantidad de tristeza que les había causado *a ellos*. Ahora que el hombre se había arrepentido, ellos no tenían por qué hacer de la ofensa algo más que lo absolutamente necesario. En particular se les había prohibido inflar el significado de la ofensa contra Pablo. Pero también habían sido advertidos de no exagerar la ofensa cometida contra el resto de la congregación o de inflar fuera de proporción la injuria que habían sufrido. El hombre se había arrepentido. Los corintios no tenían por qué buscar una venganza en nombre de Pablo. Y cualquier agravio que el hombre les hubiera causado a ellos también debería ser perdonado con gracia. Ellos debían perdonar al hombre y seguir adelante.

Nuestro orgullo pecaminoso nos inclina a reaccionar exactamente en la dirección opuesta. El orgullo siempre quiere exigir una justicia de ojo por ojo y diente por diente. Queremos prolongar el castigo tanto como sea posible para devolver toda la medida de sufrimiento que hayamos recibido.

El perdón no es así. Más bien entierra la ofensa lo más rápido que sea posible, aún a costa del orgullo personal. Esa es la actitud que Pablo ejemplifica en este pasaje. Pablo era un hombre muy difícil de ofender, sencillamente porque él no recibía la ofensa. Esa es una virtud maravillosa. Es piedad verdadera y amor genuino en acción: «[El amor] no busca lo suyo, no se irrita, no guarda rencor» (1 Co. 13:5).

Pablo no tenía en su corazón nada más que amor y perdón para quien le había ofendido. Es necesario seguir el proceso de disciplina hasta que hubiera arrepentimiento. Pero en su corazón Pablo no alimentaba ninguna amargura. Y ahora que el proceso de disciplina había producido el fruto deseado, Pablo estaba ansioso de perdonar y restaurar al ofensor.

El perdón verdadero pone de lado al ego herido. Una de las ilustraciones bíblicas más hermosas de esto es la de José. Los propios hermanos de José le habían vendido para ser esclavo en Egipto. En Egipto, José fue acusado falsamente por la esposa de Potifar y estuvo encarcelado muchos años. Para muchas personas esos habrían sido años para ir cebando resentimiento y albergando rencor, pasando el tiempo maquinando una venganza. Pero no así José. Cuando finalmente se encontró de nuevo con sus hermanos, se encontraba en posición de salvarles de la hambruna. Él dijo a sus hermanos: «No os entristezcáis, ni os pese de haberme vendido acá; porque para preservación de vida me envió Dios delante de vosotros» (Gn. 45:5).

Todo lo que José veía era la divina providencia que le había colocado donde estaba para que pudiera alimentar a sus hermanos cuando la hambruna azotara la tierra. «Pues ya ha habido dos años de hambre en medio de la tierra, y aún quedan cinco años en los cuales ni habrá arada ni siega. Y Dios me envió delante de vosotros, para preservaros posteridad sobre la tierra, y para daros vida por medio de gran liberación» (vv. 6, 7). ¿Por dónde se encuentra el ego de José allí? ¿Dónde está el «pobrecito»? ¿Dónde está la conmiseración resabiada? ¿Dónde está la auto–compasión? ¿Dónde el ánimo de venganza?

No hay nada de eso. El perdón borra todas esas malas influencias. El perdón nos libera de las amargas cadenas del pecado y la lástima egocéntrica.

## EL PERDÓN DEMUESTRA MISERICORDIA

Pablo también amonestó a los corintios para que mostraran misericordia al transgresor arrepentido: «Le basta a tal persona esta reprensión hecha por muchos» (2 Co. 2:6). La disciplina que el hombre ya había recibido era suficiente. Él había confesado su pecado y se había arrepentido. Pablo quería que los corintios se le quitaran de encima. Ahora era el momento de mostrar misericordia.

La palabra que se traduce como «reprensión» en el versículo 6 es *epitimia*, una palabra griega que se refiere a una sanción legal o a una censura formal. No se refiere a venganza personal o a un castigo propinado por un individuo, sino más bien a una sanción oficial, una reprimenda oficial consignada «por la mayoría». Es claro que alude a un acto oficial y formal de disciplina. La ofensa del hombre había sido presentada ante la iglesia, y «la mayoría» había aprobado su castigo, el cual, si se había seguido el proceso de Mateo 18, puede haber llegado al punto de la excomunión formal.

Como vimos en el capítulo séptimo, la disciplina eclesiástica no es una forma de venganza. Es una respuesta formal por parte de la iglesia y ordenada por la Biblia con relación a un pecado público. Pero se supone que la acción de la iglesia en contra de personas en pecado dentro de la congregación nunca debe tener connotaciones vengativas. En lugar de eso, su objetivo es traer de vuelta al ofensor.

Mientras este hombre siguiera sin arrepentirse, era correcto que los corintios se mantuvieran alejados de él. Pablo escribió en 2 Tesalonicenses 3:6: «Pero os ordenamos, hermanos, en el nombre de nuestro Señor Jesucristo, que os apartéis de todo hermano que ande desordenadamente, y no según la enseñanza que recibisteis de nosotros». Más adelante él le escribió a la misma iglesia y subrayó esas instrucciones: «Si alguno no obedece a lo que decimos por medio de esta carta, a ése señaladlo, y no os juntéis con él, para que se avergüence. Mas no lo tengáis por enemigo, sino amonestadle como a hermano» (2 T. 3:14-15). Él le dijo a la iglesia en Roma: «Mas os ruego, hermanos, que os fijéis en los que causan divisiones y tropiezos en contra de la doctrina que vosotros habéis aprendido, y que os apartéis de ellos» (Ro. 16:17). Las instrucciones de Jesús fueron similares: «Si no los oyere a ellos, dilo a la iglesia; y si no oyere a la iglesia, tenle por gentil y publicano» (Mt. 18:17). Y Pablo ya había dado instrucciones a la iglesia en Corinto diciendo: «Más bien os escribí que no os juntéis con ninguno que, llamándose hermano, fuere fornicario, o avaro, o idólatra, o maldiciente, o borracho, o ladrón; con el tal ni aun comáis» (1 Co. 5:11).

Los corintios simplemente estaban haciendo lo que los rabinos llamaban «atar» (cp. Mt. 16:19; 18:18). El pecado del hombre estaba atado a él mientras no se arrepintiera, y la disciplina que ellos le aplicaran era justa. Así como Pablo les había dado instrucciones en el caso del hermano incestuoso de 1 Corintios 5:5, tenían que entregarle «a Satanás para destrucción de la carne». «Quitad, pues, a ese perverso de entre vosotros» fue lo que Pablo les dijo en ese caso (v. 13). La disciplina tenía que administrarse públicamente, «reunidos vosotros» (v. 4).

Pero este hombre había respondido a la disciplina de la iglesia, y ahora era tiempo de mostrarle misericordia. Ya se había hecho todo lo referente a atar, pero desatar era igualmente importante. La atadura se había hecho públicamente por parte de todo el cuerpo; la desatadura debía ser pública por igual.

Los cristianos deberían estar más ansiosos de desatar que de atar, porque es el perdón y no la condenación lo que más caracteriza el corazón de nuestro Señor (Lc. 9:56; Jn. 3:17). Lo que es más, nosotros que vivimos únicamente por la misericordia de Dios deberíamos estar ansiosos de mostrar misericordia a los demás. Cuando un transgresor se arrepiente, nosotros deberíamos restaurarle en un espíritu de mucho afecto y mansedumbre, dándonos cuenta de que nosotros también podríamos estar en la misma situación (Gá. 6:1). No debemos ser recios ni fruncir el ceño ante el hermano arrepentido. Tampoco lo sometemos a una vida entera de penitencia. No lo ponemos a hacer algo para expiar por su pecado. Simplemente aceptamos su arrepentimiento. Ese debería ser el fin del asunto. Esa es la esencia misma de Efesios 4:32 y Colosenses 3:13, donde se nos dice que nosotros deberíamos perdonar de la misma manera en que Cristo nos perdonó a nosotros: generosa, ansiosa, magnánima y abundantemente. ¿Cómo trata Dios a un pecador arrepentido? Con un perdón total, completo e instantáneo. Él guarda perdón y amor en su corazón mientras espera que el pecador penitente se acerque a Él y busque ese perdón. Y en ese momento Él concedo su gracia con el más grande gozo y desprendimiento.

## EL PERDÓN RESTAURA EL GOZO

Pablo, presentando un modelo del perdón que los corintios debían mostrar al transgresor, estaba ansioso de restaurar el gozo de aquel hombre: «Vosotros más debéis perdonarle y consolarle, para que no sea consumido de demasiada tristeza» (2 Co. 2:7).

El pecado aniquila el gozo. David reconoció esto en su gran confesión de pecado en el Salmo 51: «Vuélveme el gozo de tu salvación» (v. 12). El pecado siempre destruye el gozo del pecador. Pero el perdón restaura el gozo. Dos versículos más adelante David escribió: «Líbrame de homicidios, oh Dios, Dios de mi salvación; cantará mi lengua tu justicia» (v. 14).

De modo pues que Pablo da instrucciones a los corintios para que perdonen a su hermano y pongan término a su tristeza. La tristeza que trajo la disciplina lo había llevado al arrepentimiento; ahora era tiempo para el gozo. Los creyentes en la comunidad corintia tenían que estar más ansiosos de traer gozo al hombre que de causarle tristeza.

Este es el corazón de Dios. Él siempre tiene un corazón sensible hacia los pecadores arrepentidos. Él no siente ningún placer en el castigo de los malos sino que se deleita cuando ellos se arrepienten (Ez. 18:23, 32; 33:11). «[Él] no aflige ni entristece voluntariamente a los hijos de los hombres» (Lm. 3:33). Dios es como el padre del hijo pródigo que corrió al encuentro de su hijo, le abrazó y le recibió: «cuando aún estaba lejos» (Lc. 15:20).

Ese es también el corazón de Cristo. El profeta Isaías dijo acerca de Él: «No quebrará la caña cascada, ni apagará el pábilo que humeare» (Is. 42:3; cp. Mt. 12:20). La caña era una flauta de pastor construida a base de una planta suave y hueca parecida al bambú. Con el tiempo las pequeñas flautas se desgastaban y se «cascaban». Entonces perdían su fino tono y se volvían difíciles de tocar. El pastor típico simplemente rompía la caña cascada, la botaba y hacía una nueva.

Isaías dijo que el Mesías sería un pastor tan tierno que no botaría la pequeña flauta que no daba el sonido perfecto. En lugar de eso, Él estaría dispuesto a recuperar la melodía y hacerla tocar de nuevo la canción.

«El pábilo que humeare» se refiere a la llama de una lámpara que ya estuviera vieja y desgastada, o que por otra razón se chamuscara o soltara humo mientras ardía, produciendo una luminosidad imperfecta y un irritante humo. La práctica común consistía en extinguir el pábilo humeante y reemplazarlo. Pero el corazón de Cristo está en usar incluso el pábilo que echa humo, no en deshacerse de él. Lo que Él hace es limpiar y arreglar el pábilo para que arda con más brillo.

Dios se deleita en revivir y levantar el corazón de los contritos y humillados de corazón. En otro lugar Isaías escribió:

> *Porque así dijo el Alto y Sublime, el que habita la eternidad, y cuyo nombre es el Santo: Yo habito en la altura y la santidad, y con el quebrantado y humilde de espíritu, para hacer vivir el espíritu de los humildes, y para vivificar el corazón de los quebrantados. Porque no contendré para siempre, ni para siempre me enojaré; pues decaería ante mí el espíritu, y las almas que yo he creado. Por la iniquidad de su codicia me enojé, y le herí, escondí mi rostro y me indigné; y él siguió rebelde por el camino de su corazón. He visto sus caminos; pero le sanaré, y le pastorearé, y le daré consuelo a él y a sus enlutados; produciré fruto de labios: Paz, paz al que está lejos y al cercano, dijo Jehová; y lo sanaré.*
>
> – Is. 57:15-19

Dios desea que su pueblo tenga plenitud de gozo. El apóstol Juan dejó consignado, «Estas cosas os escribimos, para que vuestro gozo sea cumplido» (1 Jn. 1:4). El gozo es un fruto del Espíritu (Gá. 5:22). Y cuando un cristiano que está bajo la disciplina de Dios se arrepiente, Dios se glorifica a sí mismo restaurando el gozo de esa persona.

Por esa razón Pablo escribe a los corintios, «al contrario, vosotros más bien debéis perdonarle y consolarle» (2 Co. 2:7). Ellos no debían abstenerse de perdonarle, sino más bien tenían que confortarle activa y diligentemente, procurando la restauración de su gozo. Hebreos 12:12-13 describe así el proceso: «Levantad las manos caídas y las rodillas paralizadas; y haced sendas derechas para vuestros pies, para que lo cojo no se salga del camino, sino que sea sanado».

La iglesia no puede poner fronteras falsas a la gracia. No hay límites para la misericordia divina hacia las personas arrepentidas y penitentes. No hay confines para el perdón. La iglesia debe disciplinar el pecado que hay dentro de ella, pero no podemos negar a la persona penitente, sin importar cuán serio pueda haber sido su pecado.

Alguien podría protestar: «Pero queremos asegurarnos de que nunca lo va a hacer de nuevo». No podemos tener esa seguridad. Si la persona peca setenta veces siete, nosotros debemos perdonarle cada vez.

Negarse a perdonar es un pecado. Y se trata de un pecado que es doblemente destructivo para el gozo del cristiano, porque no solamente le roba el gozo al ofensor, sino que también disminuye el gozo de la persona que se niega a perdonar. Como hemos visto una y otra vez, cuando no hay perdón la persona que no perdona pasa a estar bajo la disciplina de Dios. También obstaculiza la adoración y crea desunión en la comunidad. Es una especie muy destructiva de pecado.

El perdón revierte todos esos efectos. Restaura el gozo por ambas partes. Sana la brecha causada por el pecado. Le evita tristezas innecesarias tanto al ofensor como a la persona que perdona.

Y esto debería tener lugar en el mismo momento en que el que está en pecado se arrepiente. Tan pronto como haya arrepentimiento, el ofensor debería ser restaurado y fortalecido, «para que [el tal] no sea consumido de demasiada tristeza» (2 Co. 2:7).

Nótese el anonimato implícito en la expresión de Pablo: «[el tal]». No había razón alguna para nombrar al hombre, porque ya se había arrepentido. No había más necesidad de informar a la iglesia sobre su pecado, sino únicamente de alentarlos a restaurarle. Tan pronto como el ofensor reconoció su propio pecado y estuvo dispuesto a confesarlo y arrepentirse, Dios quería que conociera lo que era el gozo.

Dios no encuentra ningún placer en un abatimiento interminable o excesivo. Él busca nuestro gozo, no nuestra tristeza. Él no exige a los pecadores que pasen toda una vida de dolor y desaliento. Una obsesión empecinada con la propia culpa individual no es ninguna virtud piadosa, de hecho es una especie de justificación propia. Cuando usted vea a alguien que está ocupado permanentemente en lamentarse por el pecado y negándose a entrar en el gozo del Señor, lo que está viendo es una espiritualidad artificial que equivale a negar el perdón de Dios, porque el perdón siempre trae gozo consigo.

## EL PERDÓN AFIRMA EL AMOR

Las instrucciones de Pablo para restaurar al hermano continúan: «Por lo cual os ruego que confirméis el amor para con él» (v. 8). El perdón implica necesariamente una afirmación de amor hacia el ofensor. De hecho, retener el perdón equivale a negar también el amor. El amor es el nuevo mandamiento dado a la iglesia por Cristo mismo (Jn. 13:34). El amor también es llamado «la ley perfecta» (Stg. 2:8). Por ende, la falta de perdón es sin duda un pecado muy grave.

La palabra griega que se traduce «confirméis» en 2 Corintios 2:8 es significativa; es un término técnico que habla de revalidar legalmente un documento o un contrato. Es la misma palabra empleada en Gálatas 3:15 para hablar de la ratificación formal de un pacto. Aquí en 2 Corintios 2 se refiere sin duda alguna a un anuncio público y formal. Como señalamos, el versículo 6 implica que el hombre había sido disciplinado formal y públicamente. Aquí Pablo sugiere que el asunto debería darse por concluido con una reafirmación formal y pública de amor hacia el hombre. La disciplina se había anunciado formalmente a toda la iglesia, y la restauración debía transmitirse de igual forma.

Pablo dijo a Timoteo que un anciano que cae en pecado debería ser reprendido delante de todos, para que los demás también teman (1 Ti. 5:20). Si el propósito de tratar el pecado públicamente es que todos capten la seriedad del pecado, entonces también se tiene que tratar públicamente la restauración a fin de que todos entiendan cuán importante es el perdón. La gracia es, al menos, un principio más supremo que la ley. Desatar es muchísimo mejor que atar. Puesto que el cielo se regocija cuando un pecador se arrepiente (Lc. 15:7), seguramente los santos en la tierra deberían participar de ese gozo. De manera pues que el asunto tenía que manejarse públicamente.

Sin embargo, la afirmación pública de amor debería ser únicamente un preludio para la demostración de amor que debería fluir hacia el hermano restaurado por parte de los santos a nivel individual. La palabra griega para «amor» aquí es *agape*: el amor que es una decisión, el amor de la voluntad, el amor de servir con humildad. Pablo esperaba algo más que un mero anuncio formal. Los santos debían demostrar su amor por este hermano de maneras muy prácticas.

Este es el carácter mismo por el que debería ser conocida una iglesia: «En esto conocerán todos que sois mis discípulos, si tuviereis amor los unos con los otros» (Jn. 13:35). ¿Cómo se entera el mundo de que los cristianos se aman unos a otros? ¿Qué hay de nuestro amor mutuo que sea reconocible y visible para un mundo que nos observa? ¿Acaso es que tenemos vida social? No. Los no cristianos también socializan entre ellos. No son nuestras comidas de olla ni las actividades en grupo las que mejor demuestran nuestro amor entre unos y otros, sino nuestro *perdón*. La mejor manifestación del amor se encuentra en el perdón. Y la prueba real del amor consiste en determinar cuán ansiosos estamos de perdonar cuando somos ofendidos.

Casi nada puede fragmentar una iglesia donde se practica el amor, porque nunca se dejan descomponer los asuntos que aun están sin resolver. Las ofensas son tratadas. Quedan perdonadas. Las transgresiones son cubiertas. Por esa razón es tan crucial que las iglesias pongan en práctica la disciplina. El proceso de disciplina busca traer como resultado el perdón y la reconciliación que mantienen intactos la unidad y el amor de la iglesia.

Y cuando tiene lugar el arrepentimiento, la afirmación de amor hacia la persona arrepentida debería ser aún más ceremoniosa que la disciplina misma. Al igual que el padre que vistió al hijo pródigo con el vestido más fino, y mandó matar al becerro gordo y llamó a sus vecinos para una celebración (Lc. 15), nosotros deberíamos ser exuberantes con nuestro perdón. El perdón verdadero se deleita en afirmar el arrepentimiento del pecador con generosas expresiones de amor.

## EL PERDÓN ES PRUEBA DE OBEDIENCIA

Hemos visto hasta ahora que el perdón está ligado de manera inextricable con la humildad, la misericordia, el gozo y el amor. Todas esas son virtudes nobles: constituyen el fruto del Espíritu (cp. Gá 5:22-23). El perdón alienta y nutre todas esas virtudes. Pero aún si el perdón no se relacionara para nada con esas vitales cualidades del carácter cristiano, si el perdón no contribuyera en nada a cultivar el fruto del Espíritu, de todas maneras perdonar seguiría siendo correcto.

¿Por qué? Porque Dios ha ordenado que perdonemos.

El perdón es sencillamente una cuestión de obediencia. Esto es lo que Pablo quiere decir en 2 Corintios 2:9: «Porque también para este fin os escribí, para tener la prueba de si vosotros sois obedientes en todo». La disciplina que ya habían aplicado al ofensor era un paso de obediencia. Ahora tenían que continuar demostrando que eran obedientes, restaurando al hermano arrepentido.

Es relativamente fácil ser obediente en algunas cosas. En las Escrituras se nos manda entonar cánticos de alabanza al Señor (Col. 3:16). Eso no es nada difícil. La Biblia dice que debemos orar (Lc. 18:1). Eso es bastante fácil, aunque algunas veces ser fiel en ello resulta ser un desafío. Pero de todos los mandamientos que Cristo dio, parece que una de las cosas más difícil es tratar el pecado dentro de la iglesia. Por eso es que muchas iglesias evitan del todo la disciplina. Todo lo que tenga que ver con tratar el pecado es complicado. Confrontar al pecador en privado es difícil. Presentar ante la iglesia el pecado del hermano que no está dispuesto a arrepentirse es todavía más difícil. No perder de vista a una persona no arrepentida que le haya dado la espalda a la iglesia es una de las cosas más difíciles de hacer. A medida que avanzamos más en el proceso, más difícil resulta obedecer.

Pero el proceso de restauración también puede ser extremadamente difícil. Recoger todas las piezas después que el ofensor se ha arrepentido, restaurarle a la comunión, fortalecerle y afirmarle en amor no es fácil. Ese tipo de perdón no viene naturalmente, pero es de todos modos un aspecto esencial de la obediencia al Señor.

La iglesia contemporánea ha fallado virtualmente en todas las áreas que se relacionan con el tratamiento del pecado en su interior. Muchas iglesias no practican ningún tipo de disciplina, simplemente no confrontan el pecado. No van tras el pecador. Y en últimas desaprovechan muchas oportunidades para obedecer en el área del perdón. Su desobediencia con respecto a disciplinar a pecadores anula cualquier oportunidad de perdonar a los que se arrepientan.

Lo contrario también es cierto. Aquellos que hacen el trabajo duro de confrontar y disciplinar el pecado tienen inevitablemente más oportunidades y una mayor disposición para perdonar y mostrar amor a los transgresores arrepentidos. La disciplina y el perdón van muchas veces de la mano. Y ambos son igualmente necesarios para conservar la pureza y la salud de la iglesia.

Quitar de raíz el pecado en la iglesia por medio del proceso de disciplina no es algo que garantice necesariamente una iglesia pura. El pecado de un ofensor puede eliminarse, pero las actitudes y reacciones del resto del rebaño también deben ser correctas (cp. Gá. 6:1). Pablo alude a esto en 2 Corintios 7:12, donde él dice a los creyentes: «Así que, aunque os escribí, no fue por causa del que cometió el agravio, ni por causa del que lo padeció». En otras palabras, a lo largo de este episodio en Corinto, el interés principal de Pablo nunca fue simplemente en relación con aquella persona que había cometido la ofensa. Tampoco buscó que la disciplina de este hombre sirviera para reivindicarse él mismo (siendo la persona ofendida). Más bien, Pablo estaba interesado y preocupado primordialmente con la respuesta que habría por parte de la iglesia corintia. Él anhelaba verles demostrar una completa obediencia.

La iglesia corintia, a pesar de sus muchas equivocaciones, estaba empezando a dar muestras de la obediencia que Pablo ansiaba ver. El informe que Tito trajo al regresar de Corinto le consoló y animó, porque hasta ese momento habían respondido exactamente como Pablo esperaba (7:13). Por ahora todas las grandes expectativas de Pablo se habían cumplido, y el propio cariño de Tito hacia los corintios era aún más abundante (7:14-15). Ellos habían obedecido en el asunto referente a la disciplina de un hombre. Pero ahora también necesitaban obedecer en el asunto de su restauración. La misma iglesia que una vez había mostrado tal flagrante negligencia con respecto a la disciplina (1 Co. 5) ahora estaba siendo llamada a demostrar su obediencia en la restauración de un hermano arrepentido. Su disciplina había tenido el efecto deseado. Ahora era necesario una prueba adicional: tenían que demostrar perdón hacia el hombre y probar de ese modo su obediencia en todo.

## EL PERDÓN REVITALIZA LA COMUNIÓN FRATERNA

Pablo sigue escribiendo: «Y al que vosotros perdonáis, yo también; porque también yo lo que he perdonado, si algo he perdonado, por vosotros lo he hecho en presencia de Cristo» (2 Co. 2:10).

Aquí de vemos nuevo la humildad de Pablo. Él quiere frustrar a los que desearan negarle el compañerismo al transgresor por causa de Pablo. De modo que Pablo muestra su deseo de afirmar su propio perdón personal hacia el ofensor.

Y de nuevo él quita importancia a la ofensa: «Lo que he perdonado, si algo he perdonado, por vosotros lo he hecho», como si desde el punto de vista de Pablo la ofensa fuera siquiera digna de notarse en primer lugar. Pero él quiere declarar formal y explícitamente su perdón por el bien de los corintios. Nadie podía decir: «No podemos recibir a este hombre de nuevo a causa de nuestra lealtad a Pablo. Después de todo, Pablo era quien había sido ofendido».

En esencia, Pablo le dice: «No, ya todo está hecho. Si ustedes han perdonado, yo también perdono. Yo quiero que se restaure la comunión fraterna, por el bien de ustedes». Él quería que la comunión dentro de la iglesia se renovara y revitalizara. Él anhelaba que el resto de la iglesia se uniera nuevamente al que se había arrepentido. Él deseaba que hubiera unidad en la iglesia. Toda ruptura causada por la ofensa del hombre debía ser reparada. Cualquier desacuerdo o falta de armonía debía resolverse. La amargura y la venganza tenían que ponerse a un lado. El rejuvenecimiento y revitalización de la comunión tomó prioridad sobre todas esas cosas, y el perdón las hizo todas posibles.

## EL PERDÓN ESTROPEA A SATANÁS

Por último, Pablo urgió a los corintios a perdonar, «para que Satanás no gane ventaja alguna sobre nosotros; pues no ignoramos sus maquinaciones» (2 Co. 2:11).

Todo lo que el diablo tiene planeado se malogra con el perdón. Si el perdón frustra el orgullo, demuestra misericordia, restaura el gozo, afirma la misericordia, prueba la obediencia y revitaliza la comunión fraterna, ¡imaginemos cuánto lo debe odiar Satanás! Por lo tanto, el perdón es una parte esencial para deshacer las maquinaciones del diablo.

Negarse a perdonar es caer en la trampa del diablo. La falta de perdón tiene todos los efectos contrarios al perdón: inhibe la humildad, la misericordia, el gozo, el amor, la obediencia y la comunión fraterna; por lo tanto se convierte en algo destructivo del carácter individual así como de la armonía en la iglesia.

Primera Pedro 5:8 dice que el diablo, «como león rugiente, anda alrededor buscando a quien devorar». Y una de las formas en que devora personas es aprovechándose de un espíritu no perdonador. La falta de perdón le da una ventaja tremenda.

Sin embargo, Pablo dice que «no ignoramos sus maquinaciones». Es una verdadera necedad promover los planes del diablo negándonos a perdonar. Donde reina la falta de perdón, reina el diablo. Él tiene libre entrada en las iglesias que se niegan a perdonar.

Pero donde el perdón fluye libremente, las maquinaciones de Satanás se reducen a nada.

El perdón es entonces, el suelo fértil donde se cultivan abundantes frutos espirituales y bendiciones divinas. Cuidar y nutrir el suelo del perdón es una de las maneras más seguras de desarrollar una salud y madurez espiritual.

Por otra parte, como hemos visto a lo largo de este libro, negarse a perdonar nos debilita espiritualmente, es una provocación a la disciplina divina e inflama una cantidad de males.

¿Por qué entonces, se negaría deliberadamente un cristiano a conceder el perdón? Siendo que nuestra existencia misma depende de la inestimable misericordia que nos ha sido mostrada en Cristo, nosotros deberíamos preservar una misericordia similar en nuestro trato mutuo, y deberíamos plantear el modelo del perdón ante un mundo que nos observa y cuya necesidad más grande es recibir el perdón de Dios.

Piense en ello de esta manera: el perdón es tanto una bendición como un medio para recibir otras bendiciones. Los que se niegan a perdonar se están perdiendo de las múltiples bendiciones que trae el perdón consigo. Pero los que perdonan desatan abundantes bendiciones divinas, no únicamente sobre aquellos a quienes perdonan, sino también sobre sí mismos. Esto es precisamente aquello a lo que estamos llamados.

> *Finalmente, sed todos de un mismo sentir, compasivos, amándoos fraternalmente, misericordiosos, amigables; no devolviendo mal por mal, ni maldición por maldición, sino por el contrario, bendiciendo, sabiendo que fuisteis llamados para que heredaseis bendición.*
>
> – 1 P. 3:8-9

NUEVE

# RESPUESTAS A PREGUNTAS DIFÍCILES ACERCA DEL PERDÓN

*Porque tú, Señor, eres bueno y perdonador, y grande en misericordia para con todos los que te invocan.*
– Salmo 86:5

Conozco a un hombre (vamos a llamarlo Jim) quien cree que fue maltratado por un hermano cristiano algunos años atrás. Hubo un altercado en torno a quién tenía la culpa en el incidente. Jim llevó el asunto a los ancianos de su iglesia para resolverlo. Los ancianos intentaron investigar el asunto pero finalmente llegaron a la conclusión de que no había evidencias suficientes para determinar quién tenía la culpa. Se trataba de la palabra de una persona contra la palabra de la otra, y no había otros testigos. Por último, los ancianos le aconsejaron a Jim y a la otra parte que se perdonaran mutuamente y que dejaran a un lado la contienda.

Jim se negó a hacer eso. Él había leído un popular libro cristiano sobre el perdón, y el libró enseñaba que el perdón nunca puede concederse hasta que la otra parte se arrepiente y busca ser perdonada. Ahora Jim cree que tiene justificación para privar de perdón a su hermano mientras el otro hombre siga negándose a admitir que estaba equivocado. Jim tiene la determinación de asegurarse que va a obtener justicia, y ya ha pasado varios años buscando a alguien que apoye su causa. Pero casi todos le han dado el mismo consejo diciendo: «El asunto es trivial. Es tu palabra contra la del otro hermano. Esto podría quedar sin resolver hasta que Cristo mismo lo aclare y ustedes pongan sus diferencias a un lado en el cielo. Déjalo como está y sigue adelante. Está empezando a dominar tu vida y a privarte de oportunidades para llevar el fruto del Espíritu.»

Jim se niega a atender ese consejo. Él cree que Dios, quien aborrece la injusticia, *nunca* estaría dispuesto a verle sufrir una afrenta y simplemente perdonar incondicionalmente al ofensor. Aunque muchos cristianos le han mostrado 1 Pedro 2:20-23, Jim se las ha arreglado de algún modo para defender su forma de pensar. Durante años ha ido de consejero e consejero, buscando desesperadamente a alguien que esté de acuerdo con él y que le ayude a procurar la justicia en contra de este otro cristiano que Jim dice que pecó contra él. Él cree que está obedeciendo el dictado bíblico de Colosenses 3:13 («De la manera que Cristo os perdonó, así también hacedlo vosotros»), porque después de todo, Dios no perdona a no ser que haya arrepentimiento por parte del transgresor. De ese modo él ha torcido un mandamiento de perdonar convirtiéndolo en una excusa para retener el perdón. (Véase el capítulo sexto para una discusión completa sobre la pregunta de si el perdón es siempre condicional o no.)

Yo no sé si es Jim o el otro hermano el que tiene la culpa en el altercado original. Bien puede ser que ambos estaban equivocados en parte. Pero aún si la culpa era totalmente del otro hermano, yo creo que Jim claramente está en un error al aferrarse a su amargura y justificar su negativa a perdonar con el argumento de que el ofensor no se ha arrepentido. Precisamente este es el tipo de situación en el que se supone que volvamos la otra mejilla (Mt. 5:39). Los que llevan cuentas de tales ofensas y están constantemente exigiendo una indemnización por afrentas personales, están vulnerando el espíritu mismo de Cristo.

Como dije al comienzo de este libro, estoy convencido de que muchos, sino la mayoría de problemas personales por los que los cristianos acuden a los consejeros tienen que ver con el perdón. Y hay algunas preguntas espinosas alrededor de este tema del perdón.

En este capítulo quiero tratar algunas de estas cuestiones. Estas son algunas de las preguntas más difíciles sobre el perdón que se han cruzado en mi camino de treinta años en el ministerio.

## ¿CUÁL ES LA DIFERENCIA ENTRE ARREPENTIMIENTO VERDADERO Y UNA SIMPLE DISCULPA O APOLOGÍA?

El arrepentimiento genuino siempre involucra una confesión de faltas cometidas y una disposición a arreglar las cosas. Una disculpa o apología toma muchas veces la forma de una excusa.

La palabra *apología* viene de la palabra griega *apologia*, que significa literalmente «un discurso en defensa de». Las apologías o disculpas con frecuencia no son más que una auto–defensa: «Fue desconsiderado de mi parte decir eso. ¿Me puedes perdonar?»

Tenga mucho cuidado de utilizar simplemente un lenguaje apologético en lugar de demostrar un arrepentimiento genuino.

## ¿A QUIÉN DEBERÍAMOS CONFESAR NUESTROS PECADOS?

La confesión de culpa *siempre* debe hacerse a Dios. También se debe una confesión a quienquiera haya sido lastimado por nuestro pecado. El escenario para la confesión debería ser tan grande como la audiencia de la ofensa original. Las transgresiones públicas requieren de confesión pública; los pecados privados deberían confesarse solo a Dios.

## ¿QUÉ PASA SI PECO EN MIS PENSAMIENTOS CONTRA OTRA PERSONA?

Únicamente las ofensas de hecho requieren ser confesadas como un agravio. Sería inapropiado que un hombre que haya tenido un pensamiento lujurioso se lo confiese a la mujer que fue el objeto de su lujuria. En tales casos la confesión debe hacerse solo a Dios.

Sin embargo, eso no descarta la confesión en *todo* caso donde la víctima ignore la ofensa. Si usted ha calumniado a alguien disimuladamente, es posible que esa persona no esté al tanto de la ofensa. No obstante, la ofensa es un hecho real. Es algo que tiene que arreglarse no solamente con los que escucharon la calumnia original, sino también con la persona que fue calumniada, incluso si esa persona todavía no estaba al tanto de la ofensa.

## ¿DEBERÍA CONFESAR MI INFIDELIDAD A MI ESPOSA, AÚN SI CONTARLE PUEDA LASTIMARLA MÁS QUE GUARDAR UN SECRETO?

No hay duda de que en algunos casos confesar un pecado puede ocasionar tanto dolor como la ofensa misma. No obstante, yo creo que en todos los casos la parte que ha sido infiel en una relación matrimonial rota por adulterio debería confesar el pecado a su cónyuge.

¿Por qué? Por un lado, se necesitan dos personas para cometer adulterio. La otra parte que está involucrada en el pecado ya está enterada de la ofensa. La infidelidad se complica aún más si se comparte un secreto con esa persona con la que se ha pecado al tiempo que el cónyuge ignora lo que ocurre. La falta de apertura total —la necesidad de ocultar cosas y guardar secretos— seguirá siendo una barrera para la correcta unidad del matrimonio. Algo tan serio como una brecha en la unión marital no puede repararse si se esconde la verdad de su cónyuge. La no confesión lleva simplemente a más mentiras y encubrimientos. Tarde o temprano algo así termina destruyendo la relación, sin importar que el adulterio se repita o no.

Por difícil que pueda ser tanto para usted como para su cónyuge, usted debe tratar honestamente un pecado como éste. Si el cónyuge ofendido descubre el pecado por otros medios, el dolor se incrementará drásticamente. Es un deber del ofensor confesar el pecado a su cónyuge.

## ¿CÓMO DEBEMOS MANEJAR LAS OFENSAS REPETITIVAS?

Jesús respondió expresamente esta pregunta en Lucas 17:3-4: «Mirad por vosotros mismos. Si tu hermano pecare contra ti, repréndele; y si se arrepintiere, perdónale. Y si siete veces al día pecare contra ti, y siete veces al día volviere a ti diciendo: Me arrepiento; perdónale.» Aquí de nuevo, se espera que nuestro perdón sea abundante, entusiasta, ansioso, ofrecido con desprendimiento y sin condiciones, aun para ofensores altamente reincidentes. Después de todo, todos nosotros somos ofensores repetitivos en contra de Dios.

## ¿PERO QUÉ PASA SI HAY RAZÓN PARA PENSAR QUE EL «ARREPENTIMIENTO» DEL OFENSOR ES UNA FARSA?

En circunstancias normales, el amor nos obliga a pensar lo mejor de aquellos que profesan arrepentimiento (1 Co. 13:7). Sin embargo, las Escrituras no sugieren que haya ciertas ocasiones en que sea legítimo exigir frutos de arrepentimiento antes de suponer que la profesión de arrepentimiento de alguna persona sea legítima (Mt. 3:8; Lc. 3:8).

Un escritor describe un escenario hipotético donde un ofensor golpea intencionalmente en la nariz a una persona inocente. Después de la primera ofensa, el agresor pide y recibe perdón. Momentos más tarde, en otro ataque no provocado, golpea a la misma persona en la nariz, por segunda vez. El ciclo se repite una tercera y una cuarta vez, y así sucesivamente, con el aprovechado profesando arrepentimiento cada vez y la víctima otorgando perdón en cada ocasión. Ese escritor sugiere que así es como deben interpretarse las palabras de Jesús: «Y si siete veces al día pecare contra ti, y siete veces al día volviere a ti *diciendo*: Me arrepiento; perdónale». Todo lo que el ofensor tiene que hacer es decir que se arrepiente, y la persona ofendida está en la obligación de perdonarle.

Pero esa es una interpretación demasiado rígida de las palabras de Jesús. Nuestro Señor no estaba sugiriendo que los discípulos tiraran el discernimiento por la ventana cuando se trata de evaluar el arrepentimiento de una persona. No hay nada en el contexto de Lucas 17:3-4 que sugiera que la ofensa que Jesús tenía en mente fuera deliberada o que el arrepentimiento fuera fingido.

De hecho, es importante cuidarse del arrepentimiento fingido en casos como el hipotético que acabó de presentarse. Tal tipo de ofensas repetidas deliberadamente, especialmente cuando están acompañadas de falsas expresiones de arrepentimiento, son evidencia de un carácter profundamente malvado y de un aborrecimiento cínico de la verdad. Juan el Bautista tenía razón al negarle el bautismo a los fariseos hasta que hubieran demostrado que su profesión de arrepentimiento era genuina (Mt. 3:8).

De manera que hay ocasiones en que es pura tontería aceptar una mera profesión de arrepentimiento, especialmente en el caso de varias ofensas deliberadas y reiterativas.

De todas maneras, aún después de múltiples ofensas, la persona ofendida debe estar preparada para perdonar —*ansiosa* de perdonar— a no ser que siga habiendo alguna razón muy fuerte para dudar de la profesión de arrepentimiento del ofensor. Ni siquiera debería descartarse al ofensor más duro y deliberado; la meta de la persona ofendida debe seguir siendo el perdón y la reconciliación completas.

## ¿CUÁNDO ES APROPIADA LA RESTITUCIÓN?

En todos los casos en que haya ocurrido una pérdida real a causa de una ofensa, ciertamente es apropiada la restitución. El otorgamiento de perdón por la culpabilidad de la ofensa no anula automáticamente la necesidad de llevar a cabo rectificaciones, especialmente cuando la pérdida de la parte agraviada es cuantificable. Bien sea que la pérdida se haya ocasionado deliberadamente (como en un robo) o accidentalmente (debido a algún tipo de negligencia), debería hacerse restitución.

Bajo la ley del Antiguo Testamento, la mayoría de restituciones debían coincidir lo más posible con la pérdida real (Lv. 24:18-21). Si fue su negligencia lo que ocasionó la muerte del buey de su prójimo, usted tenía que pagarle el precio del buey (Éx. 21:33-34). El robo deliberado era castigado con una restitución adicional. Alguien que robara dinero tenía que devolver un 20 por ciento adicional a la suma robada (Lv. 6:4-5; Nm. 5:6-7). Ciertos hurtos de animales (especialmente si los animales robados eran matados) requerían restituciones de hasta cuatro y cinco veces (Éx. 22:1).

Zaqueo ofreció una restitución cuádruple a quienes había defraudado, aún más de lo que la ley exigía (Lc. 19:8). Ese espíritu dispuesto a hacer restitución debería acompañar toda confesión genuina de faltas cometidas.

La restitución no debería considerarse jamás como un acto meritorio de penitencia. El propósito de la restitución es simplemente restaurar el valor de los daños infligidos. Bajo la ley de Moisés, cuando se exigía restitución por encima del valor real de la pérdida, el propósito de la restitución era al mismo tiempo castigar y prevenir.

Por supuesto, la persona que perdona está en libertad de renunciar a su justa restitución y escoger sufrir la pérdida sin exigir un pago. Pero esa es la opción que tiene la persona ofendida. El ofensor, si está verdaderamente arrepentido, debe estar dispuesto a corregir la falta cometida en la medida de lo posible (cp. Mt. 18:26, 29).

## ¿QUÉ RESTITUCIÓN PUEDE HACERSE SI LA OFENSA FUE UN PECADO COMO MENTIR, CALUMNIAR, DESHONRAR A LOS PADRES, U OTRAS CLASES DE PECADO DONDE NO SE PUEDE ASIGNAR UN VALOR CONCRETO AL DAÑO?

En algunos casos es imposible hacer una restitución tangible, pero de todas maneras tienen que hacerse enmiendas. Las mentiras deberían ser confesadas y la verdad debe comunicarse por lo menos tan ampliamente como fue difundida la mentira. Las calumnias deben corregirse con un sincero esfuerzo por restaurar la reputación y honra de la persona ofendida.

En tales casos la restitución comienza por una confesión humilde de la falta cometida y una disposición a hacer todo lo que sea razonable para corregir el error.

## ¿LA PERSONA QUE PERDONA TIENE LA OBLIGACIÓN DE OLVIDAR LA OFENSA?

«Perdonar y olvidar.» Esa expresión ya ha entrado a la categoría de clichés. Cuando queremos conceder el perdón, ¿acaso eso implica una promesa de olvidar la ofensa por completo?

Sí y no. Obviamente no hay modo de purgar la memoria para que olvide una ofensa. Y entre más seria sea la ofensa, puede ser más difícil evitar que su recuerdo llegue a la mente.

He escuchado a personas sugerir que Dios olvida nuestros pecados cuando Él perdona. Usualmente citan Hebreos 8:12 y 10:17 «Y nunca me acordaré más de sus pecados y de sus iniquidades». O Isaías 43:25: «Yo, yo soy el que borro tus rebeliones por amor de mí mismo, y no me acordaré de tus pecados».

Pero esos versículos no dicen que Dios olvide nuestros pecados. Lo que dicen es que *Él no los va a recordar.* ¿Cuál es la diferencia? Olvidar algo es no tener ningún recuero de ello. Obviamente Dios, quien es omnisciente, no ha «perdido la memoria» en cuanto a nuestras transgresiones. Más bien, Él se abstiene de traerlas a su mente, Él promete no sacarlas a la luz.

Y eso es exactamente lo que implica el perdón. Es una promesa de no recordarle a la persona esa ofensa. Jay Adams caracteriza esto como una promesa triple: «Usted promete no recordar su pecado haciendo alusión del mismo a esa persona, a otros y a usted mismo. El pecado queda enterrado.»

## ¿Y QUÉ PASA SI NO ME PUEDO PERDONAR A MÍ MISMO?

Me doy cuenta de que hay algunos que enseñan que hay una clase de auto–perdón que es necesario. Yo no encuentro esto por ninguna parte en las Escrituras. He conocido a muchas personas que *afirman* ser incapaces de perdonarse a sí mismas, pero al examinar con cuidado esto resulta ser usualmente producto de una especie de orgullo pecaminoso exacerbado por la moderna filosofía de la auto–estima. La persona que se queja de no perdonarse a sí misma muchas veces está sencillamente buscando palabras halagadoras o de consuelo provenientes de otras personas, como una manera de eludir el dolor que la culpa ha ocasionado en su orgullo.

Jay Adams arroja luz sobre esta cuestión. Él escribe:

> El problema no es el autoperdón. La agonía expresada por ellos

> parte del hecho mismo de que, en la peor forma, ellos quieren perdonarse a sí mismos. Quieren poner todo el asunto detrás de ellos, quieren enterrarlo de una vez por todas...

El problema es que las personas que hablan de esta forma reconocen que hay algo más que tiene que hacerse. El perdón es solamente el principio, simplemente se lleva la culpa. Ellos también reconocen que siguen siendo las mismas personas que cometieron la falta: que aunque han sido perdonados, no han cambiado. Al ser incapaces de poner esto mismo en palabras, acudiendo en lugar de eso a las expresiones populares que han escuchado alrededor de ellos, están clamando por el cambio que les asegure que nunca van a volver a hacer algo así. Cuando en mi posición de consejero les ayudo a lidiar con los problemas en sus vidas que los llevaron a cometer la falta, de manera tal que lleven un estilo de vida más bíblico, les pregunto entonces: «¿Todavía tienes problemas para perdonarte a ti mismo?» De manera invariable ellos dicen que no.

## ¿QUÉ PASA SI LA OFENSA FUE GRAVE Y YO ESTOY SUFRIENDO TODAVÍA? ¿NO DEBERÍA ESPERAR A PERDONAR HASTA QUE PUEDA ENFRENTAR EL ASUNTO CON HONESTIDAD? ¿NO SERÍA HIPÓCRITA HACERLO DE OTRO MODO?

Algunas transgresiones, en particular las ofensas que tienen que ver con la infidelidad matrimonial, pueden causar un dolor tan intenso que la persona ofendida imagina que en *este* caso sí está bien abstenerse de perdonar. Su razonamiento es que la enseñanza de Jesús sobre el perdón puede aplicarse bien al tratarse de ofensas insubstanciales, pero es seguro que una ofensa *seria* justifica un periodo de enfriamiento o un tiempo de «sanidad emocional».

No obstante, los que asumen normalmente esa postura dejan hervir sus emociones negativas y al nutrirlas empeoran la brecha ocasionada por la ofensa original con un resentimiento que endurece el corazón.

Gran parte de las enseñanzas de Jesús sobre el perdón tuvo el propósito de enseñarnos a *no* dejarnos llevar por nuestras pasiones en esas cuestiones. Al permitir que las emociones tomen el control de nosotros al punto que violamos lo que racionalmente consideramos como un deber nuestro, estamos ante la esencia misma de la sensualidad. Y la sensualidad es pecaminosa, sin importar que sea el tipo de sensualidad que lleva a pecados de lujuria como el adulterio, o el tipo de sensualidad que permite que las emociones se constituyan en un estorbo que bloquea totalmente el camino hacia el perdón.

El perdón es primero que todo un acto de la voluntad. No es hipocresía tomar la decisión de perdonar cuando las emociones gruñen pidiendo venganza. Sea obediente al Señor sin importar cómo se sienta. Si usted se niega a albergar rencores y persistir en la ofensa, esas emociones malvadas morirán por falta de alimento. Además, el Señor mismo va a ajustar su corazón, y eventualmente las emociones correctas vendrán si usted se rinde a Él.

Y la decisión voluntaria, consciente y deliberada de perdonar es en última instancia lo *único* que puede libertar a un corazón de la atadura que imponen tales emociones.

PRIMER APÉNDICE

# ¿CÓMO DEBEMOS ENTENDER LA EXPIACIÓN?

*Por lo cual debía ser en todo semejante a sus hermanos, para venir a ser misericordioso y fiel sumo sacerdote en lo que a Dios se refiere, para expiar los pecados del pueblo.*
– Hebreos 2:17

No hay modo alguno de tratar adecuadamente el tema del perdón de Dios sin discutir la doctrina de la expiación.

Está en el corazón mismo del Evangelio del perdón. El evangelio que proclamamos está determinado en últimas por nuestra manera de ver la expiación. Y nadie predica verdaderamente a Cristo si no está declarando el verdadero significado de su muerte (cp. 1 Co. 1:23; 2:2; Gá. 3:1). Cuando acometemos el tema del Evangelio, inmediatamente somos llevados cara a cara con la doctrina de la expiación.

Introdujimos brevemente este tópico en el primer capítulo, pero debido a que se trata de un tema tan culminante, volvemos a tratarlo más de cerca. Como se indicó en el primer capítulo, históricamente se han propuesta diversas teorías sobre la expiación. Y la realidad innegable es que la visión que tengamos de la expiación influye decisivamente en la manera en que entendemos toda la verdad revelada por Dios. Una visión defectuosa de la expiación puede ser totalmente desastrosa. Los anales de la historia eclesiástica están llenos de ejemplos de personas que, habiéndose desviado en esta materia, han ocasionado un hundimiento total de la fe.

En muchas ocasiones la doctrina de la expiación ha sido un campo de batalla entre cristianos y herejes. Muchas de las diferencias fundamentales entre la verdadera iglesia y las principales sectas se originan directamente en las visiones erróneas que tienen las sectas sobre la expiación. De modo que estos son asuntos fundamentales en extremo, y por esa misma razón es mejor *no* dejarlos en manos de los expertos. Los cristianos de pelotón necesitan tener una comprensión básica de la doctrina de la expiación, para que puedan estar en guardia contra estos errores fatales.

Las peores clases de herejía se presentan muchas veces en un lenguaje que suena bastante inofensivo. Muchas de estas posturas erróneas sobre la expiación contienen pequeños elementos de verdad que suenan bien, y hasta incluso bíblicos. Y en años recientes virtualmente todas ellas han salido a la superficie vistiendo piel de oveja. Estos antiguos errores que ya habían sido desacreditados en el pasado, están reclamando aceptación entre los evangélicos en la actualidad. Lo peor de todo es que una tolerancia doctrinal cada vez más amplia en el interior del movimiento evangélico ha dejado a la mayoría de creyentes muy precariamente equipados para identificar, y mucho menos para refutar los errores en asuntos como éste.

Mi objetivo en este apéndice es precisar las principales visiones de la expiación y explicar *por qué razones* aquellas que son erróneas son a la vez tan mortíferas. Si usted se mantiene alerta para notar estos errores a medida que se presentan, entonces podrá localizar algunos peligros sutiles y refutarlos antes de que empiecen a ganar terreno. Lo que es más importante, entender estos asuntos fortalecerá su comprensión del evangelio y hará de usted un mejor testigo de la verdad.

## LA MUERTE DE CRISTO COMO UN RESCATE PAGADO A SATANÁS

Una de las visiones defectuosas más tempranas de la expiación fue la noción de que la muerte de Cristo era un pago que se le había hecho a Satanás. Marcos 10:45 dice: «El Hijo del Hombre [vino] para dar su vida en rescate por muchos». Y 1 Timoteo 2:6 enseña que Cristo «se dio a sí mismo en rescate por todos». Según la postura que estamos discutiendo ahora, el «rescate» del que se habla en esos versículos fue una tarifa que se le pagó a Satanás para comprar la recuperación de los pecadores de manos del diablo, quien supuestamente reclamaba tener derecho sobre sus almas. Muchos de los padres de la iglesia primitiva parecieron inclinarse hacia esta noción de la expiación (a la que se hace referencia muchas veces como «la teoría del rescate» de la expiación). No obstante, esta postura era más presumida que argumentada. En los primeros siglos términos tales como *expiación* y *rescate* eran empleados con mucha frecuencia pero sin una definición cuidadosa.

La iglesia primitiva gastó mucha energía en controversias sobre la persona de Cristo. Los herejes gnósticos negaban la humanidad de Cristo, y los arrianos atacaban su deidad. Los apologistas de la iglesia en los primeros cuatro siglos se mantuvieron ocupados elaborando defensas contra tales herejías, y la doctrina de la expiación sencillamente no recibió un intenso escrutinio en aquellos siglos. En consecuencia, la mayoría de comentarios de los padres de la iglesia sobre el rescate de Cristo no deberían considerarse como declaraciones doctrinales estudiadas y concienzudas, sino más bien como expresiones de inocencia infantil provenientes de una doctrina inadecuada y no muy bien formada de la expiación.

A. A. Hodge señaló que todos los elementos para llegar a una *sana* doctrina de la expiación ya estaban implícitos en los escritos de los padres de la iglesia, aunque nunca fueron sistematizados con claridad. Hodge escribió que las visiones más ortodoxas de los padres sobre la expiación, aunque estaban presentes, de todos modos eran «dejadas con frecuencia en el trasfondo y se mezclaban confusamente con otros elementos de verdad o superstición».[1] Por lo tanto, es un error leer las contadas menciones que los padres de la iglesia hacen del pago de un rescate a Satanás y atribuirles excesiva relevancia.

La teoría del rescate ha sido revivida en años recientes de una manera bastante cruda por parte de varios maestros carismáticos, especialmente Kenneth Copeland, Kenneth Hagin y otros que han sido influenciados por un evangelista carismático de comienzos del siglo veinte, llamado E. W. Keynon.[2] Estos hombres enseñan que Cristo compró el rescate por los pecadores padeciendo literalmente en el infierno (en lugar de expiar por el pecado mediante su muerte en la cruz). Ellos presumen que cuando Él murió, descendió al infierno y padeció allí para poder presentarle a Satanás un pago por el pecado.

Pero no hay nada en las Escrituras que implique que Satanás tenga algún derecho legítimo sobre los pecadores. Satanás no es quien debe ser propiciado, o satisfecho, antes de que los pecadores puedan ser redimidos. La sola palabra bíblica *rescate* significa sencillamente «precio de redención». No hay ninguna evidencia bíblica para llegar a la conclusión de que Satanás tenga autoridad alguna para exigir un precio tal por la salvación de los pecadores. De hecho, pensar en tales términos equivale a convertir la teología en pura superstición. Satanás mismo está bajo la condenación de Dios (Mt. 25:41); de manera que él no está en ninguna posición de exigir ninguna clase de pago por las almas de los pecadores.

Lo que es más, las Escrituras enseñan claramente que la expiación de Cristo fue un sacrificio *presentado a Dios*: «Cristo nos amó, y se entregó así mismo por nosotros, ofrenda y sacrificio a Dios en olor fragante» (Ef. 5:2). Hablando proféticamente de la muerte de Cristo, el profeta Isaías escribió: «Jehová quiso quebrantarlo, sujetándole a padecimiento... [habiendo puesto] su vida en expiación por el pecado» (Is. 53:10). La expiación por el pecado era una ofrenda entregada a Dios, y como lo sugiere este versículo, el propósito de la muerte de Cristo era satisfacer las demandas *de la justicia de Dios*, no compensar al diablo.

## LA MUERTE DE CRISTO COMO UN EJEMPLO DE RECTITUD

Otra visión incorrecta de la expiación es la noción de que la muerte de Cristo sirve principalmente como un ejemplo moral. Esta opinión (algunas veces llamada «la teoría de la influencia moral» de la expiación) ha salido a la superficie a lo largo de la historia eclesiástica en diversas encarnaciones. Fue propuesta por Pedro Abelardo a comienzos del siglo doce, como una reacción contra las opiniones de Anselmo (véase más adelante). Abelardo negaba que la justicia de Dios exigiera cualquier tipo de pago por el pecado y sostenía que el valor redentor de la muerte de Cristo consistía mayormente en el ejemplo que dejó para que lo siguieran los pecadores.

Una teoría casi idéntica fue planteada durante la Reforma por un grupo herético conocido como los socinianos. Como precursores del liberalismo moderno, los socinianos insistían en que el atributo predominante de Dios es su amor, y que este atributo virtualmente cancela su ira. Ellos creían por lo tanto, que Dios está inclinado a absolver a los pecadores sin exigir ningún pago a cambio.

Los socinianos argumentaban que los pecados pueden ser perdonados, o que pueden ser expiados, pero no ambas cosas al tiempo. Si los pecados son perdonados, no es necesario hacer ningún pago. Todo lo que se haya pagado no ha sido realmente perdonado. Sabemos por las Escrituras que Dios perdona generosamente y con gusto (Neh. 9:17; Is. 55:7; Mi. 7:18). Por lo tanto, decían los socinianos, la muerte de Cristo no pudo haber sido ninguna clase de *pago* por los pecados. Más bien, la muerte de Cristo servía como un ejemplo de obediencia y amor que señalaba a los creyentes el camino a la vida.

Es evidente que grandes multitudes han encontrado muy persuasivo ese sutil argumento: para total detrimento de la iglesia. El trágico legado de esta visión de la expiación puede observarse en los efectos de la teología liberal en todas las denominaciones tradicionales.

Es más, el argumento mismo es visiblemente ajeno a la Biblia. Recordemos que la idea principal del argumento sociniano es éste: el perdón divino es tan exuberante que hace innecesario cualquier pago por el pecado; los pecados son remitidos gratuitamente sin que se haga algún pago para satisfacer la justicia divina. En particular, la idea de que se requiere un sacrificio de sangre para comprar el perdón es considerada como una barbarie por la mayoría de los que sostienen esta visión de la expiación.

Pero, ¿qué dicen las Escrituras? «Sin derramamiento de sangre no se hace remisión» (He. 9:22). Las Escrituras enseñan que el perdón divino se arraiga y fundamenta en una expiación con sangre. Lejos de hacer innecesario un pago por los pecados, el amor divino quedó expresado en el hecho que Dios estuvo dispuesto a pagar por los pecados con la sangre de su Hijo.

Es más, una vez que usted se haya hecho a la idea de que la muerte de Cristo no es más que un simple ejemplo, será como encajonarse en el tipo más puro de salvación por obras, donde el pecador asume toda la responsabilidad de rescatarse y enmendarse a sí mismo.

Si la obra redentora de Cristo es solamente un ejemplo para nosotros, entonces no consigue hacer nada objetivo en nuestro favor. La redención del pecado se convierte en una cuestión subjetiva de cada pecador que siga su ejemplo. Y de nuevo, el resultado inevitable de esto es algún tipo de salvación por obras.

## LA MUERTE DE CRISTO COMO DEMOSTRACIÓN DE LA JUSTICIA DE DIOS

Otro visión errónea de la expiación es la que mencionamos brevemente en el primer capítulo: «la teoría gubernamental». Esta es una postura intermedia entre la visión ortodoxa (a continuación) y la teoría de la influencia moral de los socinianos y los liberales modernos. La teoría gubernamental asume la postura de que la muerte de Cristo fue una *demostración* de la ira de Dios contra el pecado, mas no un pago real y concreto hecho en lugar y a favor de los pecadores. De acuerdo con esta postura la cruz demuestra tanto la ira de Dios contra el pecado (observada en el rigor de los sufrimientos de Cristo), como el amor de Dios (visto en la disposición de Cristo a padecer esos sufrimientos). Sin embargo, según esta postura, los sufrimientos no constituyeron un pago vicario por los pecados de nadie. La muerte de Cristo fue meramente una exhibición pública del aspecto que tendría la ira de Dios vertida en contra del pecado, no una substitución real que de hecho fuera el pago de la deuda de los pecadores. Así que en lugar de satisfacer la justicia divina en nuestro favor, la muerte de Cristo sirve para motivar a los pecadores al arrepentimiento al revelar tanto la bondad como la severidad de Dios. Al igual que los socinianos, los defensores de la teoría gubernamental creen que Dios perdona el pecado sin recibir un pago a cambio, simplemente poniendo a un lado el castigo por el pecado para favorecer a aquellos que se arrepienten.

La teoría gubernamental aborda la expiación desde un punto de vista legal. La ley de Dios y su gobierno moral han sido retados por el pecado. La muerte de Cristo revela a los pecadores la intransigencia de la ley de Dios en cuanto al pecado. De ese modo se respetan la dignidad y los parámetros de la ley, y Dios puede ser justo al perdonar, aunque lo único que tenga que hacer para ello es abstenerse de castigar el pecado.

En esta perspectiva, Cristo no pagó en realidad el precio del pecado a favor de nadie. Como en la visión sociniana, esta teoría sugiere que la expiación no obtuvo nada objetivo para el pecador; fue simplemente un gesto simbólico. La redención es por tanto un asunto principalmente subjetivo en depende por completo de la respuesta del pecador. La teoría gubernamental conduce necesariamente a una forma extrema de arminianismo (una doctrina que hace énfasis en la responsabilidad humana, a expensas de la soberanía divina), o incluso de pelagianismo (una negación de que la condición caída del hombre le hace incapaz de salvarse a sí mismo).

El defensor más antiguo de la teoría gubernamental fue Hugo Grocio, un teólogo holandés que vivió a comienzos del siglo diecisiete. La teoría de Grocio fue acogida por varios teólogos de Nueva Inglaterra en los siglos diecisiete y dieciocho, entre los cuales está incluido Charles Finney. La teoría gubernamental ha vuelto a estar en auge gracias a la influencia de grupos como Juventud con una Misión (JUCUM) y varios escritores cristianos y conferencistas de jóvenes.

Sin embargo, su tendencia es nefasta. La teoría gubernamental altera el evangelio de modo tal que ya no es un mensaje sobre lo que Dios ha hecho por los pecadores, sino que el énfasis se pone en lo que debe hacer el pecador. Si se lleva a su fin lógico, implica muchas veces una negación de la esencial doctrina de la justificación por medio de la fe. Como la teoría sociniana de la expiación, la teoría gubernamental en últimas hace responsable al pecador de enmendarse y redimirse a sí mismo.

George Otis, un defensor moderno de la teoría gubernamental, describe el dilema moral que su esquema pretende resolver:

> Dios ama al hombre, lo ama tanto, que quiere tener esta comunión íntima con él. Pero Él también reconoce que el pecado es una cosa horrible y potente que Él no quiere que se empiece a diseminar sin control por todo el universo. Y para permitirle al hombre, para ayudarle a entender cómo era su visión del pecado y cuán terrible era en realidad, Él le asignó una sanción y esa sanción era la muerte.
>
> ¿Entonces qué va a hacer Dios? ¿Va en efecto, a condonar el pecado? Y decir: «Bueno, ya sé que dije "El alma que pecare, esa morirá", pero en este caso el alma que esa vivirá, porque de verdad me caes bien y realmente no quiero que mueras?»
>
> Pero entonces ¿qué va a pasar cuando la siguiente persona peque? También le cae muy bien a Dios. Y lo mismo con la siguiente, y pronto nadie va a morir por su pecado. Pero la otra alternativa, por supuesto, es que todos mueran. Y esa no es una alternativa muy provocadora tampoco. Así que este es el problema de gobierno de Dios. Cómo puede Dios, como justo gobernador moral del universo, cuya responsabilidad es mantener la ley del universo, defender la justicia y proteger a la sociedad. ¿Cómo va a salir Él de este dilema? Este es el problema de gobierno de Dios.[3]

Según Otis, Dios enfrentó el «dilema» cuando hizo un dramático despliegue de justicia divina con la muerte de Cristo. Otis cita Romanos 3:25: «[Cristo Jesús], a quien Dios *puso* como propiciación por medio de la fe en su sangre, *para manifestar su justicia*, a causa de haber pasado por alto, en su paciencia, los pecados pasados» (énfasis añadido).

Pasando por alto el crítico concepto de propiciación (que necesariamente se refiere a satisfacer la ira de Dios), Otis prefiere quedarse con la idea de *manifestar* e insiste en que la muerte de Cristo *fue únicamente una demostración* de justicia divina, no un pago real por los pecados. Él dice:

> Cristo no pagó la deuda ni sufrió literalmente el castigo de la ley por su pueblo. Él preparó el camino para que nuestra deuda fuese remitida. O en palabras sencillas, prescindiendo de toda metáfora, Él hizo que fuera consistente, y apropiado, y honorable, que el pecado fuese perdonado según los términos prescritos del evangelio.
>
> La verdad es que Cristo no pagó la deuda de ningún hombre.[4]

Haciendo eco de la visión histórica de tanto socinianos como teóricos del gubernamentalismo, Otis también afirma que el perdón de los pecados no requiere de ningún pago:

> En su trato individual con cada persona, Dios podría decir un segundo después de cometido un pecado: «Oye, te perdono». Él no guarda rencores ni amarguras. Él no tiene que recibir un pago a cambio antes de poder perdonar. No hay condiciones ni trabas para su amor. Pero Él debe ser muy cuidadoso al ejercer ese papel, no como nuestro padre, sino en su papel como el gobernador justo y moral del universo, para que no se equivoque al conceder el perdón y entonces anime a otros a pecar. Él no puede hacer eso.[5]

Así que según la teoría gubernamental, la expiación solamente fue necesaria para salvaguardar la reputación de Dios, y no para una substitución como tal hecha en lugar del pecador.

Charles Finney acogió esta visión de la expiación porque él partió de la presunción de que ni el pecado ni la justicia podían imputarse de la cuenta de una persona a otra. Finney insistía en que la idea de imputación, de transferir la culpabilidad del pecador a Cristo, era inherentemente injusta.[6] Por eso él también descartó que la justicia de Cristo pudiera transferirse al pecador (a pesar de Ro. 4:5; Fil. 3:9).

Esto le llevó a negar varias doctrinas evangélicas vitales como la justificación por la fe y la doctrina del pecado original.

En cuanto a la justificación por fe, Finney negó que Dios justificara a los impíos (cp. Ro. 4:5). En lugar de eso, él enseñó que a fin de ser justificados, los pecadores deben realmente *llegar a ser* perfectamente justos. Él escribió:

> No puede haber ninguna justificación en sentido legal o jurídico, a menos que sea sobre la base de una obediencia universal, perfecta e ininterrumpida a la ley. Por supuesto, esto es negado por aquellos que sostienen que la justificación del evangelio, o la justificación de los pecadores penitentes, es una justificación de naturaleza jurídica o legal. Ellos se aferran a la máxima legal, de que lo que un hombre hace por otro lo hace por sí mismo, y por tanto que la ley considera la obediencia de Cristo como nuestra, con el argumento de que él obedeció por nosotros. A esto yo respondo: ...Su obediencia no podía hacer más que justificarle a Él mismo. Nunca puede ser imputada a nosotros ... Entonces, era naturalmente imposible que Él obedeciera en nuestro lugar.[7]

¿Sobre qué base creía Finney que los cristianos habrían de ser justificados? Únicamente su propia obediencia a la ley podría justificarlos. Todo el argumento de Finney consistía en que un pecador no puede ser justificado mediante la imputación de la justicia de otro. Por lo tanto, quedaba con una sola opción: tenía que acoger una teología de auto–justificación. Se trataba de una doctrina de salvación por obras, por cualquier lado que se le mire. En otras palabras, era un evangelio diferente y no pertenece al cristianismo verdadero.

Lo que queda del recorrido teológico de Finney muestra a manera de un microcosmos a dónde lleva inevitablemente la teoría gubernamental de la expiación. Finney pudo ver claramente las consecuencias de esta doctrina de la expiación. Él declaró categóricamente que no solamente la justificación, sino también la regeneración, deben ser resultado de las propias obras del pecador, y no de la obra de Dios. Él escribió:

> [Los pecadores] están bajo la necesidad apremiante de cambiar primero sus corazones, o elegir el fin, antes de poder rea-

> lizar cualquier acto de la voluntad que asegure algo más que un fin egoísta. Y esta es la filosofía que se mantiene en todas partes en la Biblia. Eso representa de manera uniforme que los no regenerados están absolutamente privados [una condición puramente voluntaria, no una privación constitucional, según Finney], y necesitan arrepentirse, para hacerse un corazón nuevo por sí mismos.[8]

Todas estas opiniones erradas se desarrollaron a partir del compromiso de Finney con el modelo gubernamental de la expiación. Son el resultado inevitable de una aplicación consistente de esa perspectiva.

La postura gubernamental se encuentra muchas veces al lado de un fuerte énfasis en el avivamiento. Ya mencioné en el capítulo primero un importante sitio en Internet que defiende esta teología y se llama «Recursos para Teología de Avivamiento».

Pero el tipo de avivamiento que se vincula con la teoría gubernamental de la expiación tiene inevitablemente un énfasis fuertemente centrado en el hombre. Ellos insisten en que el avivamiento es resultado de decisiones humanas y acciones humanas, no de una obra de Dios en Su soberanía. De hecho, todo el énfasis de esta teología no es en lo que Dios hace por nosotros, sino en lo que nosotros debemos hacer para ser mejores por nosotros mismos.

Ese es el resultado inevitable de una teología que presenta la expiación como algo diferente a la obra objetiva que Dios hace en lugar y a favor de aquellos a quienes Él redime. Niegue usted que la expiación significa que Cristo pagó por los pecadores en favor de los pecadores, y tendrá inevitablemente que definir la salvación en términos de lo que el *pecador* debe hacer.

Esto también hace obligatoria una nueva definición del significado de la Cruz. En lugar de hacer énfasis en lo que Cristo obtuvo allí, los teóricos gubernamentales deben definir la cruz en términos de cómo puede cambiar el corazón humano. En lugar de ver la obra expiatoria de Cristo como una obra objetiva y completada, esta teoría define la expiación como un potencial subjetivo. George Otis, cuyos mensajes sobre la expiación están citados anteriormente, constituye un ejemplo clásico de esto. Él dice: «El poder de la cruz no consiste en algún tipo de transacción cósmica confusa, abstracta y etérea. El poder de la cruz, el poder de la sangre de Cristo, radica en su capacidad de literalmente, literalmente, literalmente, literalmente conquistar el corazón humano.»[9]

Al caracterizar la expiación substitutiva como una «transacción cósmica confusa, abstracta y etérea», Otis denigra la idea de una obra objetiva y consumada. Queda solamente con los elementos subjetivos de la salvación. Este es el resultado inevitable de la teoría gubernamental de la expiación. Y como vemos en los legados de Charles Finney y muchos otros defensores de esta postura, los resultados son totalmente funestos para el verdadero evangelio.

## LA VERDAD: LA MUERTE DE CRISTO COMO UNA SUBSTITUCIÓN PENAL

Aquí se encuentra la verdadera doctrina de la expiación como se enseña en las Escrituras: la muerte de Cristo fue una substitución por los pecadores. Dios imputó la culpa de sus transgresiones sobre Cristo y le castigó por ello. La justicia de Cristo también es imputada a todos los que creen. Ya habíamos establecido esto en el capítulo primero, pero permítaseme revisar algunos textos bíblicos que recalcan estas verdades:

- *Isaías 53:5-6*: «Mas él herido fue por nuestras rebeliones, molido por nuestros pecados; el castigo de nuestra paz fue sobre él, y por su llaga fuimos nosotros curados. Todos nosotros nos descarriamos como ovejas, cada cual se apartó por su camino; mas Jehová cargó en él el pecado de todos nosotros.»
- *Segunda Corintios 5:21*: «Al que no conoció pecado, por nosotros lo hizo pecado, para que nosotros fuésemos hechos justicia de Dios en él.»
- *Gálatas 3:13*: «Cristo nos redimió de la maldición de la ley, hecho por nosotros maldición.»
- *Primera Pedro 2:24*: «Él mismo llevó nuestros pecados en su cuerpo sobre el madero, para que nosotros, estando muertos a los pecados, vivamos a la justicia.»
- *Primera Pedro 3:18*: «Cristo padeció una sola vez por los pecados, el justo por los injustos.»
- *Primera Juan 2:2*: «Él es la propiciación por nuestros pecados».

La expiación fue un pago completo por el precio de los pecados, para satisfacer al mismo tiempo la ira y la justicia de Dios, de tal modo que Él pudiera perdonar pecados sin comprometer su propio estándar de santidad.

Como se indicó anteriormente, A.A. Hodge argumenta que todos los elementos de esta postura han sido una parte esencial de la doctrina cristiana desde el comienzo. «Con pocas excepciones», escribió Hodge, «la iglesia entera desde el principio ha sostenido la doctrina de la redención en el sentido de una propiciación literal de Dios por medio de la expiación del pecado».[10] Hodge también señaló que entre más clara haya sido la concepción de la expiación dentro de la iglesia, ésta ha gozado de mayor vitalidad y fortaleza. El deterioro en la comprensión de la doctrina de la expiación siempre ha sido acompañado por una decadencia correspondiente en la salud espiritual de la iglesia visible.

Sin embargo, como hemos notado, en los primeros siglos había una mezcla de posturas sanas con mucha confusión al respecto, resultando muchas veces en oscurantismo debido a la superstición generada por la teoría del rescate.

Finalmente se empezó a enfocar con mayor claridad una comprensión más completa de la expiación con la obra de Anselmo de Canterbury (1033-1109). Anselmo fue el primer gran teólogo que concentró sus energías para tratar de entender la expiación como una doctrina. La base que él puso al definir la expiación se convirtió en últimas en el fundamento sobre el cual se edificó la reforma protestante.

La historia subsecuente de la iglesia revela que cuando los aspectos penales y substitutivos de la expiación se han enfatizado y comprendido, la iglesia ha prosperado. Cuando estas doctrinas han sido desafiadas u obscurecidas, la iglesia ha caído en un serio declive.

SEGUNDO APÉNDICE

# ¿CUÁL ES EL PECADO IMPERDONABLE?

*Por tanto os digo: Todo pecado y blasfemia será perdonado a los hombres; mas la blasfemia contra el Espíritu no les será perdonada. A cualquiera que dijere alguna palabra contra el Hijo del Hombre, le será perdonado; pero al que hable contra el Espíritu Santo, no le será perdonado, ni en este siglo ni en el venidero.*

– Mateo 12:31-32

Hemos visto una y otra vez que Dios es perdonador por naturaleza. El tema del perdón recorre todas las Escrituras de principio a fin. Incluso mientras Moisés descendía del monte Sinaí con las tablas de la ley, Dios hizo énfasis en su disposición a perdonar: «Y pasando Jehová por delante de él, proclamó: ¡Jehová! ¡Jehová! fuerte, misericordioso y piadoso; tardo para la ira, y grande en misericordia y verdad; que guarda misericordia a millares, que perdona la iniquidad, la rebelión y el pecado» (Éx. 34:6-7). Se podría decir que tanto la ley como el evangelio están diseñados para enseñarnos acerca del perdón: la ley al subrayar nuestra necesidad de perdón, y el evangelio al ofrecer de hecho perdón para los pecadores que se han dado cuenta de esa necesidad.

El perdón es por lo tanto una parte integral de lo que define el carácter moral de Dios. Dios es un perdonador deseoso. Cualquiera que se vuelva a Él en genuino arrepentimiento —incluso el peor de los pecadores— encontrará misericordia otorgada generosamente en abundancia y hasta la saciedad.

Pero en la mayoría de incrédulos hay una tendencia pecaminosa a dudar si Dios está verdaderamente dispuesto a perdonar *sus* pecados. Con frecuencia encuentro personas que parecen estar absolutamente seguras de que ciertos pecados que cometen son imperdonables. ¿Acaso eso es verdad? ¿Hay algún pecado que Dios no esté dispuesto a perdonar? ¿La gravedad y magnitud del pecado pueden ser más de lo que se pueda perdonar?

Estoy seguro de que usted estaría de acuerdo en que el peor pecado que se pueda imaginar sería matar a Jesucristo. No puedo imaginar ningún otro pecado que pudiera estar más lleno de maldad que éste. Por supuesto, eso es exactamente lo que los hombres le hicieron al Hijo de Dios. Y aún así, mientras nuestro Señor estaba colgado en la cruz a punto de morir, Él oró por sus ejecutores: «Padre, perdónalos, porque no saben lo que hacen» (Lc. 23:34). Si matar al Hijo de Dios es algo perdonable, ciertamente el *grado* de un pecado no va a excluir por defecto el perdón.

¿Y qué pasa con la *magnitud* del pecado? Cuando cualquier persona —trátese de un pervertido de setenta años que ha llevado una vida de inmoralidad, o de un niño de siete años cuyo peor pecado es ser indisciplinado—, se vuelve a Dios en actitud de confesión y arrepentimiento, Dios está dispuesto a perdonarle.

Por último, ¿existe alguna *clase* de pecado que Dios no esté dispuesto a perdonar? Un análisis de las Escrituras mostrará que Dios perdona la idolatría, el asesinato, la glotonería, la fornicación, el adulterio, el fraude, la mentira, la homosexualidad, la blasfemia, la borrachera, la extorsión, y todos los demás tipos de pecado que se pueda imaginar, incluyendo la auto–justificación. Él perdona incluso a los que rechazan a Cristo. Si no lo hiciera, entonces nadie podría ser salvo. Todos, en cierto grado, rechazaron a Cristo antes de ser salvados.

No obstante, hubo un grupo de personas que rechazaron a Cristo y descubrieron que de hecho sí hay un pecado que Dios no va a perdonar. Los fariseos hostigaron a Jesús a lo largo de su ministerio, rechazando tanto sus obras como sus palabras. La máxima expresión de su rechazo trajo como resultado estas severas palabras de nuestro Señor: «Todo pecado y blasfemia será perdonado a los hombres; mas la blasfemia contra el Espíritu no les será perdonada. A cualquiera que dijere alguna palabra contra el Hijo del Hombre, le será perdonado; pero al que hable contra el Espíritu Santo, no le será perdonado, ni en este siglo ni en el venidero» (Mt. 12:31-32). ¿cuál es la blasfemia contra el

Espíritu, y qué llevó a los fariseos a pecar de tal manera? Vayamos a Mateo para establecer el contexto y descubrir la naturaleza del pecado imperdonable.

## CÓMO UNA SANIDAD CONDUJO A UN RECHAZO

Durante el ministerio de Jesús en Galilea, en una ocasión «fue traído a él un endemoniado, ciego y mudo; y le sanó, de tal manera que el ciego y mudo veía y hablaba» (12:22). El ministerio de Cristo estuvo lleno de muchos eventos como éste. Tanto el pueblo como los líderes religiosos ya habían sido expuestos a una cantidad de sanidades instantáneas, totales, permanentes y verificables, realizadas por el Señor (vv. 9-15; cp. 4:23-25; 8:2-4; 9:1-8). La fuente de sus poderes sobrenaturales ya no estaba abierta para el escrutinio público por parte de las multitudes o de los líderes religiosos.

No obstante, la mayoría de las personas eran ambivalentes en cuanto a la identidad de Jesús y a la fuente de su poder. Los escribas y fariseos, sin embargo, estaban mucho más allá de la simple ambivalencia. Ellos ya no eran escépticos respecto a Jesús ni le guardaban rencor; sencillamente lo consideraban una amenaza a su poder y se habían tornado tenazmente hostiles en su contra.

Parece que Jesús realizó esta sanidad en particular para forzar a los fariseos en el sentido de hacer pública su animadversión. Este hombre, quien estaba endemoniado, ciego y era incapaz de hablar (posiblemente en asocio con sordera), repentina y milagrosamente empezó a hablar y a ver. Y lo hizo a tal grado, que «toda la gente estaba atónita, y decía: ¿Será éste aquel Hijo de David?» (v. 23).

Aparentemente, este milagro en particular demostró ser inusualmente abrumador, puesto que la multitud estaba «atónita». El verbo en griego indica que las personas estaban totalmente estupefactas, llenas de desconcierto y admiración. Tal respuesta revela que Jesús intensificó a propósito el carácter sobrenatural de este milagro.

La reacción de la gente reveló que reconocieron este milagro como una posible señal mesiánica: «¿Será éste aquel Hijo de David?». La expresión «Hijo de David» era uno de los muchos títulos de las Escrituras para el Mesías (2 S. 7:12-16; Sal. 89:3; Is. 9:6-7). El hecho de que las personas estuvieran considerando seriamente la posibilidad de que Jesús fuera el Mesías colocó a los fariseos bajo una intensa presión para desautorizar tal noción.

## LA EPÍTOME DEL RECHAZO

En su afán por contrarrestar la reacción de las multitudes, los fariseos cayeron ingenuamente en la trampa que Jesús les había puesto: «Mas los fariseos, al oírlo, decían: Este no echa fuera los demonios sino por Beelzebú, príncipe de los demonios» (v. 24). En efecto, los fariseos estaban alegando que Jesús no era el Mesías sino más bien la antítesis misma del Hijo de David: el siervo de «Beelzebú, príncipe de los demonios». «Beelzebú» era la deidad pagana que se consideraba como el jefe de los demonios, Satanás mismo.

Los fariseos se habían metido en una situación espinosa. El poder de Jesús era obviamente sobrenatural, y solamente podía provenir de dos únicas fuentes posibles: Dios o Satanás. Puesto que los fariseos ya se habían negado a reconocer que Jesús venía de Dios, se vieron forzados a afirmar que era un agente de Satanás.

En tanto que los fariseos estaban intentando atraer a la multitud para acogerse a su postura, Jesús estaba muy al tanto de lo que ellos estaban haciendo. En ese momento Él procedió a confrontar su acusación en todos sus puntos ilógicos.

### *La incoherencia de la acusación*

En primera instancia, Jesús atacó la absurdidad lógica de su denuncia: «Sabiendo Jesús los pensamientos de ellos, les dijo: Todo reino dividido contra sí mismo, es asolado, y toda ciudad o casa dividida contra sí misma, no permanecerá. Y si Satanás echa fuera a Satanás, contra sí mismo está dividido; ¿cómo, pues, permanecerá su reino?» (Mt. 12:25-26). Es lógico que cualquier reino, ciudad o casa que está dividido contra sí mismo se auto–destruiría. Lo mismo sería cierto en el mundo espiritual. Satanás es demasiado astuto como para ordenar a sus subordinados que peleen entre sí y que destruyan sus planes en contra de la vida de las personas.

Sin embargo, sí es cierto que el mal es destructivo por naturaleza, y a menudo los agentes del mal son auto–destructivos (Mr. 5:13). Las fuerzas demoníacas pueden pelear entre sí ocasionalmente. Pero las fuerzas satánicas nunca librarían una guerra como tal entre ellas. Era absurdo acusar a Jesús de echar fuera demonios por el poder de Satanás.

### *El prejuicio de la acusación*

Jesús procedió a continuación a revelar el sesgo corrupto y malvado que había en el corazón de los fariseos: «Y si yo echo fuera los demonios por Beelzebú, ¿por quién los echan vuestros hijos? Por tanto, ellos serán vuestros jueces» (v. 27). La expresión «hijos» se empleaba frecuentemente como un epíteto para referirse a discípulos o seguidores (2 R. 2:3). Los fariseos revelaron sus prejuicios porque sí aprobaban los exorcismos realizados por sus seguidores. Ellos nunca afirmarían que tal actividad fuera impía, y ciertamente no que fuera satánica. Pero cuando Jesús expulsaba demonios *y* todo tipo de enfermedad, ellos atribuían sus obras a Satanás.

La razón básica por la que las personas rechazan a Cristo no es la falta de evidencia sino las inclinaciones personales sesgadas. Los que están metidos hasta el cuello en sus malas obras evitan a cualquier costo verse expuestos a la rectitud y justicia de Cristo. Los fariseos representan a todos los hijos de la oscuridad que no pueden ni están dispuestos a tolerar su luz (Jn. 3:19). En lugar de eso, buscan maneras de justificar su propia maldad y destruyen a cualquiera que se atreva a descubrirlos.

Puesto que los fariseos respaldaban los exorcismos de sus seguidores, Jesús tenía justificación para sugerir que esos mismos seguidores juzgaran la lógica de la acusación de los fariseos en contra de Cristo. ¿Quién era la fuente de los exorcismos de esos hijos? Si era Satanás, se condenarían a sí mismos y a cualquier otro de los líderes religiosos que los avalaban. Si era Dios, eso refutaría la acusación de los fariseos contra Jesús.

### *El carácter rebelde de la acusación*

La tercera y básica razón tras la acusación de los fariseos era su rebelión contra Dios, la cual Jesús dejó expuesta de la siguiente forma: «Pero si yo por el Espíritu de Dios echo fuera los demonios, ciertamente ha llegado a vosotros el reino de Dios. Porque ¿cómo puede alguno entrar en la casa del hombre fuerte, y saquear sus bienes, si primero no le ata? Y entonces podrá saquear su casa. El que no es conmigo, contra mí es; y el que conmigo no recoge, desparrama» (12: 28-30).

La única posibilidad que quedaba era que Jesús realizaba sus milagros por el poder de Dios, y entonces Él tenía que ser el Mesías. Cualquier judío familiarizado con las Escrituras sabía que todos los milagros que Jesús realizó, los cuales acompañarían al Mesías en su venida, ya habían sido profetizados (Is. 29:18; 35:5-6). Puesto que el Mesías habría de ser el rey eterno de Israel, la extensión lógica era que el reino de Dios (representado como la esfera del dominio de Cristo en cualquier espacio o tiempo), también había llegado.

La prueba de la afirmación de Jesús se encontraba en todos los milagros que Él realizó. Él utilizó la imagen de un ladrón que entra a la caza de un hombre fuerte. Un ladrón no podría empezar a sacar el botín a no ser que atara primero al hombre fuerte. De la misma manera, Jesús no podía expulsar a los demonios de Satanás a menos que ya le hubiera atado. Y solamente Dios podía entrar a la casa de Satanás, atarlo con éxito y llevarse sus pertenencias. Únicamente Dios podía tener tal poder y autoridad.

Después Jesús estableció cuál era la relación de los fariseos con Él: si ellos no estaban con Él, estaban en su contra. Esas son las únicas dos relaciones posibles; no puede haber un terreno neutral. La acusación de los fariseos demostró que su rebelión y su postura los constituía enemigos de Dios.

## EXAMINANDO EL PECADO IMPERDONABLE

Qué tan lejos pueden llegar los hombres pecando para perder la oportunidad de ser salvos, es la base para lo que Jesús le dijo luego a los fariseos: «Todo pecado y blasfemia será perdonado a los hombres; mas la blasfemia contra el Espíritu no les será perdonada. A cualquiera que dijere alguna palabra contra el Hijo del Hombre, le será perdonado; pero al que hable contra el Espíritu Santo, no le será perdonado, ni en este siglo ni en el venidero» (Mt. 12:31-32).

La blasfemia es una forma de pecado, pero aquí Jesús trata ambas cosas por separado, haciendo énfasis en la blasfemia como la forma más extrema de pecado. Jesús emplea la palabra «pecado» para describir todos los pensamientos y acciones impías, y emplea «blasfemia» para representar toda condenación y rechazo conscientes de Dios. Los que blasfeman a Dios son culpables de difamarlo y hacer mofa de Él (cp. Mr. 2:7). El castigo por ello en el Antiguo Testamento era la muerte por apedreamiento (Lv. 24:16).

Sin embargo Jesús dice incluso que Dios está dispuesto a perdonar la blasfemia cuando la persona lo confiesa y se arrepiente. El apóstol Pablo experimentó tal perdón: «Habiendo yo sido antes blasfemo, perseguidor e injuriador; mas fui recibido a misericordia porque lo hice por ignorancia, en incredulidad. Pero la gracia de nuestro Señor fue más abundante con la fe y el amor que es en Cristo Jesús» (1 Ti. 1:13-

14). Pedro blasfemó a Cristo (Mr. 14:71), pero el Señor le perdonó y restauró. Cualquier creyente puede blasfemar, ya que cualquier pensamiento o palabra que ofenda el nombre del Señor es blasfemia.

Aún la blasfemia contra Jesús será perdonada: «A cualquiera que dijere alguna palabra contra el Hijo del Hombre, le será perdonado» (Mt. 12:32). Aquí «Hijo del Hombre» se refiere a la humanidad del Señor, y por ende a su vida sobre la tierra en su encarnación. Si las personas juzgan mal a Jesús y pecan contra Él porque todavía no han sido expuestos completamente a la evidencia de su deidad, el perdón todavía es posible si creen una vez que hayan recibido un conocimiento pleno. La conversión de Pablo es ciertamente una prueba de ello; antes de su salvación, él lo hizo «por ignorancia, en incredulidad» (1 Ti. 1:13).

Sin embargo, existe una forma de blasfemia que Dios no va a perdonar, y es la «blasfemia contra el Espíritu» (Mt. 12:31-32). Esto consiste en un rechazo deliberado de Cristo a la luz plena del testimonio dado por el Espíritu Santo. Estos hombres habían desatendido la convicción que el Espíritu había puesto en ellos de que las afirmaciones de Cristo eran verdaderas, y le rechazaron por razones políticas (Jn. 11:47-48). Cuando las personas han sido expuestas a la evidencia que demuestra la fuente de todas las palabras y obras del Señor, y persisten en su rechazo de Jesús como el Mesías, están más allá del alcance del perdón y permanecen en su incredulidad. Para cualquiera de nosotros que conocemos y amamos al Señor es inconcebible entender cómo una persona a la que se le haya dado tal revelación tan plena, pudiera rechazarlo y condenarle.

Los que se niegan a creer en Cristo pierden para siempre la oportunidad de que esto les sea «perdonado, ni en este siglo ni en el venidero» (Mt. 12:32). «Este siglo» se refiere a toda la historia humana, y «el venidero» se aplica a la eternidad. El perdón queda para siempre fuera del alcance de aquellos que blasfeman contra el Espíritu Santo.

Las personas que se presentan en este pasaje escucharon a Jesús enseñar y predicar la verdad de Dios, y no obstante se negaron a creer. Ellos vieron el poder divino del Espíritu Santo obrando en Él y a través de Él, sanando toda clase de enfermedad, echando fuera toda clase de demonio, y perdonando toda clase de pecado; pero ellos le acusaron de engaño, falsedad y ocultismo, atribuyendo su poder a Satanás. Dios no puede hacer nada por los que rechazan a Cristo como Dios de esa manera y en vista de tan abrumadoras evidencias. El comentarista William Hendriksen dice sobre estas personas:

> El pecado de ellos es imperdonable porque no están dispuestos a pisar el sendero que conduce al perdón. Para un pecador, un adúltero y un asesino, hay esperanza. El mensaje del evangelio puede hacerlos clamar: «Oh Dios, ten misericordia de mí, un pecador». Pero cuando un hombre se ha endurecido, tanto que ha resuelto en su mente no prestar atención al ... Espíritu ... se ha puesto a sí mismo en el camino que lleva a la perdición.[1]

Durante el ministerio terrenal de Jesús, los fariseos y todos los demás que blasfemaron contra el Espíritu se escindieron a sí mismos de la misericordia de Dios. Dios les había ofrecido su misericordia en Cristo, pero ellos le rechazaron y ridiculizaron como si fuera satánico. El escritor de Hebreos ofrece una fuerte advertencia a todos los que se atreven a seguir los pasos de los fariseos y rechazan a Cristo a pesar de haber sido expuestos a la verdad y al registro bíblico de sus obras sobrenaturales.

> *¿Cómo escaparemos nosotros, si descuidamos una salvación tan grande? La cual, habiendo sido anunciada primeramente por el Señor, nos fue confirmada por los que oyeron [los apóstoles], testificando Dios juntamente con ellos, con señales y prodigios y diversos milagros y repartimientos del Espíritu Santo según su voluntad ... Porque es imposible que los que una vez fueron iluminados y gustaron del don celestial, y fueron hechos partícipes del Espíritu Santo, y asimismo gustaron de la buena palabra de Dios y los poderes del siglo venidero, y recayeron, sean otra vez renovados para arrepentimiento, crucificando de nuevo para sí mismos al Hijo de Dios y exponiéndole a vituperio.*
>
> – He. 2:3-4; 6:4-6

En una acción que tuvo lugar en el Atlántico norte durante la segunda guerra mundial, un buque de la fuerza naval norteamericana se vio envuelto en una batalla en una noche particularmente oscura. En medio de la batalla, uno de los portaaviones quedó expuesto al ataque del enemigo, así que se ordenó un apagón. Pero había seis aviones que regresaban al navío de una misión y no podían aterrizar sin las luces de la pista. Su solicitud de que la nave encendiera las luces sólo el tiempo necesario para que pudieran aterrizar fue negada porque hacerlo pondría en peligro las vidas de miles de hombres. Cuando se acabó el combustible de las aeronaves, los pilotos se vieron forzados a hundirse en el agua congelada, y todos los tripulantes de esos seis aviones murieron.

Dios también llega a un punto en que apaga las luces, y la oportunidad de salvación se va para siempre. Aquel que rechace la luz plena de la salvación no tendrá más luz. Ha perdido para siempre su oportunidad de recibir perdón.

TERCER APÉNDICE

# DOS SERMONES CLÁSICOS SOBRE EL PERDÓN

*Sabed, pues, esto, varones hermanos:*
*que por medio de él se os anuncia perdón de pecados,*
*y que todo aquello de que por la ley de Moisés no*
*pudisteis ser justificados, en él es justificado todo*
*aquel que cree.*
– Hechos 13:38-39

## C. H. SPURGEON: PERDÓN FÁCIL DE PRACTICAR

*Perdonándoos unos a otros, como Dios también os*
*perdonó a vosotros en Cristo.*
–Efesios 4:32[1]

Los moralistas paganos, cuando deseaban enseñar qué era la virtud, no podían señalar hacia el ejemplo de sus dioses, porque según sus mitólogos, los dioses eran una miscelánea de todo vicio imaginable, y yo diría que casi inimaginable también. Muchas de las deidades clásicas sobrepasaban a los peores hombres en sus crímenes: eran mucho mayores en iniquidad así como se suponía que eran superiores en poder. Siempre será un día malo para el pueblo cuyos dioses sean peores que el pueblo mismo. La bendita pureza de nuestra santa fe es conspicua, no solamente en sus preceptos, sino en el carácter del Dios a quien revela. No hay ninguna excelencia que nosotros mismos podamos manifestar, pero podemos verla brillar espléndidamente en el Señor nuestro Dios; no hay ninguna línea de conducta en la cual un creyente pueda descollar, pero sí podemos señalar a Cristo Jesús nuestro Señor y Maestro como el modelo más excelente de la misma. En los lugares más sublimes de la fe cristiana tienen ustedes la más sublime virtud, y a Dios nuestro Padre y al Señor Jesús sean la más sublime alabanza.

Nosotros podemos apremiarles para que tengan el más tierno espíritu de perdón, simplemente señalando hacia aquel Dios quien por la obra y el amor de Cristo les ha perdonado a ustedes. ¿Qué motivo más noble pueden ustedes encontrar para perdonarse unos a otros? Con ejemplos tan excelsos, hermanos, ¿qué clase de personas deberíamos ser? Algunas veces hemos escuchado acerca de hombres que fueron mejores que su religión, pero eso es bastante improbable para nosotros; nunca podemos, sea en espíritu o en obra, encumbrar las sublimes alturas de nuestra divina religión. Podríamos, y de hecho, deberíamos ascender constantemente por encima de nosotros mismos, y por sobre nuestros mejores hermanos cristianos, y todavía seguiríamos contemplando muy por encima de nosotros a nuestro Dios y Salvador. Es posible que vayamos de fortaleza en fortaleza tanto en pensamientos de bondad como en deberes de piedad, pero Jesús sigue estando más arriba, y siempre debemos levantar nuestra mirada hacia Él a medida que escalamos el sagrado monte de la gracia.

En esta ocasión queremos hablar un poco acerca de los deberes de amor y perdón; y aquí notamos de una vez, que el apóstol pone ante nosotros el ejemplo de Dios mismo. Vamos a pasar la mayor parte de nuestro tiempo aquí en ese brillante ejemplo, pero espero no descuidar para nada la parte práctica, que es tan necesitada en estos días por parte de ciertos espíritus no perdonadores que no obstante se apropian del nombre cristiano. El tema del amor perdonador de Dios es tan fascinante que podemos quedarnos allí un buen rato, y un largo rato también, meditando en ese radiante ejemplo de perdón que Dios nos ha dado; pero a partir de él espero que vayamos acopiando la gracia para perdonar a otros aún setenta veces siete.

Tomaremos el texto palabra por palabra, de modo que podamos obtener las divisiones más evidentes.

I. La primera expresión en la que debemos pensar es *«en Cristo»*.[2] Nosotros empleamos estas palabras con mucha frecuencia; pero es probable que nunca hayamos pensado en su significado. Así que toquemos ese tema pensativamente pidiendo en oración al Espíritu que nos instruya. *«En Cristo»*; todas las cosas buenas que Dios nos ha concedido han llegado a nosotros «a causa de Cristo», pero de manera especial el perdón de nuestros pecados nos ha sido dado «en Cristo». Esta es la afirmación manifiesta del texto. ¿Qué significa? Es seguro que en primer lugar quiere decir, *a causa de la gran expiación que Cristo ha ofrecido al Padre.* El Dios grandioso puede, como dador de la ley y Rey justo, pasar por alto nuestras ofensas debido a la expiación por el pecado que Cristo ha ofrecido. Si el pecado fuera simplemente una afrenta personal a Dios, tenemos abundante evidencia de que estaría muy dispuesto a pasarlo por alto sin ejecutar venganza; pero se trata de mucho más que eso. Los que lo miran como una mera afrenta personal contra Dios están pensando muy superficialmente. El pecado es un ataque en contra del gobierno moral de Dios; desmorona los fundamentos de la sociedad, y donde se le permite hacer de las suyas reduciría todo a una total anarquía, e incluso intentaría destruir al poder gobernante y al Gobernador mismo.

Dios tiene un gran dominio sobre el cual gobernar, compuesto no solamente de hombres que habitan sobre la faz de la tierra, sino también de ángeles y principados y poderes que están bajo su control, y no sabemos cuántos mundos más con seres inteligentes. Sería ciertamente monstruoso suponer que Dios haya hecho distantes miríadas de mundos que vemos centellear en el firmamento cada noche, sin haber colocado en ellos algunas criaturas vivas; es muchísimo más razonable suponer que esta tierra es una brizna absolutamente insignificante en el dominio divino, una simple provincia en medio del imperio sin límites del Rey de reyes. Ahora, habiéndose rebelado este mundo contra Dios tan groseramente como lo ha hecho, a menos que se exigiera una retribución por su rebelión, ésta equivaldría a un ataque tolerado en contra del dominio del gran Juez de todos, y a un rebajamiento de su influencia real sobre todo su señorío. Si el pecado en el caso del hombre se dejara sin castigo, esto sería conocido en poco tiempo en todas las miríadas de mundos, y de hecho diez mil veces diez mil razas de criaturas se enterarían de que podrían pecar con total impunidad; si una raza lo había hecho, ¿por qué no todo el resto? Esto equivaldría a la proclamación de una licencia universal para rebelarse. Sería probablemente la peor calamidad que podría suceder: que cualquier pecado quedara sin ser castigado por el Juez supremo.

Algunas veces en un estado, a no ser que el dador de la ley aplique la ley en contra del asesino, la vida estará en peligro, y todo se tornará inseguro, por lo cual es un acto de misericordia imponer la condena de muerte. Así ocurre con Dios en referencia a este mundo de pecadores. Es su mismo amor así como su santidad y su justicia lo que le obliga, si puedo usar tal término, a ser severo en sus juicios; y de esa manera el pecado no puede y no debe ser borrado hasta que se haya presentado expiación por el mismo. Primero, que todo debe haber un sacrificio por el pecado que pueda aplicarse a ustedes, lo cual hizo el noble Padre para mostrar su amor, al dar Él mismo a su propio Hijo quien fue entregado a la muerte, y de esa manera el Padre mismo provee el rescate por medio de su Hijo, siendo ese Hijo también uno con Él por vínculos de unidad esencial misteriosos e intensos. Al mismo tiempo que Dios exige castigo en su justicia, Él mismo lo aplica en amor. Este es un misterio prodigioso, este misterio del camino de salvación mediante un sacrificio expiatorio; pero al menos esto es claro, que ahora Dios en Cristo nos ha perdonado, porque se ha hecho restitución a la honra ofendida del gobierno divina, y la justicia ha sido satisfecha.

Quiero que ustedes consideren por un momento con cuánta disposición puede Dios borrar ahora el pecado puesto que Cristo ha muerto. Borrar el pecado parece difícil hasta que vemos la cruz, y entonces parece lo bastante fácil. Yo he observado el pecado hasta que parece cegarme con su horror, y he dicho dentro de mí: «Esta condenada mancha nunca se lavará del todo; ningún blanqueador puede cambiar su color; antes que eso la piel del etíope o las manchas del leopardo cambiarían. Oh pecado, mal eterno y profundo, ¿qué podrá removerte?» Y en ese momento veo al Hijo de Dios muriendo en la cruz, y percibo la aflicción de su alma, y escucho los gritos que mostraban el tormento de su espíritu cuando Dios su Padre le había abandonado, y en ese momento me parece que borrar el pecado fuera la cosa más fácil bajo el cielo. Cuando he visto morir a Jesús, no he sido capaz de entender cómo puede cualquier pecado ser difícil de borrar. Tan sólo se necesita que un hombre se ubique en el Calvario y mire a Aquel que ha sido traspasado, y que crea y acepte la expiación que se ha obrado, para que se deshaga de su deuda ya que ha sido cancelada como la cosa más sencilla del mundo, y también que le sea dada su libertad porque ahora hay un rescate, y que no debería estar más bajo condena puesto que la culpa que le condenaba fue apartada de él por su grandioso Substituto y Señor. Es entonces a causa de lo que Jesucristo ha sufrido en nuestro lugar que Dios nos ha perdonado en Cristo.

La segunda forma de traducir el texto sería ésta, que Dios nos ha perdonado *a causa del carácter representativo de Cristo.* Nunca debería olvidarse que todos nosotros caímos originalmente por medio de un representante. Adán actuó en nuestro lugar y era nuestra cabeza federal. Nosotros no caímos personalmente en primera instancia, sino en nuestro representante. Si él hubiera respetado las condiciones del pacto, nosotros habríamos permanecido mediante él; pero así como él cayó, nosotros caímos en él. Mi oración es que usted no cavile sobre este arreglo, porque allí reposa la esperanza de nuestra raza. Es probable que los ángeles hayan caído individualmente, uno por uno, y que por ese motivo cayeron de manera irreversible; no hay restauración provista para ellos. Pero como nosotros caímos siendo uno en Adán, quedó abierta la posibilidad de que nos levantáramos con otro Adán; y por lo tanto cuando vino el cumplimiento del tiempo, Dios envió a su Hijo, nacido de mujer y nacido bajo la ley, para convertirse en el segundo Adán. Él se propuso la tarea de quitar nuestras cargas y cumplir las condiciones para nuestra restauración. Según el pacto de Dios Él tenía que aparecer en nuestra naturaleza, y en el cumplimiento del tiempo Él asumió tal naturaleza. Él tenía que soportar el castigo; eso lo ha hecho con su sufrimiento y muerte personales. Él tenía que obedecer la ley, y eso ha hecho en el máximo grado.

Y ahora Cristo Jesús, habiendo llevado sobre sí el castigo y cumplido la ley, es justificado Él mismo ante Dios y está de pie ante Dios como el representante de todos los que están en Él. Dios nos ha aceptado en Cristo por la obra suya, nos ha perdonado en Él, y nos mira con infinito e inmutable amor en Él. Así es como todas nuestras bendiciones llegan a nosotros —en y a través de Cristo Jesús—; y si en verdad estamos en Él, el Señor no solamente perdona nuestros pecados, sino que también nos otorga las inagotables riquezas de su gracia en Él. De hecho, Él nos trata como trataría a su Hijo; Él hace con nosotros como haría con Jesús. Oh, cuán grato es pensar que cuando el Dios justo nos mira desde arriba, es por medio de un intermediario reconciliador: Él nos mira a través del Mediador. Algunas veces cantamos un himno que dice:

> Él ve entonces al pecador, a él y a mí,
> a través de las heridas de Jesús.

Y esto es justamente lo que hace el Señor. Él nos tiene en cuenta en virtud de la expiación obrada por nuestro Salvador y debido a su carácter representativo.

Ahora vayamos un poco más adelante. Cuando leemos «en Cristo» es seguro que significa *por el profundo amor que el Padre tiene hacia Él*. Hermanos míos, ¿pueden ustedes ver tan siquiera un poco del amor que el Padre tiene hacia el Unigénito? Nosotros no podemos atisbar el prodigioso misterio de la relación filial eterna del Hijo de Dios sin al menos quedar ciegos por un exceso de luz; pero sabemos esto, que ellos son un solo Dios —Padre, Hijo y Espíritu Santo—; y la unión que existe entre ellos es intensa más allá de lo concebible. «El Padre ama al Hijo» ha sido cierto desde siempre y es cierto ahora; pero cuán profunda e intensamente Él ama al Hijo es algo que ninguna mente puede concebir. Ahora, hermanos, el Señor hará grandes cosas por el bien de un hijo a quien Él ama así como ama a Jesús, porque además del hecho de amar eternamente al Hijo siendo uno con Él en naturaleza y esencia, hay ahora una causa suprema y adicional para amar que surge a partir de lo que el Señor Jesús ha hecho como siervo del Padre. Recuerden que nuestro Señor Jesús ha sido obediente a la voluntad de su Padre —obediente hasta la muerte, y muerte de cruz—; por lo tanto Dios le ha exaltado hasta lo sumo y le ha dado un nombre que es sobre todo nombre. Uno de los pensamientos más dulces que muchas veces alimento en mi mente cuando estoy solo es este: que *Dios el Padre está dispuesto a hacer cualquier cosa por Cristo*. He aquí otro panal de miel: *cuando yo clamo en el nombre de Cristo, estoy seguro de ser escuchado*. «Por amor de Cristo» es el ruego que siempre toca el corazón del Dios grande y poderoso. Demuestren que al recibir tal y tal bendición Cristo va a ser glorificado, y el Padre no se abstendrá de concederla, porque su deleite está en honrar a Jesús.

Por supuesto que hablamos como hombres, y en un tema como éste debemos ser muy cuidadosos; pero de todos modos sólo podemos hablar como hombres, porque eso es lo que somos y nada más. El gozo del Padre es expresar su amor hacia su Hijo. A lo largo de todas las edades Ellos han tenido comunión el uno con el otro; Ellos siempre han sido uno en todos sus designios, nunca han tenido diferencias sobre algo y no las pueden tener. Y ustedes notarán que cuando nuestro Señor dice: «Padre, glorifica a tu Hijo», está tan unido al Padre que añade, «para que también tu Hijo te glorifique a ti». Su amor mutuo es inconcebiblemente grande, y por lo tanto, hermanos, Dios está dispuesto a hacer lo que sea por Jesús. Dios está dispuesto a perdonarnos por amor a Cristo; sí, Él lo ha hecho así en el caso de miles alrededor mío. Y tú, gran pecador, si acudes en este momento a Dios y dices: «Señor, no puedo pedirte que me perdones por amor a mí mismo, pero hazlo por el amor que tienes hacia tu querido Hijo», Él lo va a hacer, porque Él hará cualquier cosa por causa de Jesús. Si eres en este momento consciente de tu pecado al punto de sentirte sin esperanza, está bien que estés así en este momento, ese desaliento es producto del sentido común porque te has dado cuenta de que no hay nada en ti mismo de lo cual puedas depender. Pero afiánzate en esta esperanza que no es un ancla endeble sino más bien el mejor sustento vital: pide perdón por amor de Jesús, puesto que Dios hará cualquier cosa por Jesús, y Él hará cualquier cosa por ti a causa del amor que tiene hacia su Hijo amado.

De manera pues que al leer una vez más nuestro texto a la luz de una verdad que crece a partir del amor de Dios, a saber, que *Dios sí perdona el pecado para glorificar a Cristo.* Cristo tomó sobre sí la vergüenza para que pudiera magnificar a su Padre, y ahora su Padre se deleita en magnificarle borrando el pecado de los hombres. Si ustedes pueden probar que cualquier don dado a ustedes reflejaría gloria para Cristo, entonces pueden descansar sobre el hecho de que lo tendrán. Si hay algo bajo el cielo que pudiera hacer más ilustre el nombre de Cristo, el Padre no lo escatimaría ni por un instante. Si usted ve que su pecado perdonado podría elevar la fama del Salvador, vaya y presente ese argumento a Dios, y de seguro prevalecerá. ¿Acaso no va a alegrar a Cristo que pueda salvar a un pecador como usted? Entonces vaya con este argumento en su boca: «Padre, glorifica a tu Hijo exaltándole como un glorioso Salvador al salvarme a mí». Muchas veces encuentro que decirle a Dios lo siguiente es como una gran palanca que puede mover grandes cargas: «Señor, tú sabes en qué estrechos estoy puesto. Tú sabes que yo no merezco nada. Tú sabes qué criatura tan precaria e imperfecta soy delante de ti. Pero si su querido Hijo me ayuda y me salva, los ángeles mismos estarán de pie maravillados ante su poderosa gracia, y eso *va a glorificarle a Él*, por lo cual te ruego que tengas gracia para conmigo.»

Ustedes pueden tener certeza de que van a prevalecer si pueden explicar que Cristo va a ser glorificado, y es seguro que así no van a desear ninguna cosa que no le glorifique a Él. Su oración siempre será contestada si su corazón se encuentra en un estado tal que están dispuestos a tener o a no tener, dependiendo de qué sea lo que honre a su Señor. Si no es algo que glorifique a Cristo, debemos estar más que contentos prescindiendo de los bienes terrenales más preciados; pero estén doblemente agradecidos cuando la bendición concedida tiende a traer honra al siempre amado y adorado nombre de Jesús. «Por amor de Cristo». Es una hermosa expresión; permanezcan en ella, y asiéntenla en los archivos de su memoria: el Padre está dispuesto a hacer cualquier cosa por amor de Jesucristo, su Hijo.

II. Ahora, en segundo lugar, pasamos a observar qué es lo que ha sido hecho por nosotros y aplicado a nosotros en Cristo y por amor de Cristo, según el texto. «Dios también *os perdonó a vosotros* en Cristo».

Nótese primeramente, que Él ha hecho esto *ciertamente*. El apóstol no dice que eso es lo que él espera que suceda, sino que dice: «Dios... *os perdonó* a vosotros en Cristo». ¿Está usted entre el número de los perdonados, mi querido oyente? ¿Ha creído en el Señor Jesucristo? Entonces, con la misma seguridad con que ha creído, Dios *ya* le ha perdonado a usted en Cristo. ¿Ha puesto usted su confianza en el sacrificio expiatorio? Entonces Dios le *ha* perdonado por amor a Cristo. Yo espero que usted no haya empezado a ser un cristiano con la idea de que algún día en el futuro, usted va a poder obtener perdón. No. «Dios... le *ha* perdonado en Cristo». El perdón no es un premio por el que hay que correr, sino una bendición que se recibe en el primer paso de la carrera. Si usted ha creído en Jesús, su pecado ya se ha ido lejos; todo su pecado ha sido borrado de los registros del pasado, y nunca va a ser tenido en cuenta contra usted. En el momento que un pecador vuelve la mirada a Cristo, la carga de su pecado es bajada de sus hombres para nunca más volver. Si Cristo le ha lavado (y Él lo ha hecho si usted ha creído en Él), entonces usted está totalmente limpio, y se encuentra ante el Señor libre de todo rastro de culpa.

El perdón no es una cuestión de esperanza, sino una cuestión de hecho. Se puede esperar con expectativa que llegue una bendición, pero el perdón es un favor ya realizado por completo que la fe apropia de principio a fin. Si Cristo tomó su carga, esa carga no puede quedar sobre su propia espalda; si Cristo pagó sus deudas, es porque ya no están en los libros de Dios para ser usadas en su contra. ¿Cómo podrían? La razón misma indica que si su Substituto ha tomado su pecado y lo ha puesto a un lado, su pecado ya no está encima de usted. Dios en Cristo le ha perdonado. Aprópiese de esa grandiosa verdad y reténgala, así todos los demonios del infierno rujan en su contra. Aférrese a ella como con mano de hierro: «Dios en Cristo me ha perdonado». Dios quiera que cada uno de nosotros pueda decir eso. No vamos a sentir la dulzura y fuerza divinas del texto a no ser que hagamos de él una cuestión personal por medio del Espíritu Santo.

Ahora note que Dios nos ha perdonado *continuamente*. No solamente Él perdonó todos nuestros pecados al comienzo, sino que continúa perdonando diariamente, porque el acto de perdonar es continuo. Algunas veces he escuchado decir que quedamos tan perdonados cuando creímos por primera vez, que ya no hay necesidad de pedir más perdón; a esto yo respondo: Fuimos perdonados de forma tan completa cuando creímos por primera vez que deberíamos pedir continuamente por la perpetuidad de ese acto de tan largo alcance, para que el Señor tenga a bien extendernos la plenitud de la gracia del perdón que nos absolvió tan perfectamente al comienzo, para que podamos continuar andando ante Él teniendo sentimiento y certeza de completo perdón, claro e indudable. Yo sé que fui perdonado cuando creí en Cristo por vez primera, y estoy igualmente seguro de ello ahora. Esa primera absolución sigue sonando en mis oídos como campanas de gozo que nunca cesan de repicar. Cuando al pasar por dudas y ansiedad no estaba seguro de mi perdón, éste seguía siendo verdadero, porque aquel que cree en Él no es condenado, aunque es posible que escriba cosas amargas contra sí mismo. Querido amigo, asegúrese de asirse firmemente a él, y no lo deje ir. El perdón divino es un acto continuo.

Y este perdón por parte de Dios fue *totalmente gratuito*. Nosotros no hicimos nada para obtenerlo por méritos propios, ni presentamos recursos para adquirirlo. Él nos perdonó en Cristo, no por nada que hubiésemos hecho. Es cierto que sí nos arrepentimos y creímos, pero fue Él quien nos dio arrepentimiento y fe, de manera que Él no nos perdonara a causa de ellos, sino puramente debido a su propio amor sincero, porque Él se deleita en la misericordia y su carácter se refleja al máximo cuando perdona la transgresión, la iniquidad y el pecado.

Recuerde también que Él nos perdonó *plenamente*. No fue un pecado aquí y otro allá que Él borró, sino la lista completa y todo el horrible catálogo de nuestras ofensas lo que Él destruyó de una sola vez. La substitución de nuestro Señor ha cerrado ese asunto a la perfección.

Porque el Salvador sin pecado murió,
Mi alma pecadora es libre hoy;
Pues Dios, el Justo, satisfecho está
Al verle a Él y poderme a mí perdonar.

Todas nuestras transgresiones son llevadas lejos de una sola vez, como arrastradas por un diluvio, y tan totalmente quitadas de nosotros que de ellas ni siquiera queda el menor rastro de culpa. ¡Todas se han ido! O creyentes, piensen en esto, porque *todo* no es cualquier cosa: los pecados contra un Dios santo, los pecados contra su amado Hijo, los pecados contra el evangelio así como los pecados contra al ley, pecados contra el hombre así como pecados contra Dios, pecados del cuerpo al igual que pecados de la mente, pecados tan numerosos como la arena de una playa y tan grandes como el mar mismo: todos, *todos* son removidos de nosotros y arrojados cuanto está lejos el oriente del occidente. Toda esa maldad fue apilada en un inmenso montón y colocada encima de Jesús; y habiéndola sobrellevado toda, le ha puesto fin para siempre. Cuando el Señor nos perdonó, Él nos perdonó toda la deuda. Él no tomó la cuenta y dijo: «Te voy a quitar éste pecado y aquel otro», sino que tachó la cuenta entera con la palabra: *CANCELADA*. Se trataba de un recibo cabal por concepto de todo lo que debíamos, porque Jesús tomó el acta de los decretos que había contra nosotros, la quitó de en medio y la clavó en la cruz, para mostrar ante el universo entero que se había extinguido para siempre el poder que tenían para condenarnos. Nosotros tenemos en Él un perdón completo.

Y tiene que recordarse que este perdón que Dios nos ha dado en Cristo es un perdón *eterno*. Él nunca va a recordar nuestras ofensas para imputarlas por segunda vez. Él no va a tener un mal día en el que se le ocurra decir: «He tenido gran paciencia contigo, pero ahora te voy a tratar conforme a tus pecados.» Muy por el contrario; aquel que cree en Jesús tiene vida eterna y nunca estará en condenación. El perdón del cielo es irreversible. «Porque irrevocables son los dones y el llamamiento de Dios.» Él nunca se arrepiente de lo que ha dado, o perdonado. Está hecho y está hecho para siempre: Jehová absuelve, y la sentencia queda vigente para siempre. «Ninguna condenación hay para los que están en Cristo Jesús.» «¿Quién acusará a los escogidos de Dios? Dios es el que justifica. ¿Quién es el que condenará?» ¡Bendito sea Dios por su eterno perdón!

Y puesto que no pude encontrar otra palabra para concluir que esta, voy a utilizarla: Él nos ha perdonado *divinamente*. Hay en esto una verdad, una realidad y un énfasis, porque aunque un hombre debería perdonar todo lo que se haya hecho en su contra, si se le ha tratado muy mal sería esperar demasiado que él debiera *olvidarlo* también. Pero el Señor dice: «Perdonaré la maldad de ellos, y no me acordaré más de su pecado». Si un hombre le ha defraudado, aunque usted le haya perdonado no es probable que usted vuelva a confiar en él. Un viejo adagio dice: «Nunca montes un caballo que tenga la rodilla rota», y no es que sea un mal proverbio. Pero fíjense cómo trata el Señor a su pueblo. Cuando Pedro fue colocado de nuevo sobre sus pies ya era un caballo con las rodillas partidas, pero miren cuán gloriosamente montó el Señor ese rocín en el día de Pentecostés. ¿Acaso no salió para conquistar y conquistó? El Señor deja el pecado tan enterrado en el pasado, que está dispuesto a confiarle a almas perdonadas sus secretos, porque «el secreto del Señor es con los que le temen»; y Él nos confía a algunos de nosotros los tesoros más valiosos, porque Pablo dijo: «Doy gracias al que me fortaleció, a Cristo Jesús nuestro Señor, porque me tuvo por fiel, poniéndome en el ministerio [del evangelio], habiendo yo sido antes blasfemo, perseguidor e injuriador.» Él nos pone al cuidado de ese valioso contenedor que encierra la mejor esperanza de los hombres, a saber, el Evangelio de Jesús. «Tenemos este tesoro en vasos de barro.»

Esto muestra cuán perfecto es nuestro perdón; no, debo corregir, cuán *divino* es el perdón que hemos recibido. Regocijémonos en esa grandiosa promesa que nos llega por boca de Jeremías en la antigüedad: «En aquellos días y en aquel tiempo, dice Jehová, la maldad de Israel será buscada, y no aparecerá; y los pecados de Judá, y no se hallarán; porque perdonaré a los que yo hubiere dejado». Aquí hay implícita una aniquilación —la única aniquilación de que tengo noticia— la absoluta aniquilación del pecado por medio del perdón que el Señor otorga a su pueblo. Cantemos estas palabras como si se tratara de un selecto himno: «La maldad de Israel será buscada, y no aparecerá».

III. Ahora, si ya os habéis embriagado con el espíritu de nuestro asunto, seréis fortalecidos al escuchar lo que tengo que decir sobre un punto práctico: «*Perdonándoos unos a otros*, como Dios también os perdonó a vosotros en Cristo.»

«Perdonándoos unos a otros, como Dios también os perdonó a vosotros en Cristo». Ahora observen cómo lo plantea el apóstol. ¿Acaso él dice «Perdonando a otros»? No, ese no es el texto. Es «perdonándoos *unos a otros*». ¡Unos a otros! Ah entonces eso significa que si usted tiene que perdonar hoy, es muy probable que usted mismo necesite ser perdonado mañana, porque dice: «perdonándoos *unos a otros*». Es como cambiar de turno, como una operación mutua, un servicio cooperativo. De hecho, es como una junta de accionistas del perdón de mutuo, y los miembros de las iglesias cristianas deberían tener muchas acciones allí invertidas. «Perdonándoos unos a otros.» Tú me perdonas, yo te perdono, y nosotros los perdonamos a ellos, y ellos nos perdonan a nosotros, y de esta forma alrededor de todo el mundo se va extendiendo un círculo de amor y paciencia sin límites. Hay algo que está mal en mí que necesita ser perdonado por mi hermano, pero también hay algo que está mal en mi hermano que necesita ser perdonado por mí, y esto es lo que el apóstol quiere decir: que todos nosotros necesitamos ejercer mutuamente el sagrado arte y misterio de perdonarnos unos a otros.

Si hiciéramos esto siempre, no tendríamos que preocuparnos más por los que parecieran tener una facultad especial para vigilar y espiar las faltas de los demás. Hay algunos que sin importar en qué iglesia están, siempre traen un informe negativo de ella. He escuchado de muchos un comentario como este: «Entre los cristianos no hay amor en absoluto». Les voy a decir cuál es el carácter del caballero que hace esa observación; es incapaz de amar y ser amado, y por eso está bien afuera del camino que recorren los peregrinos del amor. Otro se queja: «Ya no hay sinceridad en el mundo». Ese hombre es un hipócrita, pueden estar seguros de eso. A un pájaro se le juzga por su canción, y a un hombre por sus palabras. Los que censuran miden nuestro grano, pero usan sus propias palanganas. Se puede saber muy bien lo que es un hombre con base en lo que dice acerca de otras personas. Juzgar a otros hombres por su propio juicio de sus semejantes, es una medida del carácter que muy raras veces resulta engañosa. Su forma de hablar traiciona a su propio corazón. «¡Muéstreme su lengua, señor! Ahora puedo saber si está usted enfermo o sano.» Aquel que habla con lengua viperina de su prójimo tiene también un corazón envenenado; estén seguros de eso. Emprendamos nuestra carrera cristiana con la plena seguridad de que vamos a tener que perdonarle muchas cosas a otras personas, pero que habrá otro tanto más en nosotros mismos que también tendrá que ser perdonado. Contemos con que vamos a tener que ejercitar la amabilidad y que necesitaremos que otros la ejerciten con nosotros. «Perdonándoos unos a otros, como Dios también os perdonó a vosotros en Cristo.»

Noten nuevamente: cuando nosotros perdonamos, es un asunto nimio y humilde comparado con el perdón de Dios hacia nosotros, porque nosotros solamente nos estamos perdonando unos a otros —es decir, perdonando a siervos semejantes a nosotros— mientras que cuando Dios nos perdona a nosotros, el Juez de toda la tierra está perdonando, no a sus semejantes, sino a sus súbditos rebeldes, culpables de traición a su Majestad. Que Dios perdone es algo grandioso; que nosotros perdonemos, aunque algunos crean que es algo inmenso, debería considerarse como un asunto muy exiguo.

Ahora reflexionen en las cosas que se deben perdonar. Nuestro Señor en su parábola nos dice que el hermano siervo debía unos cuantos denarios al siervo, pero el siervo mismo era deudor a su señor por muchos talentos. Lo que nosotros le debemos a Dios es infinito, pero lo que nuestros semejantes nos deben es una suma muy pequeña en comparación. ¿Qué fue lo que esa persona le dijo que tanto le ofendió? «Él dijo algo muy vergonzoso de mí.» Sin duda, eso fue algo muy malo de su parte. «Después me hizo un truco muy sucio y actuó groseramente; de hecho, se comportó escandalosamente, y si usted escuchara la historia quedaría bastante indignado.» Bueno, yo sí estoy indignado. Él un mal prójimo, no hay duda de ello; y usted lo es también. Ciertamente lo era cuando se acercó a Dios por primera vez; por malo que esa persona haya sido con usted, usted ha sido mucho peor con el Señor. Yo le garantizo que sus manchas negras contra usted son blancas comparadas con sus manchas negras en la presencia de Dios. «Oh, pero usted no podría creer cuán ruin fue su actuación.» No, y me atrevo a decir que no podría creerlo si me enterara de cuán ruin y abyecta ha sido su conducta para con el Señor. En cualquier grado de bajeza, el solo hecho de pensar en cómo hemos agraviado a nuestro Dios y disgustado a su Espíritu, debería llenar de lágrimas nuestros ojos. Algunos de nosotros hemos recibido tanto perdón manifiesto, tenemos tantos pecados exteriores ya perdonados, que perdonar debería ser para nosotros algo tan natural como abrir nuestras manos. Después de un perdón tan grande como el que el Señor nos ha concedido a algunos de nosotros, sin duda tendríamos que ser siervos malos para asir a nuestro hermano por el cuello y decirle: «Págame lo que me debes». En ese caso mereceríamos que nuestro airado Señor nos entregara a los verdugos si no fuera un gozo para nosotros dejar pasar la falta de un hermano.

Si alguien aquí que sea cristiano encuentra difícil perdonar, voy a darle cuatro palabras que le ayudarán maravillosamente. Yo estoy dispuesto a ponerlas en boca del hombre bueno. Yo ya se las di a ustedes y oré para que percibieran la dulzura que tienen. Aquí están de nuevo: *«Por amor de Cristo»*. ¿Acaso no puede usted perdonar a un ofensor sobre esa base? Ah, la muchacha ha actuado muy vergonzosamente, y usted, el padre de ella, ha dicho algunas cosas muy fuertes, pero yo le ruego que la perdone por el amor de Cristo. ¿No puede usted hacerlo con ese motivo? Es verdad que su hijo se ha portado muy mal, y nada lastima más el corazón de un padre que la conducta pérfida de un hijo. En un arranque de ira usted le dijo algo muy cruento y le negó la entrada a su casa para siempre. Yo le imploro que se trague sus palabras por el amor de Cristo. Algunas veces cuando he suplicado en casos como éstos, la persona a quien he estado persuadiendo ha dicho amablemente: «Sí señor, voy a hacerlo por usted». Yo les he dicho: «Voy a estarle agradecido si usted lo hace como sea, pero preferiría que hubiera dicho que estaría dispuesto a hacerlo por mi Señor y Maestro, porque ¡qué bondadoso Maestro ha sido Él para con usted! Hágalo por Él, por amor a Él».

Es posible que esté hablando de manera muy directa a algunos de ustedes. Espero que así sea. Si acaso alguno de ustedes tiene su corazón en mal estado y ha dicho que nunca perdonará a un hijo rebelde, no vuelva a decir eso hasta que haya visto el asunto como una oportunidad para honrar a Cristo. No a causa del muchacho, ni a causa del prójimo que le ha ofendido, ni por ninguna otra razón le estoy urgiendo a que tenga misericordia, sino por causa de Cristo. Vengan, ustedes los dos hermanos que han caído, ámense mutuamente por el amor de Cristo. Vengan ustedes dos, hermanas, vengan ustedes, los dos amigos que se han alejado el uno del otro: reúnanse para dar término a sus amargos sentimientos, por el amor de Cristo. Ustedes no deben tener ni una gota de malicia en su corazón, por el amor de Cristo. Oh, cómo nos enternece esa exquisita palabra, y al hacerlo parece que no deja rastro alguno de ira tras de ella. Por el amor de Cristo nuestro amor puede soportarlo todo y no fallar nunca.

No sé cómo expresar la siguiente palabra que voy a decir. Es una paradoja. Es necesario perdonar, de lo contrario no puede uno salvarse; al mismo tiempo, no hay que hacerlo por una presión externa, debe hacerse libremente. Hay una forma de llevar esto a práctica, aunque no puedo explicarla en palabras. Usted debe perdonar, no porque se vea forzado a hacerlo, sino porque lo hace de todo corazón. Recuerde que de nada sirve que ponga su dinero en esa caja de ofrendas a no ser que se acuerde primero de perdonar a su hermano. Dios no va a aceptar las ofrendas, oraciones o alabanzas de un corazón no compasivo. Aunque usted diera toda su substancia por la causa de Dios, Él no aceptaría ni siquiera un poco de ella si usted muriera con un temperamento no perdonador. No hay gracia donde no hay disposición a pasar faltas por alto. Juan dijo: «El que no ama a su hermano a quien ha visto, ¿cómo puede amar a Dios a quien no ha visto?». La oración misma que le enseña a pedir misericordia también le hace decir: «Y perdónanos nuestras deudas, como también nosotros perdonamos a nuestros deudores». A no ser que usted haya perdonado a otros, cuando usted repite la oración del Padrenuestro no está haciendo más que leer su propia condena de muerte.

Por último, quiero decirles a todos ustedes, hermanos, que como hermanos y hermanas en Cristo Jesús, si vamos a perdonarnos unos a otros, también debe haber otras cuantas cosas que deberíamos hacer. Si yo sé que a un hombre no le gusta cierta cosa, entonces no la voy a hacer frente a él. No digan: «Bueno, si él tiene mal genio, no es mi culpa; él no debería estar tan susceptible a sentirse ofendido. Yo no puedo ser deferente todo el tiempo a causa de su absurda sensibilidad.» No, hermano, si tu amigo es muy susceptible a ofenderse y tú lo sabes, entonces muestra respeto por su debilidad de ánimo, del mismo modo que tendrías consideración si tuviera una aflicción corporal. Si tuvieras reumatismo o la gota, tus amigos no irían zapateando por el cuarto y diciendo: «Seguramente no le importa, no debería ni sentirlo». Las personas de corazón sensible cruzarían ese cuarto con suaves pasos teniendo cuidado de no lastimas la pobre extremidad adolorida. Si un hombre tiene una mente enfermiza y es muy irritable, hay que tratarle con amabilidad, compadeciéndole por su debilidad y sin irritarle.

Un amigo me escribió hace poco una carta con una seria queja contra un hermano que había estado muy enojado con él y que en su irritación le había hablado en términos muy fuertes. Me sentí constreñido a escuchar el otro lado de la historia, y me vi en la obligación de decir: «Ahora, hermanos, ustedes dos están equivocados. Tú, mi hermano, te saliste de casillas. Pero tú, mi otro hermano, le irritaste, por lo cual no me asombra que él se haya salido de casillas. Y cuando tú viste que él se había enojado, ¿por qué no te alejaste o hiciste algo para apaciguarle? No, lo que hiciste fue quedarte ahí para aumentar la rabio, y después escribiste para dejarle expuesto.» Yo puedo culpar a la madera por arder, pero ¿qué diré de los ventiladores? Estuvo mal arder en cólera, pero también estuvo mal aventar la llama. Muchas veces cuando un hombre está enojado, puede ser que no sea la única persona a quien culpar. Por lo tanto, hermanos y hermanas, si hemos de perdonarnos unos a otros, no nos provoquemos mutuamente hasta el punto de ofendernos.

Por otro lado, no vean ofensas donde no existen. Algunas veces un hombre se ofende por ninguna razón en absoluto a causa de algo que hace otro hombre. Una persona dijo de otra cuando pasó a su lado en la calle: «Él ni siquiera me saluda con la cabeza. Es demasiado orgulloso como para reconocerme porque soy un hombre pobre.» Ahora, resulta que ese querido hermano que fue acusado de ese modo, no podía ver más allá de su mano porque era miope. Otro fue censurado por no escuchar, aunque era sordo, y otro más por no dar la mano, cuando resulta que su brazo estaba paralizado. No imaginen ofensas donde no se han dado intencionalmente.

Asimismo, no se ofendan cuando *sí* son intencionales. Sería algo espléndido que ninguno de ustedes se ofendiera. Nada hace sentir al hombre más pequeño que cuando se acepta lo que él se había propuesto hacer como un insulto, como si fuera un cumplido por el que se le agradece. ¿Puede usted disciplinarse para llegar a ese punto? Recuerde, cuando usted se ha conquistado a sí mismo, también ha conquistado al mundo. Usted ha triunfado sobre todos cuando ha triunfado tan definitivamente sobre su propio espíritu que tiene contentamiento ante las cosas que naturalmente exacerbarían su rabia.

Ahora, si usted tiene que sentirse ofendido, hermano querido, no exagere la ofensa. Algunas mujeres buenas, y *hombres* también, cuando están contando sus cuitas añaden demasiados adornos. Dan muchos rodeos, e introducen tantas creencias, sugerencias y circunloquios al asunto, que el huevecillo se agranda al punto que parece puesto por una avestruz. Yo procedo con calma a remover las plumas y la pintura, y digo: «Ahora, no veo qué relación tenga esto con lo otro, o qué fue lo ofensivo de esto. Todo lo que puedo ver cuando me acerco a observar el hecho en sí es tal y tal, y realmente no es gran cosa, ¿no cierto?». «Oh, pero la intención iba más allá.» No crea eso, querido hermano, querida hermana. Si hay algo que no anda bien, que sea lo más insignificante que se pueda. Si usted tiene un telescopio, mire por el lado del aro grande y minimice en lugar de magnificar, o mejor aún, no mire para nada en absoluto.

Un ojo ciego es muchas veces el mejor ojo que un hombre puede tener, y un oído sordo es por mucho mejor que uno que escucha demasiado. «Tampoco apliques tu corazón», dice Salomón, «a todas las cosas que se hablan, para que no oigas a tu siervo cuando dice mal de ti.» Algo que usted haya hecho puede irritar a un siervo, y es posible que él haga comentarios innecesarios o impertinentes. No escuche lo que está mascullando. Propóngase no escucharlo, él va lo va a lamentar mañana, y si piensa que usted no le escuchó, va a continuar sirviéndole con lealtad a usted. ¿Qué harían *ustedes* si su amo los hiciera responsables por toda palabra dicha por ustedes, y que escudriñara cada frase pronunciada por ustedes? ¿Cómo podrían vivir en absoluto si él llevara cuentas estrictas de lo que ustedes hacen y dicen? No, queridos amigos, si ustedes van a perdonarse mutuamente, no se ofendan fácilmente; y cuando se ofendan, no exageren la ofensa; y acaso si pueden, ni siquiera se detengan a observarla.

De nuevo les digo, no publiquen sus ofensas. Hay algo muy ofensivo que se ha dicho. ¿Y ahora qué? No lo repitan. No vayan a uno y luego a otro para decir, «Mira esto es bastante privado, ten cuidado de guardar el secreto—tal y pascual ha dicho cosas vergonzosas». Es mejor dejar que su propio corazón se quebrante que ir de arriba a abajo agitando esa antorcha en esa forma. Si un hermano ha cometido un error, ¿porqué tienen ustedes que cometer otro también? Y es un error y un daño estar publicando su falta. Recuerden cómo cayó una maldición sobre el hijo de Noé por haber expuesto a su padre. Cuán mejor nos iría a todos si cuando hay algo mal nos devolviéramos en reversa para cubrirlo, sin ni siquiera mirarlo nosotros mismos, si es que podemos evitarlo. ¡Cúbranlo! La caridad cubre multitud de pecados. No uno, dos o tres pecados solamente, sino que la caridad lleva puesto un manto que cubre una inmensa cantidad de faltas.

Por encima de todo, mis hermanos, y con esto concluyo, nunca, de ninguna forma, directa o indirectamente, se venguen ustedes mismos. Con respecto a cualquier falta que se cometa en su contra, el Maestro les dice: «No resistáis al que es malo». En todas las cosas doblegarse, inclinarse, ceder, someterse. «Si pisas un gusano se va a dar la vuelta contra ti», algunos dicen. ¿Acaso el ejemplo de ustedes es una culebra? El mío va a ser Cristo. Es algo bien chocante cuando un hombre cristiano olvida a su Señor y encuentra una excusa para él mismo en medio de las pobres criaturas que están bajo sus pies. Pero si así ha de ser, ¿qué es lo que hace un gusano cuando se da la vuelta? Cuando usted ha pisado un gusano, ¿acaso le muerde? ¿El gusano le hace daño a alguien? Ah, no. Sí da la vuelta, pero más bien da vueltas y en su agonía y se retuerce ante usted, eso es todo. Usted puede hacer eso, si debe hacerlo. Hermano, la venganza más espléndida que usted puede tener jamás es hacerle bien a los que le hacen mal a usted, y hablar bien de aquellos que hablan mal de usted. Ellos sentirán vergüenza hasta de mirarle; nunca le van a hacer daño de nuevo si se dan cuenta de que usted no puede ser provocado a nada más que mostrar amor y bondad aún más grandes.

Esta debería ser la marca distintiva de todos los cristianos. No eso de que «te voy a demandar legalmente», o «me voy a vengar personalmente», sino más bien «lo soportaré y sobrellevaré hasta el fin si es necesario». «Mía es la venganza, yo pagaré, dice el Señor.» No tomen en sus propias manos lo que Dios dice que le pertenece solo a Él. Más bien, así como Él por amor de Cristo y en Cristo les ha perdonado a ustedes, así también perdonen a todos los que les ofenden. «¿Por cuánto tiempo tengo que hacer eso?», alguno dirá. «No me importaría hacerlo tres o cuatro veces.» Hubo uno que en otros tiempos estuvo dispuesto a hacerlo hasta seis o siete veces, pero Jesucristo dijo: «Setenta veces siete». Esa es una cantidad considerable. Bien puedan ustedes contar para saber si hay llegado a esa cifra, y si lo han hecho, entonces sentirán alegría de volver a comenzar la cuenta, y a seguir perdonado así como Dios en Cristo les ha perdonado a ustedes.

Que Dios nos ayude a ser pacientes hasta el fin. Cristo Jesús debe ser el objeto de nuestra imitación. Esta es la clase de doctrina que Cristo mismo predicó, y por lo tanto, puesto que Él predicó continuamente este amor por nuestro prójimo, y también el perdón de nuestros enemigos, deberíamos tanto predicarlo como ponerlo en práctica. Vayan y crean en Él, y sean imitadores de Él, recordando que Cristo perdonó a sus asesinos en la cruz sobre la cual obtuvo nuestra redención. Que su Espíritu repose sobre ustedes para siempre. Amén.

# ALEXANDER MACLAREN: EL PERDONADOR HIJO DEL HOMBRE

*Pues para que sepáis que el Hijo del Hombre tiene*
*potestad en la tierra para perdonar pecados*
*(dice entonces al paralítico): Levántate, toma tu cama,*
*y vete a tu casa.*
– Mateo 9:6

El gran ejemplo de la enseñanza de nuestro Señor, que nosotros llamamos el Sermón del Monte, es seguido en éste y el capítulo anterior por una recopilación similar de sus obras. Estas son organizadas por el evangelista en tres grupos, cada uno consiste de tres milagros y separados entre sí por temas diferentes. El milagro al cual se refiere nuestro texto es el tercero de la segunda tríada, siendo los otros dos la tormenta de mar aquietada y la expulsión de demonios de dos hombres en la tierra de los gadarenos.

Uno puede discernir una cierta similitud en estos tres incidentes. En todos ellos nuestro Señor aparece como el agente que trae la Paz. Pero las esferas en las cuales Él opera son diferentes en cada caso. La calma que fue exhalada sobre el lago tempestuoso era paz, pero de un tipo inferior a aquella que llenó las almas de los endemoniados cuando el poder que les atormentaba y creaba conflicto en su interior fue echado fuera. Pero incluso esa paz era de un tipo menor con respecto a la que trajo reposo al pobre paralítico gracias a la seguridad del perdón que había recibido. El perdón es una bendición aún más elevada que la expulsión de demonios porque la manifestación de poder y amor se eleva firmemente a su punto máximo.

El texto subordina el simple milagro en sí a la seguridad de perdón expresada con autoridad divina, y nos enseña de ese modo que la parte más importante del incidente no es la curación de la enfermedad, sino el perdón de pecados que la acompaña. Aquí tenemos una vital instrucción dada por nuestro Señor mismo en cuanto a la relación que existe entre sus milagros y aquella obra perpetua suya, la cual ha venido realizando en todas las eras y hasta hoy, y que está dispuesto a hacer por nosotros si se lo permitimos. Se remonta muy por encima del milagro, y el milagro es honrado al ser su atestación. Encontramos entonces que estas narraciones sugieren grandes principios que están muy por encima del hecho milagroso como tal.

## LA NECESIDAD MÁS PROFUNDA DEL HOMBRE ES EL PERDÓN

¡Cuán extraña e irrelevante les debió haber parecido la respuesta de Cristo al celo diligente de los cargadores y al silencio suplicante del enfermo! Le dice: «Ten ánimo, hijo», en un sentido tierno y paternal, «tus pecados te son perdonados». Eso fue algo que sonó muy lejano a lo que estaban buscando, algo muy aparte de su deseo; pero fue la respuesta directa a la verdadera necesidad del hombre. Posiblemente en este caso la enfermedad había sido el resultado de una pérfida vida pasada:

*Un pecado de la carne vengado en la carne.*

Es probable que el paralítico también sintiera, que sin importar lo que habían hecho sus cuatro amables vecinos, que lo que más necesitaba era perdón, porque Cristo no arroja sus perlas ante ojos que no pueden ver su brillo, ni ofrece su don de perdón a corazones no afectados por su conciencia de pecado. Las largas horas de inactividad obligada no dejaron de ser visitadas por recuerdos y remordimientos, y la conciencia puede haberse estremecido tanto como las extremidades se habían atiesado. Sea como sea, debe observarse que nuestro Señor apunta hacia el milagro como una prueba de su poder para perdonar, no dada al hombre paralítico, sino a los censuradores incrédulos que estaban presentes, como si el paralítico no necesitara prueba alguna sino que ya había captado la seguridad del perdón aunque no se había verificado. De este modo, tanto la declaración de Cristo como la rápida aceptación de ella parecen implicar que en su inmóvil condición tendido sobre su cama había en su interior una furiosa tempestad de penitencia y anhelo de perdón, que sólo podía calmarse con algo mucho más profundo que cualquier sanidad corporal.

Desde cualquier punto de vista, la lección escueta a partir de la forma como Cristo trató el caso es que nuestra necesidad más profunda es el perdón. ¿Acaso no es nuestra relación con Dios la relación más importante y de alcance más profundo que tenemos? Si eso esa relación es correcta, ¿será que todo lo demás no va a estar bien? Mientras siga siendo defectuosa, ¿no va a estar mal todo lo demás? ¿Y no es verdad que sin importar cuáles sean nuestras diferencias superficiales, todos tenemos esto en común, que somos pecadores? Rey y bufón, filósofo y mentecato, culto e ignorante son iguales en esto, que «todos pecaron y están destituidos de la gloria de Dios». Túnicas reales y chaquetas de tela cubren el mismo corazón humano, que en todo se ha apartado de Dios, y que en todos se retuerce con mayor o menor conciencia bajo el mismo resquemor, la consecuencia y señal de su separación de Dios.

Aquí puede verse la sabiduría de Cristo y la adaptación que hace de su evangelio a todos los hombres, porque no se entretiene con los síntomas sino que trata directamente la enfermedad profunda y muchas veces latente. Es un desperdicio de tiempo y energía juguetear con maldades superficiales que simplemente son consecuencias del verdadero mal. La única forma de hacer bueno el fruto es hacer bueno el árbol, y cuando lo sea entonces producirá frutos conforme a su naturaleza. Los paños de agua tibia son un alivio para el enfermo, pero la cura tiene que ser necesariamente algo más potente. La fuente de toda aflicción es el pecado, porque incluso con la observación más superficial se nota que la mayor parte de la miseria personal de cada hombre proviene de sus propias faltas o las de otros; y en cuanto al resto de ella el juicio de fe que acepta la declaración de Dios la considera como necesaria a causa del pecado, a fin de disciplinar y purificar.

La primera cosa que se debe hacer para curar las heridas de los hombres y remediar su miseria es hacerlos puros, y lo primero que se debe hacer para que sean puros es asegurarles del perdón de Dios por su impureza pasada. De modo que los sarcasmos de que se hace objeto a hombres religiosos por «darle tratados evangelísticos a la gente cuando lo que necesitan es pan» y otros semejantes, son someras en exceso y sencillamente indican que el crítico no ha hecho más que diagnosticar superficialmente la enfermedad y que por ende está tremendamente equivocado en cuanto a la medicina que se requiere. Que Dios no permita que digamos una palabra que siquiera se asemeje a un menosprecio del valor que tienen otras formas de esfuerzos filantrópicos, o a no identificarnos y admirar el entusiasmo que llena y dirige a muchos obreros sacrificados y dedicados en medio de la inmundicia y el vicio de nuestra compleja y medio–bárbara «civilización». Es deber tácito del pueblo cristiano alegrarse de corazón y contribuir en todas esas obras, reconociéndolas como buenas y bienaventuradas porque son una consecuencia directa de la perspectiva cristiana en cuanto a la solidaridad por la humanidad y la mayordomía de las posesiones.

Pero debemos ir a una profundidad mucho mayor de lo que las reformas estéticas, o intelectuales, o políticas o económicas pueden alcanzar, antes de que podamos tocar la razón real por la que los hombres son miserables. Es necesario taponar la fuente principal, o será inútil tratar de desaguar el pantano y convertir su movedizo fangal en suelo firme y fértil. Podremos curar la miseria efectiva y ciertamente, sólo cuando empecemos en el lugar donde empieza la miseria, que es donde Cristo empezó, tratando primero con el pecado. El verdadero «salvador de la sociedad» es aquel que puede ir donde su hermano paralizado y maltrecho, y como un ministro que declara lo que hay en el corazón de Dios le dice: «Ten ánimo; tus pecados te son perdonados». Entonces el entumecimiento se irá de las agarrotadas extremidades, y una nueva energía entrará en ellas para que el sufriente se ponga en pie, tome su lecho, y ande.

## EL PERDÓN ES EXCLUSIVAMENTE UN ACTO DIVINO

Leemos que allí había personas de pie que miraban con recelo y por tanto sus ojos estaban cegados, se trataba de una comitiva de hombres instruidos, formalistas religiosos del más alto orden que se habían congregado, como nos cuenta uno de los evangelistas, viniendo de todas partes para conformar una especie de inquisición eclesiástica o junta de jueces para rendir un informe sobre este joven maestro de Galilea, a quien sus discípulos llamaban Rabí sin autorización. Pero ellos tenían un olfato agudo para la herejía, así que se fijaron con instinto seguro en el único punto cuestionable: «¿Por qué habla éste así? Blasfemias dice. ¿Quién puede perdonar pecados, sino sólo Dios?» (Mr. 2:7). Los formalistas, cuya religión es básicamente un envoltijo de cinta roja atado a las extremidades de los hombres para impedirles acceder a cosas que quisieran, son ciegos como murciélagos a la belleza radiante de la bondad sublime e insensibles como rocas ante las penurias de la triste humanidad.

Pero de todas maneras estos escribas y doctores de la ley tenían toda la razón en cuanto al principio que según ellos Cristo estaba violando. El perdón es exclusivamente un acto divino. Por supuesto que lo es. El pecado es la perversión de nuestra relación con Dios. La palabra *pecado* no tiene sentido a no ser que el acto pecaminoso se considere como tal en referencia a Dios. Un mismo acto puede ser considerado como pecado, crimen o vicio. Como pecado, tiene que ver con Dios; como crimen, lo es relación con la ley pública y con los demás hombres; como vicio, tiene que ver con unos parámetros de moralidad y es posible que sólo me afecte a mí mismo. Los representantes de la ley nacional pueden perdonar el crimen. El tribunal impersonal de la moral queda en silencio con respecto al perdón del vicio. Sólo Dios tiene que ver con el vicio o el crimen considerados como pecado, y sólo Él, contra quien hemos pecado únicamente, puede perdonar nuestra transgresión.

Únicamente Dios puede perdonar pecados, porque lo esencial del perdón no es la remisión externa de la falta, sino el flujo de amor sin restricciones que sale del corazón de Aquel contra quien se ha pecado. Cuando ustedes, padres y madres, perdonan a sus hijos, ¿acaso ese perdón consiste simplemente en levantarle el castigo? No consiste más bien en esto, que su amor no disminuye ni se amarga más a causa de la falta de sus hijos, sino que es derramado sobre el pequeño rebelde justo como era antes de la falta? De modo que en el fondo el perdón de Dios es como si Él dijera: «Hijo, en mi corazón no hay nada hacia ti más que amor puro y perfecto». Nuestros pecados llenan el cielo de niebla y el sol aparece sobre ellas apenas como una bola de fuego exánime. Pero sigue brillando por encima de la neblina con la misma intensidad y constantemente, por lo cual disipa y dispersa toda la nubosidad, resplandeciendo con su propio fulgor sobre el corazón gozoso. El perdón es el mismo amor de Dios, derramado sobre el pecador sin restricciones ni amarguras. Ese es un acto exclusivamente divino. Los enjuiciadores doctores tenían bastante razón: «¿Quién puede perdonar pecados, sino sólo Dios?».

Es posible que tal perdón coexista con la retención de algunos castigos que se aplicaban al pecado perdonado. «Les fuiste un Dios perdonador, y retribuidor de sus obras.» Cuando los pecados son crímenes, por lo general son castigados. Los castigos de los pecados que se consideran vicios o infracciones de un estándar de moralidad siempre se dejan pasar, porque el mal cometido ha entrado a formar parte de la compleja unidad que es el pasado del transgresor, y sus «aspectos naturales» no se pasan por alto, aunque su carácter se modifica cuando son realizadas teniendo conciencia del perdón de Dios. En ese caso se convierten en un escarmiento misericordioso, y en una señal del amor del Padre. El verdadero castigo del mal, considerado como pecado, queda abolido totalmente para el hombre a quien Dios perdona, porque ese castigo definitivo es la separación de Dios que es la única muerte verdadera, y aquel que es perdonado y sabe que lo es, sabe también que ha sido unido a Dios porque aunque no lo merece, aquel amor infinitamente paciente y compasivo ha sido derramado sobre él. El perdón es amor que se levanta por encima del oscuro dique que hemos apilado para separarnos de Dios, y que inunda nuestros corazones con sus alegreexultantes aguas.

Aquí podríamos añadir, aunque sea algo que se aparta un poco de nuestro objetivo directo, que el perdón del pecado es una posibilidad real, a pesar de las declaraciones modernas en el sentido de que no lo es. Cuando nos arriesgamos a preguntar, con la humildad propia de un mero creyente en el cristianismo al dirigirnos a nuestros sabios modernos, por qué es imposible el perdón, se nos hace referencia a los vínculos acerados de conexión necesaria entre el presente y el pasado de un hombre, y se nos asegura que en un universo como en el que vivimos, ni Dios ni el hombre pueden evitar que la semilla sembrada brote y emerja, y el que siembra no puede evitar cosechar lo que ha sembrado. Pero nosotros podemos responder que también creemos que «todo lo que el hombre sembrare, eso también segará» y podemos preguntar qué tiene eso que ver con la doctrina del perdón en las Escrituras, la cual no altera para nada esa ley en lo que respecta a los vínculos acerados que los objetores observan, y la cual proclama esto como el corazón mismo del perdón de Dios, que el hombre pecador que abandona su pecado y pone su confianza en el sacrificio de Cristo, será tratado como si su pecado no existiera, en la medida en que éste interfiera con el flujo pleno de la corriente intensa del amor de Dios.

Pero necesitamos un medio concreto y definido para que este perdón divino sea transmitido a nosotros. Si alguna vez hemos descendido a las bóvedas de nuestros propios corazones y visto las cosas espantosas que allí se esconden y hacen daño, una confianza vaga e indeterminada en una confianza igualmente vaga e indeterminada de un Dios medio escondido no va a ser suficiente para nosotros. La mera noción de que Dios es misericordioso es demasiado vaporosa y enclenque para que una conciencia atribulada se encomiende a ella. Nada que no sea el perdón personal de un Rey estampado con su propio sello puede ser válido; y no ser que podamos entrar en contacto directo con Dios y escuchar de alguna manera con certidumbre infalible de sus propios labios que nos asegura de su perdón, no vamos a tener lo suficiente para las necesidades de nuestra alma.

## CRISTO AFIRMA Y EJERCE ESTA PRERROGATIVA DIVINA DEL PERDÓN

El hecho de que Jesús haya respondido al pensamiento apenas susurrado a regañadientes por estos críticos cavilosos, puede haberlos convencido de que Él tenía acceso a otras prerrogativas divinas y que podía leer los corazones de los hombres con mayor claridad que nuestros propios ojos. Uno debe dirigirse a *Él* como el «Señor» de quien puede decirse, «aún no está la palabra en mi lengua, y he aquí, oh Jehová, tú la sabes toda». Si Él posee la facultad divina de leer las intenciones del corazón, también tiene derecho a ejercer el poder divino de perdonar lo que Él discierna que hay allí.

Pero nótese su respuesta a los objetores. Él admite completamente sus premisas. Ellos dijeron: «Nadie puede perdonar pecados, sólo Dios». Ahora, si Jesús fuera solamente un hombre como el resto de nosotros, teniendo la misma relación con Dios que tienen otros santos, profetas y maestros, y sin tener nada que ver con el perdón de Dios más que el simple hecho de decirle a un corazón mortificado, como cualquiera de nosotros podría hacerlo: «Hermano, anímate; yo te digo que Dios te perdona a ti y a todos los que buscan su perdón»; si sus palabras al paralítico tuvieran intenciones únicamente ministeriales y declaratorias, entonces Él estaba constreñido, por todas las obligaciones que atañen a un maestro religioso, a dirigirse a los objetores y decirles que habían interpretado equivocadamente lo que Él había querido decir. En efecto, ¿por qué no les dijo Él: «¿Acaso digo blasfemias? No, eso no es lo que quiero decir. Yo sé que sólo Dios perdona, y yo solamente le estoy diciendo a nuestro pobre hermano aquí, como ustedes también podrían hacerlo, que Él perdona pecados. La blasfemia existe únicamente en el malentendido que ustedes tienen acerca de Mis intenciones?»

Pero la respuesta de Cristo no fue así en lo más mínimo, aunque cualquier maestro religioso íntegro y devoto ciertamente habría respondido de ese modo. En efecto, Él dice: «Ustedes tienen toda la razón. Ningún hombre puede perdonar pecados, sino Dios únicamente. Yo perdono pecados. Entonces ¿quién creen ustedes que Yo, el Hijo de Dios, soy? Yo afirmo que perdono pecados. Es fácil hacer esa declaración, más fácil que afirmar que tengo el poder para hacer levantar a este hombre enfermo de su lecho, porque ustedes pueden ver si su levantamiento sigue o no a la palabra expresada, mientras que la otra afirmación no puede sustentarse visiblemente. Ambas declaraciones son igualmente fáciles de decir, ambas cosas son igualmente imposibles de hacer para un hombre; pero hacer una de ellas es algo visible, mientras que no sucede lo mismo con la otra. Voy a hacer la imposibilidad visible; y después juzguen ustedes si yo tengo derecho o no, como alego, de hacer la invisible.»

Claramente hay en esta respuesta de Jesús una afirmación categórica de que Él perdona pecados tal como Dios mismo lo hace. La objeción que está contestando así como la forma en que la confronta nos impiden tratar la expresión «perdonar pecados» en este contexto en un sentido que no sea el más insuperablemente divino. Ahora, esta declaración parece situarnos cara a cara con una alternativa claramente distinta, la cual me atrevo a traer rápidamente a su consideración. Ofrecer la opción de ser atravesado por una lanza en cualquiera de las dos esquinas de un dilema no es la mejor forma de convencer de la verdad a mentes vacilantes; pero es apenas justo, y para algunos puede resultar persuasivo, decir que aquí nos es impuesta una onerosa situación de «o lo uno o lo otro». O bien los fariseos tenían la razón, y en ese caso Jesucristo, el manso y humilde sabio religioso, el modelo de toda abnegación personal, cuyas dulces y razonables enseñanzas no han podido ser desgastadas ni obedecidas en dieciocho siglos de historia, era un audaz blasfemo, o Él era Dios manifestado en la carne. Todo el incidente en sí nos obliga, haciendo la interpretación más honesta, a tomar sus palabras al hombre enfermo como los fariseos las tomaron, como una declaración de tener el derecho a ejercer una prerrogativa exclusivamente divina. Él se atribuyó tener el poder para borrar las transgresiones de un hombre y respaldó esa atribución, no sobre la base de que Él estaba declarando o trayendo el perdón divino, sino con el contundente argumento de que Él podía hacer lo que ningún hombre podía hacer.

Si Jesucristo dijo e hizo todo lo que esta narración le atribuye —y si sabemos algo acerca de Él, sabemos que sí lo hizo— no se puede formular ninguna hipótesis acerca de Él que reserve su carácter para reverencia de la humanidad, sino más bien una que vea en Él la Palabra hecha carne, el Juez del mundo, de quien *única y ciertamente* el mundo puede recibir el perdón divino.

## JESUCRISTO TRAE TESTIGOS VISIBLES DE SU PODER INVISIBLE PARA PERDONAR PECADOS

Por supuesto, el milagro de sanar al paralítico fue una evidencia muy completa y especial, en la medida en que esa señal y el perdón por el que fue dada para certificarlo fueron por igual actos divinos que están más allá del alcance del poder humano. También podemos notar, que aquí nuestro Señor nos enseña la relativa importancia de estos dos componentes, subordinando la sanidad milagrosa a la obra superior de otorgar perdón. Pero es permisible que extendamos este principio y argumento a los efectos externos subsidiarios del cristianismo en la esfera visible y material de cosas como demostraciones de su poder en el interior del hombre, el cual solamente conoce como cuestión de experiencia personal aquel que siente su carga de pecado caer de sus hombros al pie de la cruz. Los efectos manifiestos de la fe cristiana sobre los individuos, y de la fe cristiana menos cabal que está difundida en la sociedad, sí se sostienen como fuertes pruebas de la realidad de la afirmación de Cristo para ejercer el poder de perdonar. Los resultados visibles de todo esfuerzo diligente para llevar el evangelio a los hombres, y los efectos producidos en las vidas de los que lo reciben, logran crear una inmensa presunción a favor de la realidad del poder que Jesús ejerce según lo proclama el evangelio. Puede ser que admitamos la extravagancia, la brusquedad y la angostura que con demasiada frecuencia deforman tales esfuerzos y achican la estatura espiritual de sus convertidos. Pero cuando las críticas más amargas han sido sopladas como espuma, ¿no queda en la copa una buena cantidad de lo que tiene un aspecto y sabor muy parecido al vino nuevo del reino? Pasiones domadas, esperanzas santificadas, una nueva y noble dirección aplicada a las aspiraciones, el yo sojuzgado, las caridades de la vida abriéndose como flores donde antes había cardos y espinos o desierto árido, hogares convertidos en Beteles, casas de Dios donde antes había pandemónium: éstas cosas y otras semejantes son testigos de que Jesucristo no se apresuró a hacer afirmaciones pretensiosas, ni creó esperanzas que no pudiera cumplir, cuando dijo: «Tus pecados te son perdonados».

Siempre que el poder perdonador de Cristo entra a un corazón, la vida se hermosea, purifica y ennoblece, al tiempo que otros materiales secundarios se benefician de su paso por una vida. Nosotros tenemos derecho de afirmar que la diferencia entre las esferas que se denominan cristiana y no cristiana son pruebas de la realidad de la obra salvífico de Cristo. Es una respuesta válida a muchas dudas de hoy en día. Si usted desea ver sus credenciales, mire alrededor suyo. La misma respuesta que Él dio a los mensajeros de Juan sigue aplicándose: «Id, y haced saber a Juan las cosas que oís y veis». Hay milagros, palpables y visibles, siendo aún obrados por Jesucristo, más convincentes que los referidos al precursor cuando su fe tambaleó. Todavía sigue siendo verdad que «por la fe en su nombre, la fe que es por él, da a los hombres completa sanidad», y esto en presencia de los incrédulos, quien bien pueden poner a prueba la cura. Los muertos siguen siendo levantados, los oídos sordos siguen siendo abiertos, las facultades adormecidas son despertadas, y en una miríada de canales, el animado espíritu de vida fluye de Jesús, y «todo tiene vida dondequiera llegue el río». Que cualquier otro sistema de creencias o de no creencia haga lo mismo si es que puede. Esta vara ha florecido. A ver si los modernos sucesores de Janes y Jambres pueden hacer lo mismo con sus encantamientos.

A partir de estos pensamientos se obtienen dos lecciones muy claras. Una se dirige a los que profesan ser seguidores de Jesucristo. Usted afirma haber recibido en las profundidades de su espíritu el toque de su mano perdonadora que ha borrado todos sus pecados. Nadie puede saber si esto es así o no sin observar su vida. ¿Su vida luce como si su profesión fuera verdadera? El mundo toma sus nociones del cristianismo a partir de ustedes, sus profesores, mucho más de lo que presta atención a predicadores o apologistas. Ustedes son los libros de evidencias que la mayoría de seres humanos están leyendo. Encárguense de que sus vidas representen dignamente el poder redentor de su Señor, y que los hombres al mirar su vida hermosa, santa y sosegada, puedan verse constreñidos a decir: «Debe haber algo en esa religión que hace de esa persona lo que es».

La otra lección es para todos nosotros. Puesto que todos somos iguales en el sentido de que el perdón es nuestra necesidad más profunda, procuremos tener satisfecha esa necesidad fundamental primero que todo; y puesto que Jesucristo nos asegura que Él ejerce la prerrogativa divina del perdón y nos da evidencias materiales para verificar su declaración con los resultados visibles de su poder, acudamos todos a Él para obtener el perdón que necesitamos satisfacer más que todas nuestras demás necesidades, y que Él y sólo Él nos puede dar. No malgasten su tiempo tratando de purificar la corriente de sus vidas a millas de distancia del fuente y manantial donde nace; permítanle a Él hacerlo salubre y endulzar las aguas amargas en el Nacedero de la corriente. No se imagine, amigo, que su parálisis o su fiebre, su voluntad atrofiada para hacer el bien, o el ardor enfermizo con el cual sigue el mal y su consecuente miseria sin descanso, pueden sanarse en otro lugar. Vaya a Cristo, el Cristo perdonador, y permítale descansar su mano sobre usted. Escuche las benditas palabras de sus propios labios, suaves e infalibles, aquellas palabras que operan como un encanto sobre toda su naturaleza: «Ten ánimo, hijo; tus pecados te son perdonados». «Hija, tu fe te ha salvado, ve en paz.» Entonces serán abiertos los ojos de los ciegos, el hombre cojo saltará como una liebre, y la lengua del mudo cantará. Entonces las limitaciones, las tristezas y las enfermedades del espíritu pasarán, y el perdón llevará fruto en gozo y poder, en santidad, sanidad y paz.

# NOTAS

*Capítulo tres:*
*Si confesamos nuestros pecados...*

1. Bob George, *Growing in Grace* (Eugene, OR: Harvest House, 1990), 67.
2. Bob George, *Classic Christianity* (Eugene, OR: Harvest House, 1989), 193-194.
3. *Ibíd.*, 195.
4. *Ibíd.*, 193.
5. *Ibíd.*, 194 (énfasis en el original).
6. Para una discusión a fondo sobre la seguridad de salvación véase de John MacArthur, *Saved Without a Doubt* (Wheaton, IL: Victor, 1992).
7. Matthew Henry, *Comentario Bíblico de Matthew Henry*, 4 vols. (Old Tappan, NJ: Revell, s.f.), 4: página desconocida.

*Capítulo cinco:*
*Perdonándonos unos a otros*

1. Véase el Apéndice tercero para una discusión en profundidad de este pasaje.

*Capítulo seis:*
*Como Dios también nos perdonó*

1. Jay Adams, *From Forgiven to Forgiving* (Amityville, Nueva York: Calvary, 1994), 34.
2. *Ibíd.*
3. Jay Adams cita este versículo pero argumenta que únicamente plantea la preparación del corazón para el perdón. Él sugiere que el mandamiento «perdonad» en este versículo significa meramente que la persona que ora debería estar «dispuesta a perdonar» (ibíd., p. 30). Pero Adams cree que el perdón como tal no ocurre

hasta que el ofensor pide perdón. La persona que ha «perdonado»de esta manera no puede por lo tanto considerar el perdón como algo completo sino hasta cuando haya confrontado al ofensor, obtenido el arrepentimiento de esa persona, y otorgado formalmente el perdón.

4. Matthew Henry, *Comentario bíblico de Matthew Henry* (Old Tappan, NJ: Revell, s.f.), página desconocida.

*Capítulo siete:*
*Si tu hermano peca*

1. Dietrich Bonhoeffer, *Life Together* (Nueva York: Harper & Row, 1954), 112-113.

*Capítulo ocho:*
*Las bendiciones del perdón*

1. Jay Adams, *From Forgiven to Forgiving* (Amityville, NY: Calvary, 1994), 25.
2. *Ibíd.*, 64

*Apéndice 1:*
*¿Cómo debemos entender la expiación?*

1. A.A. Hodge, *The Atonement* (Memphis: Footstool, s.f.), 267.
2. Véase de John MacArthur, *Charismatic Chaos* (Grand Rapids, MI: Zondervan, 1994), 278ss.
3. George Otis, Jr., «La expiación» (transcripción de un mensaje pronunciado en una serie de reuniones de JUCUM en Tacoma, Washington, otoño de 1981). Las transcripciones de estos mensajes están disponibles en Internet en la siguiente dirección: http://www.concentric.net/~for1/otisa.htm.
4. *Ibíd.*
5. *Ibíd.*
6. Finney gasta una cantidad considerable de tiempo en su *Autobiografía* dando argumentos en contra de «esa ficción teológica de la imputación» (Old Tappan, NJ: Revell, 1908), 56ss.
7. *Ibíd.*, 362.
8. Charles Finney, *Systematic Theology* (Minneapolis: Bethany House, 1994), 249.
9. Otis, *ibíd.*
10. Hodge. 269.

*Apéndice 2:*
*¿Cuál es el pecado imperdonable?*

1. William Hendricksen, *The Exposition of the Gospel According to Matthew* (Grand Rapids, Mich.: Baker, 1973), 529.

*Apéndice 3:*
*Dos sermones clásicos sobre el perdón*

1. Todas las referencias escriturales en estos sermones clásicos son tomadas de la versión *Reina Valera.*
2. N. del T.: Spurgeon empleó la versión *King James* que traduce *«for Christ's sake»* y que se traduce con las expresiones intercambiables «en Cristo» y «por amor de Cristo».

# ÍNDICE DE TEXTOS BÍBLICOS

2 CORINTIOS



GÁLATAS



EFESIOS

# ÍNDICE GENERAL